SÓCRATES BRASILEIRO

SÓCRATES BRASILEIRO
MINHA VIDA AO LADO DO MAIOR TORCEDOR DO BRASIL

KÁTIA BAGNARELLI
COM REGINA ECHEVERRIA

Copyright © 2013 Kátia Bagnarelli
© 2013 Regina Echeverria

Todos os direitos reservados. Nenhuma parte desta obra pode ser reproduzida ou transmitida por qualquer forma ou meio eletrônico ou mecânico, inclusive fotocópia, gravação ou sistema de armazenagem e recuperação de informação, sem a permissão escrita do editor.

Créditos de fotos:
As fotos das páginas 1, 9 e 13 do caderno de fotos fazem parte do arquivo da agência Infoglobo com seus respectivos fotógrafos informados ao lado de cada foto.
As fotos das páginas 6 e 16 do caderno de fotos fazem parte do arquivo da agência Folhapress com seus respectivos fotógrafos informados ao lado de cada foto.
As demais fotos utilizadas nesta obra, no caderno de fotos, pertencem ao acervo pessoal da autora, não podendo ser reproduzidas sem autorização e sob responsabilidade da mesma.

Imagem de capa: Rio de Janeiro. 10/05/1982. Futebol. Copa do Mundo de 1982 (Espanha). Seleção Brasileira. Sócrates. Foto Sebastião Marinho / Agência O Globo.

Direção editorial
Jiro Takahashi

Editora
Luciana Paixão

Editora assistente
Anna Buarque

Preparação de texto
Books and Ideas

Revisão
Arquimedes de Oliveira
Maria Cecília Junqueira

Capa, produção e arte
Marcos Gubiotti

CIP-Brasil. Catalogação na publicação
Sindicato Nacional dos Editores de Livros, RJ

B134s   Bagnarelli, Kátia, 1980-
         Sócrates brasileiro: minha vida ao lado do maior torcedor do Brasil / Kátia Bagnarelli, Regina Echeverria. - 1. ed. - São Paulo: Prumo, 2013.
         240 p.: il.; 23 cm.
         Caderno de fotos

         ISBN 978-85-7927-300-1

         1. Sócrates, 1954-2011. 2. Sport Club Corinthians Paulista. 3. Jogadores de futebol - Brasil - Biografia . 4. Futebol - Brasil - História. I. Echeverria, Regina. II. Título

13-05793   CDD: 927.96334
                                                                 CDU: 929:796.332

Direitos de edição: Editora Prumo Ltda.
Rua Júlio Diniz, 56 – 5º andar – São Paulo/SP – CEP: 04547-090
Tel.: (11) 3729-0244 – Fax: (11) 3045-4100
E-mail: contato@editoraprumo.com.br
Site: www.editoraprumo.com.br
facebook.com/editoraprumo | @editoraprumo

Dedico esta obra a Sócrates Brasileiro.

Kátia Bagnarelli

—

A todos os corintianos do Brasil.

Regina Echeverria

SUMÁRIO

Capítulo 1	A despedida		9
Capítulo 2	O encontro		25
Capítulo 3	Quem foi Sócrates		45
Capítulo 4	Sócrates em família		57
Capítulo 5	Uma vida em comum. O casamento		67
Capítulo 6	Corinthians, democracia e torcidas organizadas		89
Capítulo 7	A política apenas como um ideal		107
Capítulo 8	Copacabana Palace beneficente com saia justa para o governador		125
Capítulo 9	Ainda as entrevistas		151
Capítulo 10	Angústia das madrugadas e o início da doença		165
Capítulo 11	De volta a São Paulo		179
Capítulo 12	A primeira noite depois do coma		189
Capítulo 13	Casos do Doutor. Um pouquinho mais de Sócrates.		207

CAPÍTULO 1 · **A DESPEDIDA**

SEGUNDA-FEIRA, 28 DE NOVEMBRO DE 2011

O cheirinho de café fez com que ele despertasse naturalmente, como acontecia nos últimos meses, em que eu acordava mais cedo e ia para a cozinha. Uma nova rotina em nosso casamento, porque, desde o início, sempre era ele quem descia as escadas do nosso quarto logo cedo, cantarolando "Samba e Amor", de Chico Buarque, para ressurgir com uma xícara na mão e muitos beijos. Em geral, conseguíamos tirar outra soneca depois desse café.

Ao contrário dos últimos três meses, aquela semana começou tranquila. Havíamos recebido a notícia de que os resultados dos últimos exames tinham sido razoavelmente bons: alguns índices importantes que determinavam a urgência de um transplante de fígado estavam estabilizados, e a próxima consulta de retorno levaria pouco mais de um mês para acontecer. Cenário de comemoração para nós dois, pois a cada três dias cumpríamos rotina no hospital após as altas da UTI.

O transplante havia sido marcado para a primeira semana de fevereiro aqui no Brasil. Com a confirmação de uma cirurgia e com as recomendações médicas, decidimos promover uma pequena reforma em nossa casa. A ideia era aumentar nosso quarto para fazer dele um único ambiente de descanso, alimentação e trabalho, evitando o sobe e desce das escadas no ansiado pós-cirúrgico.

Naquela manhã de segunda-feira, nossa soneca após o café foi interrompida pela chegada do funcionário que instalaria as cortinas do quarto já reformado. Eu o despertei com um beijo delicado, embora tenha percebido que ele ainda precisava de descanso; resolvi acomodá-lo no quarto de hóspedes, bem ao lado. Ali ele ficou até que as cortinas fossem completamente instaladas. Fiquei de plantão acompanhando o serviço do rapaz e respondendo perguntas sobre o estado de saúde de Sócrates. Inevitável responder, pois era muito grande a curiosidade. Parecia que todas as pessoas que faziam a mesma pergunta estavam sinceramente preocupadas com o estado de saúde dele. Cortinas novas instaladas, ele voltou para nossa cama. Lembro como se estivesse lá agora, com ele. Sua frase com aquela voz grossa foi:

– Princesa, a sua casa está linda!!

Ele adormeceu. Permaneci deitada ao seu lado.

Acordamos com o som do celular. Era Daniela Nogueira Greeb, presidente do Instituto de Políticas Relacionais e responsável pelo projeto *Memória do Esporte Olímpico Brasileiro* que, por meio de filmes-documentários, resgata a trajetória dos esportistas que fizeram história nas Olimpíadas como exemplos de superação, dedicação e sucesso em nosso país. Ela confirmava a participação de Sócrates como palestrante na quarta-feira, dia 30, para um público de aproximadamente 20 pessoas entre diretores e produtores selecionados para produzir os documentários. O tema da palestra, "O Olhar do Atleta sobre a Memória Olímpica", teria transmissão ao vivo pela ESPN. Confirmei a presença dele e desliguei o telefone. A partir daquele dia, Daniela se tornou uma grande amiga, nossa confidente e uma das pessoas mais carinhosas e comprometidas com nossos desejos e ideais sociais.

Nós nem podíamos imaginar que aquela quarta-feira seria um dia muito especial e que ficaria marcado em nossos corações como a última aparição pública de Sócrates. Ele falaria sobre a importância de conservarmos a memória dos nossos grandes atletas – como se a causa fosse a de todos e a de si próprio.

Até a quarta-feira passamos horas bastante tranquilas. A alimentação dele seguia as indicações médicas e sempre era preparada por mim, com alimentos frescos e pouco sal. Estavam liberados o doce preferido de Sócrates – o de cupuaçu – e os sorvetes que comprávamos nas madrugadas acordados, em uma banca de jornal na esquina do nosso condomínio.

Depois das primeiras crises graves de sangramento e dos primeiros comas nós, quando em alta médica em casa, já não dormíamos nas madrugadas. Tínhamos muito medo de não acordarmos juntos. E vivos! Essa realidade nos acompanhou pelos três meses da doença e por isso passamos a nos dedicar à sua autobiografia. Era uma maneira de nos ocuparmos mentalmente com algo prazeroso, importante e útil. Durante esses dias dormíamos pela manhã e, ao acordar, continuávamos nos dedicando à pintura, à leitura e ao livro que finalizamos juntos no domingo, 27 de novembro, com textos dele. Desde que adoeceu, interrompemos as gravações do nosso programa de TV.

O dia da palestra chegou e ele acordou muito cansado.

Um amigo aceitou nosso convite para dirigir até a Cinemateca Brasileira, local do evento. De nossa casa até lá levaríamos pouco mais de vinte minutos, às nove e meia da manhã, mas ele estava bastante fraco para dirigir e fazia questão que eu permanecesse a seu lado, fisicamente, para que nos tocássemos constantemente. Para que apertasse suas mãos, para que ficássemos abraçados, juntinhos. Esse contato físico – substituído, quando necessário, pela troca firme e demorada de olhares – era essencial entre nós.

Ao descermos do carro, ele sentiu uma forte tontura e quase caiu. Apoiou-se em mim e no carro e apertou firme minha mão; olhei fixamente em seus olhos perguntando a ele sem uma palavra sequer se ele podia seguir em frente. Ele disse:

– Vamos. Eu consigo chegar.

O ÚLTIMO OLHAR DO ATLETA SOBRE A MEMÓRIA OLÍMPICA EM VIDA

Fomos recepcionados pela Daniela Greeb. Estávamos alguns minutos atrasados e, portanto, a mesa de convidados e o mediador Roberto Salim – respeitado jornalista brasileiro –, assim como os cineastas e os produtores, já nos esperavam para o início. Sócrates me pediu para ficar perto dele, que se sentou entre os grandes atletas Wlamir Marques e Magic Paula, também convidados para o encontro. Eu me lembro do abraço forte de Paula e de suas poucas palavras:

– Parabéns, Kátia, pela força ao lado dele nos dias que o vimos no hospital.

Para mim todo abraço e energia chegavam como água em tempos de grande seca. Éramos tão sozinhos no dia a dia naquela luta pela vida que acredito que as recuperações aconteceram em razão do amor e das orações recebidas do povo no Brasil e no exterior, além dos amigos mais queridos longe dos olhos, mas sempre perto de nossos corações.

A mediação começou e foi maravilhoso o encontro entre aqueles três grandes ícones brasileiros. Os diretores e produtores eram jovens, mas com grande experiência profissional, e seus semblantes nitidamente entregavam a sensação que os envolvia, completamente extasiados e ansiosos por assumir a importante missão de documentar a vida de outros grandes atletas como os que estavam ali.

Mas Sócrates não estava bem. Pediu vários cafés e um pouco de suco de laranja durante o evento. Lembro bem da nossa aflição, minha e de Daniela, que percebera o quanto ele se dedicava para chegar ao final daquele dever, sempre com classe, discursando do início ao fim, com a maestria que só a ele pertencia.

"O esporte é fascinante. É muito mais importante do que a vitória. Trata-se de você atingir seu limite. Eu nunca me esqueço da maior vitória que vi na vida: quando uma corredora de maratona chegou absolutamente exausta, com câimbras, sem disputar nada, mas fez questão de terminar a prova. Isso é muito mais importante que qualquer vitória. Até porque a vitória não é importante, ela não nos ensina, nos emburrece. A derrota nos faz reavaliar quem somos, o que somos, quem pretendemos ser, como crescer como seres humanos. Hoje não temos nada. Aliás, nós somos os antiorientais: quanto mais velhos, mais descartáveis", disse ele em parte de sua palestra.

Pela programação, almoçaríamos com o grupo num hotel ao lado da Cinemateca que fica na Vila Mariana, bairro da capital paulistana. Ele quis almoçar e assim fizemos. Daniela nos acompanhou de carro de um local ao outro e lembro-me das gargalhadas de Sócrates no trajeto, já se sentindo um pouco melhor e cheio de suas brincadeiras. Almoçamos todos juntos.

Todas as pessoas do evento estavam ali e se alimentaram no mesmo bufê daquele hotel. Uma refeição deliciosa e muito bem servida acompanhada da agradável companhia de Daniela e de sua sócia. Falamos, durante o almoço, sobre o estado de saúde do Trajano – José Trajano, um dos mais respeitados jornalistas brasileiros e diretor fundador da ESPN Brasil –, que acabara de sair do hospital depois de ter sofrido um infarto e ter passado por cirurgia. Trajano era um dos melhores e fiéis amigos de Sócrates.

Já em casa, descansamos. Lembro-me de termos dormido um pouco ao final da tarde. Ele não quis o jantar e se alimentou com biscoitos de água e sal e os sorvetes de picolé de sempre. Em momento algum a infecção detectada foi nomeada pelo médico infectologista. Devo lembrar que o organismo dele estava bem debilitado há muito tempo. Não foi feita uma tomografia anterior para acompanhar o estado do intestino. Ainda em vida eu, Sócrates e os médicos conversamos sobre isso. Sócrates acreditava que algo tivesse desencadeado a infecção, mas realmente era impossível determinar o quê. Importante dizer que até a digestão dos alimentos ingeridos por ele naquele almoço nada havia acontecido.

O INÍCIO DE UMA TRISTE SEPARAÇÃO FÍSICA

Quinta-feira, primeiro dia de um dezembro muito doloroso para mim.

Dormimos bem naquela noite, mas ele acordou com febre de 39 graus, dores no corpo e enjoo. Fiquei apavorada.

Eu nunca me apavorava aparentemente; conseguia me manter serena e ser ágil no socorro, mas daquela vez algo diferente aconteceu dentro de mim.

Ele me pediu agasalhos e cobertores para que pudesse suar. Sempre me dizia que suando eliminaria algum tipo de bactéria que pudesse estar provocando o mal-estar.

Eu sempre obedecia, afinal, ele era o médico da família. Ainda fui até o banheiro e enviei uma mensagem à equipe médica relatando os sintomas. Ele levantou da cama e foi direto ao mesmo banheiro, aos vômitos. Dessa única vez, durante os três meses da nossa luta pela vida, ele não vomitava sangue e sim algo parecido com uma geleia amarela. Lembro ainda, nitidamente, daquela cena aterrorizante no banheiro. Ele se virou para mim, pediu um abraço e brigou comigo ao me ver ao celular falando com um dos médicos.

Ele disse:

– Eu não vou para o hospital dessa vez. Quero ficar aqui no seu colo. Não me leve para o hospital. Me deixe aqui e fique comigo em nossa cama. – Sua voz já estava muito fraca, mas ele estava nervoso.

Não o obedeci.

Só tive tempo de colocar um short em seu corpo e ligar para nossos amigos e vizinhos, sempre eles. Felipe e Ane Lise – casal que conhecemos ao comprar nossa nova casa e que se tornou confidente e anjo da guarda socorrista nas madrugadas que precisávamos –, serei eternamente grata a eles. Ane Lise chegou a nossa casa com o motorista. Felipe estava no trabalho, pois era manhã de quinta-feira.

Tivemos muita dificuldade para descer as escadas com Sócrates se apoiando completamente. Estávamos em duas mulheres e um jovem motorista de estatura baixa. Temos em nossa casa, na porta de entrada, a imagem de Nossa Senhora Aparecida de braços abertos. Diante dela me ajoelhei durante todos os dias da nossa luta, muitas vezes escondida no banheiro do hospital, e dessa vez, ao descermos, nos deparamos com ela e lembro-me da rápida troca de olhares entre nós. De alguma forma ela nos abençoaria mais uma vez, eu acreditava. De casa para a emergência do hospital em três minutos que nos afligiam como trinta.

Nosso médico gastro, Dr. Pedro, estava de plantão na unidade do bairro e logo nos recepcionou, assumindo as providências até que a ambulância pudesse chegar para nos levar à UTI. Embarcamos pela Marginal Pinheiros. Todas as minhas recordações ainda estão nítidas, e lembro-me da voz dele brincando com a médica e uma enfermeira durante o trajeto. Eu acompanhei o motorista e, àquela altura, no pior campeonato de minha vida, já o ajudava a abrir caminho acenando e gritando pedidos de licença.

Chegamos e, ao desembarcá-lo, perguntei à médica como ele estava. Ela disse:

– Ele já está muito bem, nos fez rir durante todo o caminho.

Algo não me convenceu e reforcei a ela que tivesse o maior cuidado e que chamasse a equipe médica de costume para atendê-lo.

Foi preciso aguardar vaga na UTI e ficamos alguns minutos no pronto-socorro. Enquanto ele recebia os primeiros atendimentos no PS, subi ao quinto andar daquele hospital gelado e cinza pela quinta vez em três meses. O quinto andar abrigava os quartos da UTI. Ao chegar à recepção, os enfermeiros que já haviam se tornado nossos amigos me olharam com tristeza. Minha presença ali não significava outra coisa a não ser o pior novamente. Mas daquela vez foi diferente, não havia sangramento, e Sócrates demorou aproximadamente uma hora para sair do PS e chegar à UTI, o que me preocupou, pois já havia um leito à sua espera.

Finalmente ao subir pegou em minha mão com tamanha firmeza e me fez seus pedidos: não avisar ninguém, apenas ficar a seu lado e dali não mais sair. Assim obedeci, ele estava confiante de que logo voltaríamos para casa. Eu não. Por algum motivo estava gelada por dentro como nunca antes havia estado.

Exames se seguiram e uma tomografia computadorizada apresentou aos médicos o diagnóstico: uma grave infecção intestinal.

A equipe de infectologia que já nos acompanhava foi rapidamente acionada e o chefe da equipe, um médico extremamente eficiente e humano, o medicou com os antibióticos. A bactéria só seria conhecida em até setenta e duas horas aproximadamente, por meio dos exames específicos, e isso significava uma difícil espera até o sábado seguinte para sabermos se os medicamentos administrados por aquele médico seriam os corretos para eliminar a bactéria.

Entre um exame e outro, enquanto voltávamos ao leito, ainda no corredor, ele na maca e eu ao seu lado, recebemos uma ligação. Era Zico, o "Galinho" como Sócrates o chamava, amigo e ícone do futebol brasileiro. Em maio de 2011, promovi o encontro entre Sócrates e Zico por meio do nosso programa de TV no Rio de Janeiro. Daquele reencontro em diante, eles se falavam sempre que podiam e quando a rotina de ambos permitia.

Zico foi o primeiro a saber da nova internação. Ele conversou apenas comigo e disse que ligara para convidar Sócrates para um jogo beneficente que faria em dezembro no Estádio do Morumbi em São Paulo. Ao finalizar o convite, informei que estávamos no hospital e pedi que ele rezasse por nós. Ele respondeu:

– Não vai ser nada não, ele vai sair dessa outra vez. Pede para ele me ligar...

Desliguei e dei o recado. Como era típico, Sócrates respondeu sorrindo:

– Linda, avisa o Galinho que eu não jogo bola faz tempo...

NOITE DE SEXTA-FEIRA, 2 DE DEZEMBRO

Eu já não aguentava mais a pressão da assessoria do hospital, pois eles queriam divulgar a internação. Sócrates era contra eu avisar seus filhos e sua mãe. E isso era muito sério entre nós, era a vontade dele e ele era duro comigo em relação a isso. Havia motivos para tal postura – e não eram recentes. Eu não tinha como interferir. Nosso pacto vinha do início do relacionamento. Respeito e admiração mútuos pelas cicatrizes da história de vida de cada um. E, se essa era a vontade dele, eu o apoiava.

Liguei para um dos filhos. Não consigo chamá-los de "meus enteados", porque eles não eram próximos de nós. Já não eram próximos de Sócrates, e essa cicatriz Sócrates descreveu em nosso diário.

O INÍCIO DE UM FILME DIFÍCIL DE ASSISTIR

Em algumas horas, de qualquer maneira, a situação seria noticiada pela imprensa, que soube da internação e já se posicionava na porta do hospital.

Não podia deixar que soubessem pela imprensa, mesmo contrariando a vontade de Amore. Na ligação, eu disse que estávamos lá novamente e pedi sempre gentilmente para que aparecessem e que avisassem a mãe de Sócrates, porque um dos irmãos dele já havia me pedido para não ligar mais para ela.

Em algum momento da madrugada, alguns deles apareceram. Assim como o irmão mais novo de Sócrates.

Sócrates e eu apenas lutávamos bravamente pela vida. E assim foi até o seu último segundo.

Sócrates estava consciente e brincalhão. Recebeu o infectologista que nos entregou a feliz notícia de que havia administrado o antibiótico correto que eliminaria em sete dias a infecção. Comemoramos com ele. Recordo como se estivesse lá agora do aperto de mão entre médico e paciente e daqueles sorrisos de quem venceu mais uma batalha: de um lado um sonhador conquistando mais tempo para marcar o mundo com a sua genialidade; de outro, um profissional respeitado que, por experiência e intuição, acertou na única decisão que tinha que tomar para salvar uma vida. O ápice nos dois mundos tão distantes e tão conectados naqueles segundos.

– Você vai ter que assistir a vitória do Corinthians por aqui no domingo, mas quarta ou quinta-feira estará novamente em casa – disse o médico respondendo às brincadeiras.

O dia se recolheu. Todos foram embora com ele. Ficamos, como sempre, nós dois, os enfermeiros e poucos médicos naquele local gelado e rodeados por brasileiros enfrentando a mesma batalha.

Deus permanecia ali.

Antes de escurecer, médicos nefrologistas do hospital sugeriram a Sócrates uma diálise alegando que poderia ser uma prevenção caso os rins enfrentassem dificuldades posteriormente e que ele poderia passar pelo processo, que levaria algumas horas, consciente. Disseram que o equipamento era moderno e que ele não sentiria dores ou incômodos. Percebi que Sócrates não reagiu ou decidiu sobre fazer a diálise, mas preferiu permanecer consciente. Enquanto os médicos buscavam o equipamento, ele me chamou para bem perto e me disse baixinho:

– Amore, pegue meu prontuário com o enfermeiro e leia para mim a quantidade de urina que fiz nas últimas oito horas.

Com a resposta de volta, ele retrucou:

– Não preciso de diálise, a urina diminuiu, mas ainda está no índice.

Fiquei totalmente perdida, pois era a primeira vez que ele contestava alguma decisão médica. Porém, a diálise foi iniciada e o enfraqueceu. Mas ainda continuava a brincar conosco. Pediu massagens nos pés, que eu costumava fazer diariamente. Em casa brincávamos que a herança do "calcanhar de Deus", como é conhecido ainda hoje na Itália, ficou para mim através de cuidados especiais todas as noites e todas as manhãs. Era uma delícia cuidar de cada parte dele. Segui com a massagem em seus pés e pernas no leito.

A medicação não poderia ser alterada, o que ele precisava já estava determinado pelo infectologista e todo o cuidado era pouco nesse sentido. Os plantões médicos foram trocados e uma senhora assumiu o posto de autoridade médica no plantão.

Naquele momento recebi um telefonema de um jornalista do jornal *O Estado de S .Paulo*. Não me lembro do nome dele, mas atendi e comecei a chorar. Era a primeira vez que eu não conseguia conter meu emocional e eu estava ao lado de Sócrates no leito. Consciente, ele me disse ainda durante a ligação:

– Que é isso, linda? Estou bem, em sete dias em casa com você, não chora! Segurou até agora, por que isso dessa vez? Venha cá e me dê um beijo.

Respondi rapidamente a pergunta do jornalista e desliguei para beijá-lo em seguida, aos prantos. Algo realmente estava diferente em mim.

Meus pais estavam na recepção desde cedo. Enquanto banhavam Sócrates, fui até lá falar com eles, que estavam se programando para voltar em algumas horas para o interior onde moram, já que a situação parecia estar completamente controlada. Pelo menos até aquele momento.

Voltei para o quarto e a plantonista entrou. Ela nos cumprimentou e aplicou uma medicação, já que Sócrates reclamava de muito cansaço e dificuldade para respirar. Além da medicação, ela solicitou a uma fisioterapeuta que trouxesse um BIPAP, aparelho de ventilação não invasiva para pacientes com insuficiência respiratória, perguntando a ele se gostaria de respirar com aquele mecanismo.

Ele respondeu que poderia tentar. Ele não gostava de BIPAP. As mangueiras foram trocadas desastrosamente dificultando ainda mais a respiração dele, a máscara sobre sua boca e nariz eram muito incômodas. Foram segundos aterrorizantes para mim, certamente para ele também, que foi ficando ansioso por não conseguir respirar direito, ainda mais cansado por tentar se comunicar, exaltado com insistência de colocarem a máscara nele e temendo sua fraqueza. Ele chegou a empurrar a máscara, dizendo em voz alta:

– Amore, que merda eles estão fazendo?

Então, decidiram sedá-lo para que ele não ficasse tão nervoso durante o procedimento.

Sócrates então se voltou para mim e disse em suas últimas e firmes palavras:

– Amore, não liga para o meu corpo. A minha alma estará sempre com você. Não saia daqui.

Fiquei mais apavorada ainda. Comecei a telefonar do meu celular insistentemente para a equipe médica que nos atendia. Pedi que ligassem para o infectologista. Comecei a chorar enquanto a doutora o entubava rapidamente.

Pediram para que eu me afastasse do leito de Sócrates no momento do procedimento, pois ele resistia. Eu não queria sair, mas fui obrigada.

Durante o procedimento, o nariz de Sócrater acabou sendo ferido ocasionando alto sangramento. E ele não podia sangrar, estava muito debilitado para resistir a mais essa intercorrência. A serenidade mantida em todos os momentos passados na UTI estava em qualquer parte daquele universo grandioso, menos em mim.

Naquele momento, ao perceber minha aflição, um senhor se aproximou e disse algumas palavras explicando ser espírita e que eu precisava me acalmar e acreditar nas providências divinas em todos os aspectos, confiar que um destino haveria de se cumprir. Ele me acalmou pelo carinho com que lidou com a minha aflição, mas ainda era muito difícil assimilar aquelas palavras.

Após 40 minutos, permitiram que eu entrasse para vê-lo e permanecesse com ele. Assim o fiz. Ele estava em coma induzido, outra vez. E sangrava, outra vez...

Mais uma vez pedi aos meus pais que voltassem para casa. Eles estavam exaustos e ficavam ainda mais tristes e vulneráveis ao me verem naquela situação.

Eles se foram e eu permaneci ali. A noite estava fria.

Num abrir e fechar do elevador chegou o médico infectologista. O mesmo que havia solucionado o problema e deixado o hospital otimista com as brincadeiras e o sorriso de Sócrates. Quando me viu foi logo dizendo:

– O que aconteceu, Kátia, o que aconteceu? Saí daqui com tudo sob controle, como posso vê-lo naquele estado agora? O que aconteceu?

Ele parecia inconformado e exaltado. Mas ele era o médico. Como poderia eu responder a ele?

Nós nos abraçamos e choramos ainda na recepção, como se algo muito ruim estivesse por vir.

Eu não podia acreditar. Exausta, apavorada, perplexa só conseguia rezar ao lado de Sócrates. Fiz várias orações em voz alta em seu leito até que um dos seus filhos, o irmão mais novo e o mais velho, dois médicos da equipe e uma concunhada chegaram e entraram com uma atitude que parecia mesmo uma despedida. Ficou na minha memória esse filho ajoelhado em seu leito, como se despedindo em oração, o que aumentou ainda mais meu desespero.

MEIA-NOITE, 4 DE DEZEMBRO DE 2011

Todos foram embora.

A primeira madrugada silenciosa na UTI que acompanhei durante todas as nossas estadias por lá.

O silêncio foi comentado também pelos enfermeiros que estavam habituados à correria das emergências dos pacientes no local. Os leitos estavam todos ocupados, embora um silêncio angelical pairasse no ar.

Comecei a ter muito medo.

Dois médicos otorrinos chegaram e me pediram para assinar a autorização de cauterização que deveriam fazer na ferida interna no nariz, o que provocava o sangramento. Autorizei e acompanhei todo o procedimento.

Todos estavam cansados. Já quase duas horas da madrugada até que o sangramento foi contido e os médicos deixaram o leito.

Eu permaneci ali, grudada a ele como sempre. Peguei em suas mãos. Chorei. Elas estavam ficando roxas. Seus pés também. Foi quando chegou uma pessoa especial para mim e para Sócrates, uma pessoa que admiramos e temos muito carinho. A concunhada Li. Uma senhora serena, alegre, gentil e guerreira, de uma história de vida louvável. Ela foi a única pessoa da família que me amparou e acompanhou em nossas últimas horas juntos fisicamente.

O Dr. Pandullo, médico líder da equipe que nos acompanhava desde o início pediu para conversar comigo no corredor do hospital.

Fui sem pensar muito no que poderia ser. Estava realmente ainda muito conectada a Sócrates naquele momento e mal ouvia o que me diziam.

Ele olhou com muito carinho, mas com firmeza me preparou para o pior:

– Kátia, você precisa se preparar agora. Está acabando e você precisa estar ciente disso. Estamos todos muito preocupados com você. Aceite. Ele não tem mais forças para continuar. Nós fizemos tudo o que podíamos ter feito.

Embora as palavras do médico fossem firmes e com o objetivo de me colocar os pés no chão da cruel realidade, eu já havia ouvido isso dele e de outros médicos nas outras internações graves que enfrentamos e em todas elas voltamos para casa a salvo.

Agradeci o carinho e voltei para o leito. Voltei para a realidade que se fazia presente bem a minha frente; meus olhos não podiam negar que aqueles índices nunca haviam sido tão baixos. Mas ele, Sócrates, ainda estava ali e então eu também deveria estar.

Das duas da madrugada às quatro e vinte e cinco daquele domingo inesquecível e doloroso, Sócrates permaneceu com a pressão arterial em 2/2 e o batimento cardíaco em 30 por minuto.

Sofreu algumas arritmias que o levaram para 230 batimentos por minuto e depois baixaram novamente a menos de 30.

Por volta das quatro horas da manhã, o médico cardiologista me chamou e pediu para me despedir dele. Disse:

– Kátia, você precisa se despedir.

Recusei e continuei em oração. Na realidade, eu não sabia como fazer aquilo. Como me despedir? Não sabia e, claro, não queria.

Li permaneceu comigo e acompanhou tudo o que escrevo aqui. Além dos enfermeiros e do cardiologista.

4 DE DEZEMBRO DE 2011, QUATRO E VINTE DA MANHÃ

O médico retornou ao leito e pediu novamente para eu me despedir, daquela vez com o argumento de que Sócrates só esperava aquilo para partir.

Olhei para Li e ela me fez um sinal com a cabeça dizendo:

– Kátia, faça isso.

Mas como poderia? O que era aquilo? O que estava acontecendo ali? Como eu conseguiria me despedir de alguém que me amava incondicionalmente e que me pediu amor incondicional desde o primeiro dia? Como poderia ter vencido inúmeras batalhas até ali e perder aquela? Como poderia entregar a pessoa que entrou em meu apartamento numa noite de outono me dizendo que esperou trinta anos para me encontrar e que eu seria a sua salvação? Ele estava em meus braços.

Em minha total incapacidade de compreender naquele momento o real significado da vida e da morte para a vida, apenas consegui sussurrar as seguintes palavras:

– Amor... descanse meu amor.

Imediatamente o monitor de paciente iniciou aquele som de "piiiiiiiiiii" e a mostrar os traços verdes retos. A minha frente, a dura realidade da separação física daquele exato momento em diante.

O corpo começou a inchar e me afastei largando a mão dele. Sentei ainda ali na UTI ao lado do médico que digitava em seu computador o óbito. Lembro do silêncio e de ter comentado sobre isso com o enfermeiro que me abraçou e me entregou um copo de água com açúcar.

Foi quando o irmão mais novo de Sócrates chegou dizendo rapidamente ao médico:

– Doutor, nós vamos levar o corpo agora para Ribeirão Preto, imediatamente. O que preciso fazer?

Eu estava um caco e perplexa com aquela cena. Na realidade, não somente eu. O médico disse a ele:

– Mas o Doutor é um homem querido publicamente. Nós liberamos o espaço para o velório durante algumas horas aqui mesmo no hospital para que a torcida e os amigos se despeçam. Sem custo algum ele poderá ficar em São Paulo por algumas horas.

Antes que o irmão pudesse contestar, Li também se pronunciou:

– Mas você não vai perguntar para a Kátia, esposa dele, o que ela pretende ou prefere?

Ele respondeu:

– Essa é a decisão da minha família, e é isso o que vamos fazer.

Olhou para mim e perguntou:

– Você vem?

Eu disse não.

Saí dali naquele exato momento, telefonei para uma amiga e pedi a ela que me buscasse e me levasse para casa. Essa amiga, Nanah da Rocha Marmo, a quem sou grata por ter me acolhido naquele momento, era uma amiga de longa data, confidente. Ela e seu marido foram me buscar. Até que eles chegassem fiquei sozinha naquele hall de hospital belíssimo em sua arquitetura, porém silencioso e frio. Já não havia mais uma vida.

Liguei para meus pais e pedi a eles que, vindo de Campinas, onde moram, no interior de São Paulo, a fim de se despedirem, passassem em casa e pegassem uma muda de roupa para Sócrates e a faixa branca que representava para nós um grito pela paz, para que ele fosse enterrado com ela.

Assim o fizeram.

Meu coração estava dilacerado.

Minhas pernas e meus braços já não respondiam.

Há meses não me alimentava e não dormia direito.

Só queria voltar para casa. Nossa casa. Só queria voltar para nossa paz.

Voltei e pela primeira vez entrei sozinha naquele que tinha sido o lugar escolhido para envelhecermos juntos e com filhos.

Voltei para o vazio, embora sentisse misteriosamente a presença dele ali, em todos os ambientes do nosso lar.

Resolvi, amparada pelos amigos Ane Lise, Felipe, Andrea Santos – uma doce moça que me conquistou –, Nanah, seu marido e meus pais, me pronunciar ainda naquela tarde sobre a decisão de não acompanhar o corpo de meu marido até Ribeirão Preto. Eu acreditava que devia uma resposta aos milhares de brasileiros que esperaram para se despedir por todo o país, precisava agradecê-los também por terem chegado conosco até aquele momento em orações e bons pensamentos.

Dei uma entrevista para o programa *Fantástico,* da Rede Globo de TV, ao repórter Renato Peters, que nos acompanhou desde o início. Precisava, ainda, mostrar a minha indignação por terem levado o corpo sem a minha autorização e meu consentimento, privando-nos da despedida. Fagner, cantor e amigo íntimo de Sócrates, ligou pedindo que eu impedisse a situação pois ele, Zico e outros grandes amigos não conseguiriam chegar a Ribeirão Preto a tempo do enterro. Respondi a eles que nada mais podia fazer. Essa situação havia sido planejada pelas pessoas com antecedência e isso foi informado pelo caçula da família.

CAPÍTULO 2 · O ENCONTRO

Nossa história de amor começou numa relação de trabalho. Sou proprietária de uma empresa do segmento da comunicação. Ela foi fundada em 2006, quando resolvi gerir minha própria carreira como jornalista apresentadora e, também, a carreira de outros talentosos jovens artistas. Havia passado pela dura experiência do mercado, em que nem todos os empresários são honestos e dedicados. Isso me prejudicou bastante, mas também me garantiu experiência suficiente para tocar um empreendimento. Durante quase sete anos, contei com a ajuda de pessoas especiais e não tenho vergonha em revelar que aprendi e me capacitei com a colaboração dessas pessoas pelo tempo gasto com alguém como eu, completamente aprendiz na arte da vida. Imagino o tamanho do trabalho que eu possa ter dado a elas. Agradeço.

Em dois anos a empresa, além da gestão de carreiras, começou a produzir conteúdo para o cinema e a televisão, além de intermediar projetos especiais no esporte e organizar palestras técnicas e motivacionais.

Foi através de uma dessas palestras que encontrei Sócrates.

VERÃO, MEADOS DE JANEIRO, 2010

Pelo telefone, fizemos uma negociação financeira que se estendeu por semanas. Eu e os diretores de uma das principais distribuidoras de TI (tecnologia da informação) do Brasil. Minha empresa foi contratada para intermediar um ciclo de palestras pelo país naquele ano, aproveitando o evento da Copa do Mundo que aconteceria na África do Sul. A proposta envolvia o tema *Vitórias e Derrotas* e o evento chamava-se *Expedition*. Reunimo-nos para selecionar nomes de alguns ídolos nacionais cotados para assumir o evento como palestrantes. O atleta estaria em contato direto com executivos e principais fornecedores de 35 municípios diferentes da empresa em sete eventos direcionados pelas cidades de Campinas, Ribeirão Preto, Santo André, Brasília, Vitória, Belo Horizonte e Rio de Janeiro. Entre os nomes pensados estavam os de Zico, Sócrates, Rogério Ceni – goleiro do São Paulo FC – e Raí – ex-jogador do São Paulo FC, da seleção brasileira e irmão caçula de Sócrates.

Providenciei os orçamentos, embora a decisão já fosse unânime entre a diretoria: o escolhido e aguardado ansiosamente foi justamente ele, Sócrates.

Eu nunca havia pensado em Sócrates antes, não como homem. Confesso ainda que não era corintiana para ter acompanhado minuciosamente os seus passos em campo – era santista convicta por influência de meu pai e da história do clube que pude seguir bem de perto durante o período em que trabalhei no jornalismo esportivo. Além disso, era ainda uma brasileirinha durante as Copas do Mundo de 1982 e 1986. Tinha apenas dois e seis anos de idade e me contentava em imitar os adultos na frente da televisão.

Para mim, Sócrates era o distante ídolo de uma nação carente, a minha nação. Para mim, ele era um mártir. Pelo que eu ouvia dizer, Sócrates costumava enfrentar a tudo e a todos para lutar pelas suas causas, que eram sempre as mesmas do povo. A mim parecia que ele se comportava como importante líder político num ambiente esportivo, nunca antes usado como palco de mobilizações. Um homem inteligente que usou o futebol para divulgar suas ideias e incorporar a causa comum. Na minha cabeça, ele havia mudado o país adorado, quando prometeu ficar jogando no Brasil se a luta comum – na época, a aprovação do voto direto e democrático para a presidência da República – fosse aprovada pelo plenário, o que não aconteceu.

Depois, na Itália, sofreu com a saudade do Brasil, a preocupação com o seu povo e a dificuldade de adaptação num lugar completamente distinto do seu. Não resistiu e retornou sem alguma garantia de sobrevivência para si próprio na carreira como atleta e também a da família, que já era grande. Enfrentou um doloroso recomeço e vivenciou o final de sua carreira no futebol, sem deixar a causa maior social. Uniu-se a diversas pessoas na concretização de inúmeros projetos voltados à sociedade, retomou a carreira como médico e assumiu a postura jornalística como meio definitivo para promover reflexões. Um dos raríssimos homens que morreriam patrioticamente pela liberdade, independência ou autonomia do seu povo. Ele era tudo isso para mim e eu o associava sempre a outros ídolos, como Che Guevara, John Lennon, Martin Luther King, Pablo Neruda, Paulo Freire, Chico Buarque de Holanda e tantos outros que me ensinaram a desenvolver uma consciência nacional.

A negociação para contratá-lo ocorreu através de um de seus filhos, o Eduardo, que conheci anos antes quando trabalhei por um brevíssimo período com o jornalista Jorge Kajuru em sua emissora TVK, na cidade de Ribeirão Preto. O filho de Sócrates era empresário do jornalista. Recordo de ter ligado para Eduardo e perguntado sobre Kajuru e sobre seu pai e ele ter me respondido:

– Kátia, tenho uma notícia boa e uma ruim para você. A ruim é que não vejo Kajuru desde quando foi para Goiânia há um ano. E a boa é que estou me dando bem com meu pai e trabalhando com ele.

Ele havia comentado anos antes sobre a distância dele em relação ao pai. Fiquei feliz com a notícia de que estavam próximos. E assim localizei Sócrates, que foi muito gentil e receptivo. Minha rotina naquela época era cansativa. Tocava o trabalho na empresa e ainda apresentava um programa regional ao vivo, na TV Record. Não pensei muito sobre o que poderia acontecer naquela sexta-feira escolhida para a assinatura do contrato com Sócrates, na sede da empresa em Campinas, interior de São Paulo.

Porém, hoje sei como jamais poderia esquecer aquela tarde.

FEVEREIRO, SEXTA-FEIRA, UMA HORA DA TARDE

Cheguei à sede da empresa contratante uma hora antes e lá permaneci reunida com Kelen Custódio e Bruno Coelho, diretores de marketing. Bruno é um executivo jovem, porém experiente, carioca e apaixonado pelo Flamengo. De personalidade marcante, é o típico profissional dedicado e comprometido com os objetivos da empresa, aquele que não desliga o celular nem na hora de dormir.

Só que aquela tarde seria diferente para todos ali, e Bruno também estava ansioso – inútil a qualquer brasileiro que eu tenha conhecido disfarçar ou conter a emoção diante de um ídolo como Sócrates; assim, ele o esperou com uma camisa do seu time nos braços. Afinal, o Doutor estava a caminho e um autógrafo fecharia com selo de ouro aquele tratado comercial.

Sócrates chegou acompanhado do filho Eduardo e de um amigo. Era uma tarde quente, sol a pino. Eles vinham de São Paulo e seguiriam depois para Ribeirão Preto. Estavam cansados e ainda não tinham almoçado.

Eu os recepcionei no portão de entrada da empresa. Nós nos cumprimentamos com um abraço. Ele não disse uma palavra sequer além de um "Olá!". Vestia jeans e camisa branca, e os cabelos estavam extremamente curtos. Eu esperava o poeta, o filósofo, o guerreiro e o contestador. No lugar, um homem tímido e sério.

Seguimos em reunião fechada e pouco ouvimos sua voz. Autógrafos e uma foto para registrar e encerrar o encontro. Já na recepção, em direção à porta de saída, eis que surge em Sócrates o meu poeta imaginário. Ele disse:

– Nós não almoçamos. Kátia, você não quer nos acompanhar a um restaurante, assim conversamos um pouco?

Ele fez a pergunta com tal entonação que seria impossível recusar. O sedutor estava deixando o tímido para trás.

Eu os levei ao restaurante Empório, de um amigo, num shopping próximo. Para minha surpresa, ele conhecia o proprietário apelidado de Pica-Pau. Pediu um vinho e um bacalhau deliciosos. Passamos três horas filosofando naquele restaurante. Não estávamos sozinhos, mas parecia que sim, tamanha afinidade e interesse que demonstrávamos nas questões levantadas por um ou por outro cara a cara. Ainda por cima, sua presença no shopping atraiu um talentoso cantor que dedicou alguns de seus acordes a ele naquela tarde.

Ao nos despedirmos com outro abraço, ele me disse algo que contrastou com o sentimento em mim depois daquela conversa agradabilíssima.

– Da próxima vez vou trazer um laço – disse, gesticulando em círculos com a mão como se estivesse laçando algo ou alguém...

Aquilo não foi legal. Achei estranho. Afinal, para mim um poeta não precisa de um laço como um cowboy. Mas como tudo que se referia a ele, compreendi depois que ele precisava, de alguma forma, mesmo torta, demonstrar o que estava sentindo. Ali também havia um homem com instintos e intuições, como outro qualquer.

Marcante e inesquecível o nosso primeiro elo, completamente profissional. Ou mais ou menos profissional.

Nosso contato durante os dois meses seguintes aconteceu por e-mail e telefone, para que criássemos juntos o conteúdo de suas palestras. Algo nos marcou nesse processo de criação, quando pela primeira vez Sócrates assistiu às partidas da Seleção Brasileira durante as duas Copas do Mundo – 1982 e 1986 – em que foi o capitão do time. Ele me contou que nunca havia tido coragem de rever aquelas imagens. De alguma forma aquilo ainda doía dentro dele e fui descobrir as razões um ano depois, quando escrevíamos juntos sua autobiografia.

Enquanto de um lado ele se preparava para o desafio da palestra, minha equipe se preparava do outro, organizando a infraestrutura. Pedi a meu pai, o escritor e educador Moacyr Bagnarelli, que criasse o texto de abertura de todos os sete encontros pelo país. As palavras a seguir recepcionaram Sócrates acompanhadas de seus melhores momentos em campo, em vídeo, e exibidas simultaneamente.

A trajetória de Sócrates no texto de Moacyr:

"Quem vê o espetáculo não vê os bastidores; entretanto, não há glória e glamour sem o trabalho persistente e duro da preparação, sem o suor da perseverança e sem a disciplina da dedicação; êxito e sucesso residem na mesma casa da competência, mas ambos têm natureza diferente. Enquanto o segundo alimenta-se de reconhecimento público e bebe na taça dos aplausos e das euforias, o êxito silencia-se no interior da alma porque se contenta com a certeza íntima de que o esforço não foi em vão, de que o sacrifício valeu a pena e principalmente de que se sabe de que é capaz; ambos alimentam as razões dos desejos mais profundos do ser humano, o desejo de reconhecimento social, de pertença, de propriedade, de poder e de realização. Todos nós desejamos e precisamos deixar nossa contribuição para a história – afinal, depois de nós, o mundo ficou melhor exatamente

porque passamos por ele. Mas quem vê o espetáculo nem sempre vê os bastidores. Todo desejo de significado tem seu preço e valor. Mas é muito prazeroso aplaudir o espetáculo que alegra a vida quando o objetivo é alcançado com a contribuição de cada um, onde todos puderam dar a sua parcela competente de participação, de renúncia, de empenho, de suor... Aí então o gol, que é a meta maior do esforço coletivo, tem o sabor da emoção mais nobre do espírito humano, a emoção da alegria em seu grau máximo de contentamento, essa descarga de adrenalina que é agente produtor de saúde porque sua energia excitante renova o desejo de querer sempre mais, de renovar o esforço e a dedicação para saborear cada vez mais o néctar do sucesso que repousa no prazer de ser feliz. Há muitos palcos na vida, desafiando-nos a produzir o sucesso compartilhado, solidário, e a saborear o êxito da satisfação íntima. É importante perceber um dia que nossa dedicação, nosso trabalho e nossas competências pessoais não foram em vão e deixamos marcas ou pegadas atitudinais por onde caminhamos e que podem ser seguidas por todos aqueles que nos elegem, consciente ou inconscientemente, como modelos ou referências para seus projetos de vida, seus sonhos, seus desejos..."

RIBEIRÃO PRETO, QUARTA-FEIRA, SEIS E MEIA DA NOITE (14 DE ABRIL)

O sol ainda não havia partido e eu esperava Sócrates na recepção do hotel. Ele se atrasou e chegou acompanhado do filho Eduardo, numa tranquilidade típica do Sócrates Brasileiro. Todos já o aguardavam para o início da palestra. Meus pais e meu irmão Thiago me acompanharam naquela viagem. Reunimo-nos minutos antes para testar o arquivo de apresentação. Tudo dentro do planejado. Ele entrou aplaudido de pé e da mesma forma deixou o evento após a coletiva de imprensa e os autógrafos.

A segunda palestra foi realizada na cidade de Santo André, São Paulo, em 5 de maio. Aquele dia foi difícil para mim. Tarefas acumuladas na empresa e gravações do meu programa na TV me impediram de chegar com muita antecedência ao local. Primeiro, houve uma coletiva de imprensa e, depois, quando Sócrates se dirigia ao palco, eis que o poeta galanteador reaparece para mim em público, já com o microfone na mão para iniciar o trabalho, subindo as escadas entre o salão de imprensa e o salão da palestra:

– Vou precisar derrubar o seu marido – disse ele referindo-se a mim.

Totalmente desprevenida, respondi imediatamente:

– Primeiro preciso arrumar um marido.

Não houve espaço para mais nada além de uma boa gargalhada e uma foto tirada pela equipe de marketing no momento exato. Foto essa que virou, mais tarde, uma das nossas preferidas, tamanha espontaneidade e afinidade entre nós.

Ele seguiu com o evento e eu parei, mais pensativa do que nunca, até que minha tela mental recebeu uma interferência do filho dele, Eduardo, que me acenou do outro lado do salão dizendo:

– Kátia, já pensou você sendo minha madrasta?

Sorrindo um pouco envergonhada, eu disse para ele não se preocupar porque nada ia acontecer. Porém, nenhuma convicção havia em mim naquela resposta...

Evento finalizado, combinamos todos de nos encontrar na próxima etapa, no Rio de Janeiro, em 16 de junho. *Hasta la vista...*

Candelária, noite linda de maio, Rio de Janeiro. Programei minha viagem para um dia antes da palestra. Cheguei ao Rio por volta das dezoito horas. Havia recebido um e e-mail prevendo a ida de Sócrates apenas na manhã da palestra – que seria no dia seguinte ao da minha chegada –, pois ele estaria em Portugal sendo condecorado por uma universidade.

Eu ainda não sabia, mas ele não tinha ido a Portugal. Cancelou a viagem em cima da hora.

Para minha surpresa, recebi uma chamada de Eduardo, convidando a encontrá-los na cobertura do Hotel Windsor Guanabara onde estavam naquele exato momento, naquela noite.

Subi até o restaurante. Lá estavam Sócrates, o filho e um amigo do filho chamado Fred. A partir do momento em que me juntei a eles, Sócrates não mais se conteve e empenhou todas as suas energias em me papariscar e me seduzir.

Eu me senti bastante intimidada. Envergonhada com a situação, me mantive séria, porém educada e receptiva.

Eu não conhecia detalhes de sua vida pessoal. Acreditava na época que ele deveria ser comprometido e também porque já ouvira nas redações dos jornais por onde passei o quanto ele era galanteador e adorava companhia feminina nas suas madrugadas intermináveis de boemia.

Sócrates ligou para um amigo e combinou de encontrá-lo no bairro do Leblon, no Bar Jobi. Fomos juntos, todos no mesmo táxi. Fred e Eduardo são homens de grande estatura também. Não lembro qual era o modelo do carro, mas me recordo perfeitamente que ficamos tão apertados dentro dele, que nossa primeira aproximação física ocorreu naquele momento, já que ele se sentou ao meu lado no banco de trás. A corrida possivelmente foi a mais importante daquele cordial motorista. Adoraria ouvir suas recordações daquela noite. Foi uma festa aquele trajeto, regado por piadas, comentários futebolísticos e poemas dedicados. Uma das cenas mais envolventes que já presenciei em toda vida: ao passarmos pela Lagoa Rodrigo de Freitas, ele pediu para fazermos a volta com mais tranquilidade e começou a recitar uma poesia de sua autoria que mais tarde viraria uma canção, um dos temas do nosso encontro, olhando nos meus olhos:

Sentado na tenra saudade
Contemplo o passado sem mais uma dor
São águas que somem à vista,
Irrigam de belo nosso Redentor.
Lagoa de sonhos perdidos,
Amores recentes e muito calor,
Um quadro de Leo, o Da Vinci,
Picasso, Degas ou do Criador.

Mais tarde viriam boleros e sambas, todos inspirados no sentimento que passou a exalar entre nós para o mundo que nos cercava.

Chegamos ao destino, o bar. Os amigos já o esperavam com um bom humor contagiante. Sentamos com eles, numa mesa de calçada. Eu usava um vestido cor-de-rosa e um lenço de renda. Como o vestido não ultrapassava os joelhos, me sentei numa banqueta alta e cobri minhas pernas com o lenço. Ele imediatamente colocou uma de suas mãos sobre meu colo, sentando-se muito próximo, quase colando o ombro ao meu. Ali permanecemos por boas três horas e, entre uma conversa ao pé do ouvido e outra, ele soltou a melhor frase da noite, que abriu a porta ao que todos esperavam: a chance de se divertirem com nosso encontro, possivelmente como Sócrates deveria fazer sempre com eles numa situação parecida:

– Deixe eu te amar... – A frase mal acabou e um coro reforçado puxado pelo filho nos surpreendeu em tom de samba, alto e bom som:

*Deixa eu te amar/Faz de conta que sou o primeiro/
Na beleza desse teu olhar/Eu quero estar o tempo inteiro...*

Essa canção interpretada por Diogo Nogueira – por quem Sócrates tinha imenso carinho por ter sido amigo de seu pai, João – e nacionalmente conhecida foi a que nos tirou do bar numa despedida emocionante. Pedimos um táxi e voltamos ao hotel todos juntos. Os meninos decidiram seguir pela madrugada do Rio de Janeiro e foram para um show de samba. Sócrates e eu decidimos ficar, porque precisávamos trabalhar no dia seguinte. Além de acompanhar a palestra, eu teria uma reunião no Clube de Regatas do Flamengo, para quem intermediava um contrato.

No hotel, subimos juntos no elevador. A parada em meu andar antes do dele nos deixou em situação semelhante à "decisão por pênalti". Tudo ou nada. Imediatamente desci. Ele travou a porta do elevador, mas não saiu de dentro dele. Com os braços abertos segurando as portas, ele disse:

– Daqui não passo... só se você quiser. – Ele estava sério.

Um frio vindo da barriga tomou conta de mim, que permanecia ali parada, em silêncio, olhando para aquele homem num misto de sensações.

– Eu quero – respondi.

Ele saiu sorrindo e me acompanhou até meu quarto.

Abri a porta e o apartamento exibia duas camas de solteiro. Em uma delas, minhas planilhas de pagamento da palestra além de outros documentos e contratos importantes. A outra cama perfeitamente organizada à espera de mais uma noite de sono. Na lateral, próximo a um aparador que comportava uma luminária acesa conferindo a um dos quadros uma delicadeza que prendia a atenção, duas de minhas malas. O cenário o prendeu por um instante mais.

– Suas malas são azuis. Minha cor preferida. Que lindo este quadro... que paz neste lugar... – foi dizendo enquanto passeava pelo espaço.

Eu estava confusa, ainda sem saber como fomos parar ali. Mas estava feliz, ele me trazia uma sensação de segurança desde o primeiro instante e isso somado a sua intelectualidade me prendia a ele completamente, como se inútil fosse fugir daquela situação. Ele foi se aproximando, aproximando, até que se sentou em minha cama, pediu para acender um cigarro e disse:

– Você é linda.

Fumou, falou outra vez – e rapidamente – sobre estar sentindo algo de muito bom naquele ambiente e aproximou-se de mim.

Eu, que adoro falar, não consegui dizer uma só palavra. Só o observava. Todos os detalhes daquela noite, cada gesto, permanecem intactos em minha memória.

Ele foi se aproximando e me beijou... nosso primeiro beijo!

Estávamos muito cansados; deitamos na cama de solteiro que nos abraçou numa situação esquisita mas confortável, trocamos algumas palavras, muito carinho, e adormecemos completamente. O que nos despertou foi o sol que entrou forte pelas janelas do quarto que estavam abertas desde a noite anterior quando ele acendeu o cigarro. Já era tarde. Acordei primeiro, olhei pra ele, para seu peitoral que estava à altura da minha cabeça. Senti seu cheiro naquele instante, e era um misto de perfume importado com fragrância natural da pele, a que eu viria a sentir dia e noite pelo resto de sua vida. A palestra começaria a uma hora da tarde. Eram onze horas da manhã e ele estava ainda se espreguiçando na minha cama. Por um minuto, no espelho, iniciei minha velha autocrítica. O que eu estava fazendo? Era a contratante e meu contratado na minha cama hora antes do compromisso de contrato? Onde estava com a cabeça para levar essa situação adiante? Meus pensamentos diante do espelho foram interrompidos pela voz grave dele dizendo:

– Vem pra cá, linda. É cedo. Bom dia!

Não podíamos permanecer ali; então eu o beijei carinhosamente, levando-o ao banheiro. Ele ficou por uns minutos rindo na frente do espelho. Não entendi e o apressei. Ele foi para seu quarto se preparar para o trabalho enquanto permaneci pensativa, alegre e exausta.

Nós nos reencontramos na sala de eventos. Terceira palestra do ciclo de sete pelo Brasil. Nada mais seria como antes. Ele foi anunciado, trocamos um sorriso, daqueles que entregam tudo e todos. Com a situação sob controle, me dirigi ao meu segundo compromisso de trabalho naquela quarta-feira: uma reunião com a diretoria do Flamengo. Minha mente, por mais que me esforçasse, não se concentrava em mais nada. Quem é que nunca se flagrou incessantemente sob domínio do flash de um momento maravilhoso? Assim estava eu durante todo o dia.

Minha reunião foi boa e retornei ao hotel três horas depois. Ao chegar, havia cinco mensagens na caixa postal do telefone do meu quarto. Era Sócrates perguntando por onde eu andava. Não consegui vê-lo imediatamente, pois precisei fazer os pagamentos da minha equipe em campo no evento. Recebi um e-mail naquele instante:

Sócrates Brasileiro escreveu:
  Saudade!

Kátia para Sócrates
  Saudade também...

Sócrates Brasileiro escreveu:
  Te adorei; amo teu olhar, encanta teu sonhar, revela teu cantar de ser, de ver, de crer. Te quero de novo, pra sempre, um ente que sente e se ressente de carências e essências. Teu escravo.

Kátia para Sócrates:
  Que encanto... você! Tuas palavras, teu carinho, tua atenção... tamanha luz em você, contagiante... Adoro te ouvir falar... e agora escrever para mim. Me faz pensar e pensar e pensar, e sentir e sentir e sentir... Beijos...

Encontrei parte de minha equipe no saguão do hotel e ali mesmo concluí os acertos e agradecimentos. Repentinamente um vozeirão nos surpreende do outro lado da recepção:

– Se Maomé não vai à montanha, a montanha vai a Maomé.

Era ele, sorrindo e me convidando a subir para a cobertura do hotel para conversarmos um pouco e assistirmos de lá a partida entre Santos e Grêmio pela Copa do Brasil. O jogo era importante para nós, pois na época acompanhávamos o despontar do talento de um dos maiores atletas da nova geração brasileira em campo, segundo Sócrates, que chegou a comparar o garoto a si próprio na forma de pensar e jogar: Paulo Henrique Ganso. Ele seria tema de inúmeras discussões futuramente em nossa casa.

Também nos acompanhava um amigo e parceiro de trabalho contratado por minha empresa para as palestras, o jornalista e radialista esportivo Alberto César Iralah. Alberto me conhecia desde o início de minha carreira como comunicadora na televisão e no rádio e ficou entusiasmado com nossa união. Entre boas conversas e emoções da partida, me dirigi para ver a vista da Igreja Candelária bem à nossa frente.

Sócrates seguiu atrás de mim. Aquele foi um dos momentos mais singelos entre nós, olhando para a Candelária e para a água que a abraçava, num sentimento de gratidão por podermos estar ali juntos. Havia reciprocidade em todos os sentimentos entre nós, nos mínimos detalhes. Combinamos de voar juntos de volta para casa, mas nos esquecemos completamente que não tínhamos ainda uma casa em comum e, portanto, só poderíamos ser companhia um do outro até o horário de embarque. Ele me pediu para alterar o horário do seu voo, que partiria bem antes do meu.

Assim o fiz e juntos fomos para o Aeroporto Santos Dumont. Em poucos meses acompanharíamos a Copa do Mundo e o assunto que corria pelo Brasil era a escalação da seleção brasileira para a competição. O assunto nos divertiu no aeroporto, pois do check-in ao embarque os funcionários o escalavam sem cerimônias. Lembro bem da aeromoça belíssima que chegando para o turno de trabalho, conduzindo malas e seu impecável traje, gritou sem pudores:

– Ah, Doutor, eu sabia que você seria escalado. Faça três gols na estreia da seleção para nós. – O ambiente todo foi tomado por boas gargalhadas e ele envergonhado respondeu:

– Só se for agora, chama o Ganso e a bola.

Antes do embarque, encontramos um conhecido de nome Jaeder. Ele foi a primeira pessoa que flagrou nosso romance. Sem entender muito bem o que estava presenciando, ele se referiu a mim num cumprimento. Apresentei Sócrates e eles trocaram algumas informações profissionais, uma vez que Jaeder é um importante empresário, gestor financeiro da carreira de alguns atletas no Brasil. No futuro viríamos a consolidar contrato intermediado por Jaeder. Voos anunciados, ele partiu para Ribeirão Preto e eu voltei para minha casa, em Campinas. Corações partidos na primeira separação. A viagem foi tranquila e apaixonante porque estávamos mesmo encantados com tudo e principalmente com a providência divina em nos permitir essa aproximação. No fundo sabíamos que muito estava por vir, como se um desenho já tivesse sido traçado pelo plano superior e arremessado ao nosso encontro. E os desafios dessa estrada estavam apenas começando. Seriam muitos.

Chegamos a nossos destinos e trocamos correspondência eletrônica: "a gente sente o que vive..."

Kátia para Sócrates:
Pouco mais de nove horas e estou aqui, em casa, pensando em você. O voo foi tranquilo. Passei para dar um abraço em meus pais e logo me deixaram aqui no apartamento. É bom voltar pra casa depois de uma viagem a trabalho, mas melhor seria se tivesse voltando pra casa contigo. Somos todos neste mundo privilegiados!!! Confesso que as duas noites que tivemos foram incríveis, boas demais. Há tempos não me surpreendiam e não me tocavam a alma, como fez você. A madrugada no boteco com teus amigos foi lindaaaaa, divertidíssima! Eles são demais!!! Você é incrível com eles e alimenta essa alegria naturalmente! Que troca de energia, que delícia!!! E adorável a presença do Dudu e do Fred, principalmente no momento ímpar onde primeira e segunda vozes cantaram repentinamente: "Deixa eu te amar, faz de conta que sou o primeiro..." Hahahahahahahaha, foi muito bom!!! Tranquilidade e paz senti durante todo o tempo em que estive por perto, com os amigos ou "grudada" a você, dormindo... E na noite de ontem, além da bela e grande vitória do meu time, a conversa com

o Alberto na cobertura do hotel foi muito importante pra ele e agradável a todos nós. Hoje ele me ligou agradecendo e dizendo coisas maravilhosas sobre você e sobre esse momento que tivemos. Completou a conversa ao telefone dizendo que "torce por nós, tem certeza que seremos muito bons um para o outro". Tudo especial! E claro, as comissárias e as recepcionistas do aeroporto escalando você para a seleção... Fala sério?! Não tem preço. Estou muito feliz por ter encontrado inesperadamente você e quero viver isso mais e mais... Ainda há, realmente, muito a acontecer. Nos conhecer e nos admirar a cada dia virá com a convivência... espero por ela. Aos poucos você vai me conhecer profissionalmente também e estou certa do teu carinho com tudo nesse sentido. O Cartão Verde já vai começar. Bom programa, estou na tua audiência, na torcida sempre, como a maioria, te aplaudindo. Como posso dormir sem você agora? Tudo o que é bom vicia o ser humano??? Mil beijos, ótima noite!!!

Sócrates Brasileiro escreveu:
Lindo, linda. Te quero, te desejo, te sinto e te amo.

Dois dias depois continuamos a trocar mensagens, já que ainda não podíamos nos ver.

Kátia para Sócrates:
Bom dia, bom dia, bom dia!!!!! O sol por aqui está lindo, na medida certa pra aquecer de leve a cidade, o friozinho permanece à sombra... Só vim mesmo neste e-mail lhe desejar um sábado maravilhoso!!! Mas vai com fundo musical. Esta é a pequena letra de uma das músicas de que mais gosto de Celso Fonseca e Ronaldo Bastos, dois artistas que levam o Brasil pelo mundo. Ela se chama "Sorte". Fique com ela! Mil beijos! Vou para o trabalho!

"Tudo de bom que você me fizer
Faz minha rima ficar mais rara
O que você faz me ajuda a cantar
Põe um sorriso na minha cara

Meu amor, você me dá sorte
Meu amor, você me dá sorte
Meu amor, você me dá sorte na vida!
Quando te vejo não saio do tom
Mas meu desejo já se repara
Me dá um beijo com tudo de bom
E acende a noite na Guanabara
Meu amor, você me dá sorte
Meu amor, você me dá sorte na vida"

Sócrates Brasileiro para Kátia:
Tô absolutamente encantado! Tô ouvindo (você foi a melhor coisa que eu tive), tô louco de saudade e... de paixão.

Kátia para Sócrates:
Oláááá!!!! Acabei de ler teu lindo e-mail de resposta... que delícia! Estou cansada mas feliz hoje... O tempo aqui é agradável, uma noite linda assim como foi o dia. Anexei algumas fotos do estúdio de hoje pra que você conheça minha rotina por aqui... A TV me transforma a cada dia, sabe? São as histórias dos telespectadores, a luta dessas pessoas e a maneira como projetam em nós da telinha a própria esperança ou segurança do caminhar delas... O microfone é poderosíssimo e bom demais. Além de apaixonada pelo ser humano e pela vida, também sou uma boa admiradora de músicas e poesias... Sempre que puder deixarei uma canção pra ti... Não vivo sem elas. A música de hoje é do Nando Reis – "Hoje Mesmo" –, é lindinha, e me lembra aquele apartamento de hotel! rs Que o teu começo de semana seja ótimo, cheio de alegrias e boas risadas. A frase pra nossa caixa de mensagens particular que fica no coração neste final de domingo é: "Minha vida é um todo indivisível, e todas as minhas atitudes encontram-se umas com as outras; e todas elas se elevam no meu amor insaciável pela humanidade." (Gandhi)
Beijo, beijo, beijo, beijo!!!!!
Kátia

Sócrates Brasileiro para Kátia:
Que linda! Que maravilha poder te ver mesmo que a distancia. Te quero demais. Não sei se te fará bem, mas estou cada vez mais saudoso e apaixonado por você. Não tenho muita habilidade para achar e manusear adequadamente este aparelho "moderno demais" para este pré-Windows, porém te mando uma letra que fiz para um bolero que logo quero gravar para te oferecer. Ouvindo Nando, parceiro especial que sei que também te adorará, por tuas qualidades, eu te digo: "Quando penso em você, é como te tocasse/Envolvido em teu calor, é como me esquecesse/Pois sem ti não me reconheço, não me sinto, não me vejo. É como uma energia que nasce não sei de onde/E onde quer que eu ande me encontro em você/Se fosse real não seria/No momento atual te queria/Como parte de mim que mistura em você/Se fosse real não seria/No momento atual te queria/Como parte de mim... Na verdade, sou você!"
Te quero, te quero, te quero!
Beijos, beijos, beijos!
Não vejo a hora de te reencontrar.
Amanhã será um êxtase, por um sorriso, um afago, um carinho ou mesmo só por te ver e sentir novamente.

Ainda trocamos músicas durante toda a madrugada, até que o sono chegou para mim e para ele. O amanhã despontou e combinamos um jantar em Campinas. Endereço nas mãos dele, combinamos de nos encontrar em meu apartamento. Eu morava no segundo andar e da sacada ansiosa o esperava quando o vi passar direto. Falávamos pelo rádio, ele deu a volta no quarteirão e finalmente estacionou em frente ao prédio. Desceu chamando a atenção de todas as pessoas que estavam por lá, uma vez que levava uma mochila nas costas e dois quadros belíssimos e muito grandes – quase da sua altura. Identificou-se, autografou algo para o porteiro do prédio e subiu. Abri a porta sorrindo e o ajudei com os quadros. Ele disse antes de mais nada:

– Eu pintei esses quadros um dia e sabia o que estava fazendo, um azul e um rosa exatamente iguais, mas eles nunca saíram de perto de mim. Agora eles são seus porque eles são eu e você, minha princesa...

Encostando as telas à parede, ele me pegou pelas mãos enquanto ainda estava muda e me pôs sentada no sofá; pegou uma cadeira e sentou na minha frente, olhando em meus olhos, e com as mãos firmes em meus ombros continuou:

– Eu te procurei durante trinta anos de minha vida. Por favor, não me deixe sair daqui. Você é a minha salvação.

Completamente emocionada vendo aquele homem chegar em minha casa com uma mochila e dois quadros e me pedindo para não deixá-lo sair nunca mais, pois eu era a sua salvação, não pude ter outra iniciativa senão abraçá-lo e chorar junto com ele por alguns minutos quando aquela voz grossa nos interrompeu dando sequência às palavras:

– Eu preciso de você. Você é o amor. Me ajuda? Tenho três dívidas a cumprir e só com você ao meu lado vou conseguir... Quero e preciso viver um amor verdadeiro acima do materialismo e do egoísmo; preciso dos meus filhos mais perto de mim e tenho um sonho de terminar minha vida atendendo em praça pública os necessitados.

Ele trazia tamanha convicção em si e a cada suspirar me envolvia, cada vez mais. E assim foi a nossa noite inteira até que ele precisou seguir viagem a mais um compromisso. Passaria alguns dias em Londres na semana literária brasileira. De meu apartamento seguiu para o aeroporto. Trocamos mensagens eletrônicas de maneira que nossas vidas nunca mais seriam as mesmas...

Kátia para Sócrates:

Que você invadiu tudo dentro de mim é bem verdade. Que palavras não saem de minha boca quando posso simplesmente olhar-te entendendo e sentindo uma transformação incrível e imediata em mim é bem verdade também. Mas você, inexplicavelmente, consegue ir além da tua procura por palavras, que bem sei que existe, e sentir-me nessa transformação. Te encontrar é coisa de Deus, inevitavelmente. Procuro o que tenho vivido contigo desde sempre e sei que procuramos aquilo que realmente falta em nós, que é basicamente o que dá sentido às nossas vidas. É como se ficássemos imbatíveis, não só por nós e para nós, mas a todos que caminham ao nosso lado nessa grande missão diária. É adquirir FORÇA, é ter muito mais SENSIBILIDADE, AMOR INCONDICIONAL para com tudo e todos, é FELICIDADE saindo dos

poros. É contagiante, bom e mágico. Se estou com medo??? Mas é claro que sim, entendo exatamente o tamanho desse encontro. Ao contrário do que você disse sobre as feridas dos desencontros passados, o medo que há em mim é apenas sobre a preparação para viver isso... Nunca fui a favor do efeito "rolo compressor" pras coisas da alma e do coração, mas talvez seja a hora de crescer com isso... Já subimos muitos andares nesse "elevador" e fiquei sabendo que ele só sobe, não desce... Pra descer só caindo, e o capote pode doer se não houver sabedoria e preparo em mim para entender essa transformação vivendo ao teu lado, mesmo que ela não dure até meus últimos dias... Estou ouvindo Gonzaguinha: "Quando eu soltar a minha voz, por favor entenda/que palavra por palavra eis aqui uma pessoa se entregando..." Que lindo!!! Mil motivos para querer estar ao seu lado, muitos deles os que a humanidade já reconheceu publicamente e o faz a cada passeio no boteco, a cada voo nos aeroportos, a cada compra de supermercado... isso é fenomenal e importantíssimo!!! rs... Mas muito além disso é tudo o que ainda há em você para este mundo... isso é muito, muito, muito rico e ouvi-lo falar sobre isso é privilégio... Ah, como posso recusar ou temer algo tão especial, poderia ser qualquer outra pessoa em qualquer parte do mundo, mas eis-me aqui esperando por você quando repentinamente os compromissos são adiados para que poucas horas juntos fortaleça esse encontro... Algo sobre mim que talvez você ainda não saiba: tenho um compromisso com essa humanidade, com pessoas, muitas pessoas. Tenho a obrigação, pelo dom que recebi, de causar transformações sejam elas quais forem, sempre para o fortalecimento do bem comum. O trabalho não é simples, você bem sabe disso, mas é prazeroso demais. E não haveria recompensa maior para essa missão que sentir o tocar de minhas mãos em outras mãos igualmente comprometidas e apaixonadas pela causa maior: o ser humano. Posso confessar a saudade que sinto grande de você, sempre! Mil beijos! Deve estar embarcando já já... Faça boa viagem e se chegar cedo tente tomar um belo de um banho demorado, dá uma olhada no espelho e sorria como faz aqui pra você mesmo. É contagiante, e além do mais isso deve ser algo que você faz bem TAMBÉM! Hahhahahaha! Beijosssss no seu coração! Com amor,
Kátia Bagnarelli

Sócrates Brasileiro para Kátia:

Amor, nunca dantes chamei alguém assim. Não sei exatamente por quê, mas sei que és o amor, que representas um amor, o amor... Não por tua beleza, mas por teu carinho, teu jeito e tua devoção ao amor. Tentei falar contigo ao finalizar o trabalho, que foi maior que o normal: gravamos outro programa depois – depois teve a cachaça, para variar, e só por isso te escrevo neste horário em que os galos que me fazem acordar no meu canto e que, saiba, já é todo seu, se manifestam. O que foi muito legal, já que falamos de literatura, mas não deu. Tudo bem, ou mais ou menos. Saudade é um problema! Paixão, mais ainda! Queria estar em teu colo. Sonharia estar dentro de você. Infelizmente sou humano e pequeno para não conseguir isso. Levei tanta porrada esta semana que você jamais acreditaria. Só porque você existe ainda que os agentes não te conheçam, mas sentem que você tomou conta de mim... do meu ser... dos meus sentimentos. E é isso que eu quero viver. Quero conhecer a felicidade, se é que ela existe! Quero conhecer a paz que achei que fosse íntima e, no entanto, só se mostrou há alguns dias. Só não sei se a minha velocidade é maior que a tal da felicidade. Te amo.

CAPÍTULO 3 · QUEM FOI SÓCRATES

Desde o início do relacionamento adorávamos conversar sobre nós mesmos e nossos caminhos passados. Eu tinha um diário e escrevia nele todos os meus sentimentos e minhas análises sobre as pessoas que passavam por mim. Certo dia, ele perguntou:

– O que tanto você escreve? Eu quero ler. Estou com ciúme!

Sorri com aquela atitude juvenil, mas percebi que aquilo o incomodava. Sugeri naquela noite, então, que tivéssemos um diário comum. E assim aconteceu. Comprei um novo caderno e começamos. Ficou combinado que se quiséssemos poderíamos ler o que o outro havia escrito, mas se pudéssemos esperar para juntos um dia ler às filhas que viriam seria melhor. Sócrates me confidenciou que era louco para ter filhas mulheres. Numa dessas noites de escrita propus a ele que relatasse sua vida para que as meninas pudessem conhecer o pai por suas palavras até ali. Ele nos deixou em nosso caderno a sua visão sobre si mesmo:

Sou *Sócrates Brasileiro*, pois meu pai tinha verdadeira adoração por literatura e no período em que eu nasceria ele estava lendo *A República* de Platão. Ele foi um caso raro de quem não pôde frequentar a escola, mas que adquiriu conhecimento suficiente para mudar a vida de sua família. Por isso nós, que vivíamos em Belém do Pará, nos transferimos para Ribeirão Preto, no Estado de São Paulo, já que ele, como funcionário público federal, foi promovido para o sul do país.

Em Ribeirão, estudei no colégio dos Irmãos Maristas, que foi minha primeira grande escola de vida, esportiva – tínhamos ali uma imensa área para a prática de vários esportes –, cidadã e de acesso ao conhecimento.

Adquiri a paixão pelo futebol em particular e me tornei santista. Acompanhava sempre que podia, junto a meu pai, o extraordinário time do Santos de Gilmar, Zito, Mengálvio, Dorval, Coutinho, Pepe e Pelé. Um dos episódios mais marcantes dessa época foi quando pela primeira vez pude sentar-me ao lado do velho – e não em seu colo, como sempre ocorria – porque o vizinho surpreendentemente faltara ao espetáculo. Morávamos em um local ermo de um novo loteamento e tínhamos à nossa disposição todo um descampado para realizar nossas "peladas" quando quiséssemos.

Quando completei doze anos, a família já estava completa: Sóstenes, Sófocles, Raimundo filho, Raimar e o pivete Raí de um ano de idade. Alguns anos antes eu havia assistido a uma cena que muito me marcou e que de certa forma transformou minha visão do mundo: vi meu pai queimando livros quando do golpe militar de 31 de março de 1964. Logo ele que os possuía como joias da Coroa.

Com essa idade eu já dava meus pulinhos indo jogar em um time amador da cidade, o Raio de Ouro, minha primeira grande experiência social, pois passei a conviver com pessoas de outras realidades financeiras e com problemas que desconhecia – ainda que já tivesse tido contato com meu avô cearense que não tinha água encanada e luz elétrica na sua residência em Messejana, no Ceará.

Aos dezesseis anos comecei a pensar no curso superior que faria e medicina foi a escolha. Já estava jogando no juvenil do Botafogo da minha cidade. Fiz cursinho e ingressei na Faculdade de Medicina de Ribeirão Preto da Universidade de São Paulo com dezessete anos. Tudo mudou! A pressão que caía sobre meus ombros desde que me conheci por gente para responder às expectativas educacionais que meu pai possuía como por encanto desapareceram ou, pelo menos, minimizaram-se a ponto de não mais me incomodar. Foi um despertar para um mundo novo cheio de novidades, desafios e... medos. Sempre fui muito tímido e isso criava dificuldades de relacionamento mais do que eu gostaria. Na faculdade, muita coisa mudou; e para melhor, apesar do excesso de informações e da rigidez do curso. Praticamente vivia enfurnado no campus durante todo o dia, já que o tempo era utilizado integralmente para as aulas do curso básico que incluíam anatomia, fisiologia, bioquímica, farmacologia etc. O bandejão do almoço era o único momento de descontração que tínhamos e depois da refeição eu geralmente encontrava parceiros para uma partida de xadrez aguardando o próximo período de aulas ou estudos nos laboratórios.

Continuava jogando pelo Botafogo, mas só aparecia por lá para jogar sempre aos domingos, pois se tornara impossível participar dos treinamentos que aconteciam às quartas e às sextas-feiras à tarde. E esse reencontro com o futebol e com os companheiros de time era mais do que esperado: uma farra, um prazer e uma satisfação imensa. Tudo porque tínhamos um ambiente para lá de bom. Chegamos até a disputar o título do campeonato amador do Estado, quando perdemos no jogo final em Andradina contra uma equipe muito mais experiente e que não viajara mais de doze horas para estar em campo. Também se tornou recorrente o convite para me tornar profissional. Sempre negado, pois achava impossível conciliar as duas coisas. As agendas não batiam de forma alguma.

Porém, estava enganado. No final de 1973, resolvi aceitar o desafio de tentar fazer as duas coisas. Comecei a treinar com os profissionais, assinei contrato e passei a acompanhar a equipe na competição que realizava. Uma semana antes do final das férias, por causa de uma contusão do titular de então, eu entrei no time e nunca mais saí. Só assim para manter a motivação e carrear duas atividades tão díspares. No campeonato paulista de 1974, nosso time foi muito bem, fizemos o artilheiro (Geraldão) e terminamos bem colocados. Fui escolhido a revelação do torneio, o que me entusiasmou ainda mais. Segui naquela loucura pelos anos seguintes, até conseguir me formar sem perder nenhum curso e na duração prevista, mas não foi nada fácil. Para terem uma ideia, cheguei a comprar ingresso para entrar no estádio para jogar em minha primeira partida no Pacaembu só porque não sabia onde estavam os vestiários e porque cheguei em cima da hora do jogo. Muitos outros episódios semelhantes eu vivi e gradativamente vou dividir com vocês.

Terminei o curso em 1977 e resolvi seguir no futebol. Queria saber onde poderia chegar, mas para tanto teria que sair do Botafogo e ir para um grande clube. Porém, mesmo estando no interior, fui lembrado para a Copa da Argentina realizada em 1978 ficando entre os quarenta indicados pelo técnico Claudio Coutinho, que foi quem me deu a primeira oportunidade na seleção, isso no ano seguinte e já vestindo a camisa do Corinthians, onde permaneci por seis extraordinários anos. Lá, conseguimos modificar radicalmente as relações de trabalho implantando a chamada "Democracia Corinthiana", que pregava a socialização das decisões coletivas através do voto (isso na época em que vivíamos uma ditadura militar no Brasil) com cada integrante, desde o de função mais simples até o representante do clube, tendo o mesmo peso decisório que os demais. Foi o período mais rico que passei na minha história no futebol. Ajudamos a mudar o país, auxiliando na democratização do mesmo e produzindo largo espectro educativo ao nosso povo.

Na seleção brasileira começávamos a montar um dos grandes times de todos os tempos e que jogaria a Copa de Espanha de 1982. Lá chegamos como a equipe de futebol mais vistoso – o denominado "futebol-arte" – que infelizmente não nos levou ao título. Perdemos nas quartas de final para a Itália, que viria a ser a campeã. Na volta do velho mundo, teria que me recuperar da frustração pela derrota no mundial e nada melhor que retornar para o nosso processo democrático. Nós que já havíamos sido campeões paulistas em 1979, vencemos também no biênio 1982-1983, o que nos deu mais força para defender nossa causa, produzir iniciativas nas áreas política, social, educacional e cultural, tendo inclusive produzido uma peça de teatro no palco do Teatro Ruth Escobar como forma de conhecer melhor o ambiente cultural e aprender mais sobre nossa realidade social. Também gravei um disco de música regional com o objetivo de difundi-la no grande centro em que estava inserido, dividindo com muitos a paixão pelas nossas coisas, mesmo as mais simples, simplórias ou caipiras como se dizia na época.

E como um seguimento natural, participamos do gigantesco movimento "Diretas Já", que envolveu multidões nos quatro cantos do país. Queríamos mudar, queríamos transformar a nossa realidade e para isso teríamos que tomar conta do nosso destino. Mais ou menos como na

Democracia Corinthiana. Entretanto, a emenda constitucional que nos devolveria o direito de escolher nossos presidentes não passou no Congresso Nacional e por isso decidi aceitar o convite para jogar na Itália, exatamente em Florença e na Fiorentina. Não era o que queria, mas o que meu coração mandava; por puro desgosto, pois não aceitava o fato de poucos rejeitarem o sonho de tantos.

O ano que passei em Florença, apesar da saudade e da tristeza, foi extremamente importante. Aprendi muito não só pelos sentimentos que me afligiam como também pelas experiências que por lá tive. A estrutura social funciona maravilhosamente bem, com todos tendo acesso aos bens básicos como educação e saúde. Meus filhos foram recebidos como um deles, tanto que na sala de aula de cada um havia um mapa do Brasil para que todos os colegas pudessem entender de onde vinham aqueles que falavam aquela língua estranha. Com a plena integração familiar, faltava só o lado profissional. E esse foi extremamente complicado. Queriam de mim um marionete que nunca fui, queriam de mim um defensor das causas conservadoras que jamais proclamei, queriam de mim resistência para jogar em campos pesados e eu não tinha músculos para tal. Isto é: tudo invertido quanto às expectativas. E pior: o elenco se encontrava destruído em sua estrutura social. Metade da equipe não se dava com outra ao extremo de não se comunicarem nem verbalmente e nem em campo. Um absurdo que não podia dar resultados.

Mesmo assim, acredito que tenha jogado bem durante o outono e a primavera, porém o inverno foi desastroso: não possuía estrutura muscular para suportar a exigência física e quase não consegui jogar. Mas muito mais que isso, a questão política foi fundamental. Eu estava próximo do PCI e eles (os cartolas), da Democracia Cristiana, e isso não podia dar em boa coisa. Ao final do ano, resolvi voltar a qualquer custo, desde que tivesse um convite, pois não sou dado a romper compromissos ainda que desgastantes como aquele.

Foi quando apareceu a Ponte Preta através de um locutor de TV que havia feito um acordo com o clube para explorar seus espaços. Por telefone e sem garantias, aceitei assinar o distrato com o clube italiano com a promessa de receber dez por cento do total combinado quando de minha chegada ao Brasil – o resto eu sabia que estaria arriscando. Mas o que fora acordado era uma fantasia; nem os dez por cento existiam e por isso decidi retornar à Itália para brigar por minha liberdade, ainda que sabedor de que a lei do passe em nada me favorecia. Depois de quase dois meses, surgiu o Flamengo para resolver a questão. E lá me fui ao Rio de Janeiro deixando para trás um caminhão de dinheiro, mas com uma alegria imensa de retornar para casa e ao lado de Zico que também voltava para seu clube de origem. Jogar com ele era um sonho; perfeição para quem admirava o amigo e o atleta que ele sempre foi. Infelizmente nos contundimos demais nos anos que lá passei e só estivemos uma única vez em campo no Maracanã, em um Fla-Flu de arrepiar que terminou com 4x1 para o Flamengo com três gols do galinho Zico. E só participamos dessa partida naquele torneio porque imediatamente fomos convocados para a seleção que participaria da Copa de 1986 no México; e acabamos campeões cariocas jogando somente aquele jogo.

Às vésperas do mundial, nós dois não estávamos bem. Ele com dificuldade de se recuperar de uma das várias cirurgias de joelho que fez e eu com uma lesão muscular no reto anterior da coxa direita que me limitava ao extremo. Por fim, consegui me livrar das dores e recuperar meu lugar no time. Porém, uma desagradável surpresa se fez presente e uma hérnia de disco na coluna lombar surgiu na estreia contra a Espanha, que derrotamos com um gol meu. Nessa e nas demais partidas da Copa, entrei em campo com uma faixa na cabeça que tonteou muitas cabeças por esse mundo afora, tanto que o então editor de política do *Le Monde* apareceu na concentração da Universidade de Guadalajara só para saber o que era aquilo. E era só uma manifestação política contra algumas das mazelas que até hoje afligem a humanidade como o racismo, a fome, o imperialismo, as guerras e a destruição da natureza – além, é claro, de demonstrar nossa solidariedade àquele povo que acabara de sofrer com um violento terremoto que atingiu principalmente sua capital, no coração do país e da nação mexicana.

Mas nada disso colaborou para nossa vitória nem para que o mundo se tornasse melhor; no entanto, sempre soube que as mudanças demoram e só ocorrem depois de anos de luta. No futebol, também. Nem sempre o melhor vence – como vimos em 1982 e na partida contra a França em 1986. Perdemos nos pênaltis com direito a um erro meu da disputa final depois de anos sem perder um, nem no Corinthians nem na seleção.

Mesa de cirurgia era o que me aguardava no retorno. A hérnia deveria ser extirpada para que eu pudesse ter uma vida normal. Muitos exames, dificuldade de diagnóstico e finalmente indicação cirúrgica. Hospital do Fundão, várias horas no centro cirúrgico e centenas de dias de fisioterapia para poder voltar a andar, muito mais que a jogar.

Meses depois voltei aos campos, porém com muitas limitações físicas por culpa da lesão neurológica. Resolvi, ao final do campeonato brasileiro daquele ano, expor a minha condição à comissão técnica do clube, já que ninguém percebera e era vital para manter um nível de atuação com a própria exigência que eu me preocupasse apenas com a criação de jogadas e pouco com a marcação dos adversários. A resposta à minha honestidade foi ser afastado do time titular.

Resisti a essa arbitrariedade por alguns jogos, sendo que sempre que entrava em campo conseguia melhorar o desempenho da equipe. Mas para tudo há limite e na estreia do carioca de 1987 decidi interpelar o treinador questionando o que ele entendia por justiça. Como não recebi resposta, resolvi naquele instante deixar o futebol. Sempre acreditei que injustiças não devem ser suportadas em hipótese nenhuma. E ainda recebi um último agrado ao ser chamado a entrar em campo para jogar pouco mais que cinco minutos quando a derrota do time se tornara inevitável.

No dia seguinte, ao sair do campo de treinamento na Gávea, peguei a chuteira e com somente uma testemunha (Leandro) a joguei na lixeira ao lado do gramado. "Adeus", pensei. Logo na semana seguinte comecei a frequentar o Hospital Universitário da Federal do Rio de Janeiro na ilha do Fundão, onde fui muito bem recebido pelo pessoal da clínica, e ali, em 1987, iniciava minha trajetória médica que havia sido interrompida pelo futebol. Passei um ano por lá fazendo clínica geral e decidi voltar a Ribeirão Preto para fazer a atualização necessária nas clínicas especializadas. Porém, alguma coisa ainda me incomodava. Dúvidas me assaltavam, crises se instalavam em meu inconsciente e a dificuldade de reinserção social me incomodava sobremaneira. Não é fácil modificar totalmente o estilo de vida de uma hora para outra aos trinta e cinco anos. É uma empreitada cheia de espinhos...

Depois do relato, Sócrates me pediu para adicionar um currículo que ele mesmo elaborou:

CURRICULUM VITAE
Sócrates Brasileiro Sampaio de Souza Vieira de Oliveira
Natural: Belém/PA
Nascimento: 19/2/1954
RG: SP/SSP 453...
CPF: ...42.....317-...
CRM: 31.029
Pai: Raimundo Vieira de Oliveira
Mãe: Guiomar Souza Vieira de Oliveira

Irmãos:
Sóstenes Brasileiro Sampaio de Souza Vieira de Oliveira, engenheiro de produção formado pela Universidade Federal de São Carlos, mestrado pela Pontifícia Universidade Católica do Rio de Janeiro, curso de extensão para profissionais do esporte na Fundação Getúlio Vargas. Ex-secretário de esportes de São Carlos.
Sófocles Souza Vieira de Oliveira, engenheiro civil formado pela Universidade de Brasília. Auditor da Secretaria da Receita Federal.
Raimundo Vieira de Oliveira Filho, médico formado pela Santa Casa de São Paulo e especialista em ginecologia e obstetrícia pela USP Ribeirão Preto.
Raimar Souza Vieira de Oliveira, bacharel em direito pela Universidade de Ribeirão Preto, produtor e divulgador de espetáculos artísticos.
Raí Souza Vieira de Oliveira, estudante de filosofia na PUC São Paulo, diretor da Fundação Gol de Letra, ex-atleta de futebol nível internacional.
Casado com Kátia Bagnarelli Vieira de Oliveira

Filhos:
Rodrigo C. Vieira de Oliveira, médico radiologista formado pela USP Ribeirão Preto.

Gustavo C. Vieira de Oliveira, advogado formado pela Universidade de São Paulo, Largo São Francisco, com curso de extensão em direito esportivo e de administração para profissionais do esporte, vice-presidente do IBDD.

Marcelo C. Vieira de Oliveira, formado em administração de empresas pela Universidade Estadual de Londrina.

Eduardo C. Vieira de Oliveira, formado em administração e gestão empresarial pela UNICOC.

Sócrates Brasileiro Sampaio de Souza Vieira de Oliveira Júnior, formando de administração de empresas pela USP.

Fidel Brasileiro C. Vieira de Oliveira.

Escolaridade
- Primário e secundário: Colégio Marista de Ribeirão Preto
- Médico graduado pela Faculdade de Medicina de Ribeirão Preto da Universidade de São Paulo (1972-1977).
- Especialista em medicina esportiva pela Escola Paulista de Medicina (Universidade Federal de São Paulo) – 1991
- MBA em administração desportiva pela Fundação Getúlio Vargas de SP – 2000
- Pós-graduando da Escola Paulista de Medicina (Universidade Federal de São Paulo)

Atividades profissionais e outros:
- Atleta profissional de futebol no Botafogo de Ribeirão Preto de 1974 a 1978
  – Campeão do Paulistinha: 1974 e 1975
  – Revelação do Campeonato Paulista de 1974
  – Campeão do primeiro turno do Campeonato Paulista de 1977
  – Artilheiro do Campeonato Paulista de 1976
  – Melhor jogador de Ribeirão Preto: 1974/1975/1976 e 1977

- Maior artilheiro do Estádio Santa Cruz de Ribeirão Preto
- 99 gols marcados
• Atleta profissional do Sport Club Corinthians Paulista de 1978 a 1984
  - Campeão paulista: 1979, 1982 e 1983
  - Semifinalista do Campeonato Brasileiro: 1982 e 1984
  - Líder da Democracia Corinthiana: 1981 a 1984
  - 169 gols marcados
• Seleção Brasileira de Futebol de 1979 a 1986
  - Copa América de 1979
  - Mundialito do Uruguai de 1981 (capitão da equipe)
  - Eliminatórias do Mundial em 1981 (capitão da equipe)
  - Copa do Mundo de 1982 – Espanha (capitão da equipe)
  - Copa América de 1983
  - Eliminatórias do Mundial de 1985 (capitão da equipe)
  - Copa do Mundo de 1986 – México
  - 65 partidas
  - 26 gols.
• Campanha de Conscientização para a Unicef internacional (1980)
• Campanha de Aleitamento Materno do governo estadual SP (1980)
• Gravação do disco *Sócrates* (1980)
• Participação na novela *Feijão Maravilha* da Rede Globo de Televisão (1980)
• Apresentação de diagnóstico e sugestões, junto com Juca Kfouri e Adilson Monteiro Alves, no Fórum de Modernização do Futebol Brasileiro na Câmara dos Deputados, Brasília (1983)
• Produtor da peça teatral *Perfume de Camélia* no Teatro Ruth Escobar (1983)
• Atleta profissional da Fiorentina, Itália, na temporada 1984-1985, com 10 gols marcados
• Palestrante no Congresso de Futebol da "Casa Del Popolo" de Florença, (1984)
• Atleta profissional do Clube de Regatas Flamengo (1985-1987)
• Campeão carioca de 1986
• Atleta profissional do Santos Futebol Clube (1998-1989)
• Atleta profissional do Botafogo de Ribeirão Preto (1989)
• Participação no "All Stars" de Futebol em Tóquio, Japão (1990)
• Diretor presidente da MESC (Centro de Medicina Desportiva) Ribeirão Preto (1992-1997)
• Apresentação em congressos médicos de diversos trabalhos científicos de 1992 a 1997

- Palestrante do curso de medicina desportiva da Escola Paulista de Medicina: 1992, 1993 e 1994
- Secretário de esportes de Ribeirão Preto (1993-1994)
- Seleção Brasileira de Masters (futebol) no Mundialito de Trieste (1994)
- Diretor técnico do Botafogo de Ribeirão Preto (1994)
- Técnico de futebol no Botafogo de Ribeirão Preto (1994)
- Palestrante do Congresso de Ginecologia e Obstetrícia da Fundação Quito Junqueira de Ribeirão Preto (1995)
- Palestrante do Congresso de Medicina Esportiva de Baía Blanca, Argentina (1995)
- Palestrante do Congresso de Cardiologia em Maceió (1995)
- Comentarista esportivo de televisão do SPORTV (1995)
- Coordenador e professor de fisiologia do curso de educação física da Universidade de Ribeirão Preto (1995)
- Técnico da Liga Desportiva Universitária do Equador (1996)
- Apresentador do programa *Bate-Papo* da TV Record, Ribeirão Preto (1997-1998)
- Apresentador do programa *Papo com o Doutor* na TV Thathi, Ribeirão Preto (1998)
- Colunista do jornal *Lance* (1998/1999)
- Palestra inaugural da semana de saúde do Tribunal Superior de Justiça, Brasília (1999)
- Coordenador geral, fisiologista, nutricionista, ortopedista e técnico de futebol do Cabo Frio Futebol Clube, classificando a equipe para a primeira divisão do futebol carioca (1999-2000)
- Colunista da *Gazeta Esportiva* (2000-2001)
- Apresentação de diagnóstico e de sugestões no Seminário de Modernização do Futebol Brasileiro patrocinado pela CBF e coordenado pela Fundação Getúlio Vargas (2000)
- Colaborador do site corinthians.com.br (2000-2001)
- Compositor de todas as faixas do disco *Sócrates, Bueno e Convidados* (2000) e do disco com Dedé Cruz (2003)
- Colunista da revista *Carta Capital* (2001)
- Colunista do jornal esportivo de língua árabe *EL-SSADA* (2001-2002)

- Colunista do jornal *Agora* (2002)
- Escolhido pela Federação Internacional de Futebol como um dos cem maiores jogadores de todos os tempos.
- Doctor Honoris Causa (Arts), Universidade de Leeds, Inglaterra.
- Coautor do livro *Democracia Corinthiana*, junto com o jornalista Ricardo Gozzi (2004).
- Coautor da peça de teatro *O Futebol* (2005).
- Participação como ator no filme *Boleiros 2* (2006).
- Palestrante contumaz sobre o tema "liderança corporativa" em empresas como Microsoft, Agis, P&G, Cory, Unilever, Pão de Açúcar, Petrobras, Banco do Brasil e em dezenas de outras.
- Autor de um ensaio sobre a história e a trajetória do futebol brasileiro em fase de edição pela Editora Mondadori (Itália).
- Comentarista do programa *Cartão Verde* da TV Cultura desde 2008.
- Colaborador da Associated Press (2011)
- Apresentador do programa *Brasil Mais Brasileiro,* Canal Brasil, dirigido por Kátia Bagnarelli Vieira de Oliveira (2011)

CAPÍTULO 4 · **SÓCRATES EM FAMÍLIA**

Com o início da nossa convivência, nada mais seria apenas eu ou apenas ele.

Passamos a fazer tudo juntos e isso significava adequar nossos compromissos, todos eles, numa agenda única onde ele me acompanhava em minhas gravações e reuniões, e eu o acompanhava nas dele. Da mesma forma passamos a conviver com nossas famílias e, à medida que isso acontecia, fui mergulhando no passado familiar dele, que foi apaixonado pelo pai.

Sócrates havia se casado oficialmente no civil duas vezes e teve seis filhos homens de três relacionamentos diferentes. A relação dele com a família não era nada tranquila. Lembro que, após ter me pedido para ajudá-lo a aproximar todos os filhos, me contou que não via dois dos meninos há pouco mais de um ano. E, ainda, que a situação do caçula foi a que mais o fez sofrer desde o nascimento, já que havia sido privado de ver o bebê no primeiro Natal após ter nascido, e que depois de muitos conflitos, numa noite especial, apenas entrou no quarto da criança e teve tempo de sorrir para ele, que lhe respondeu com um piscar de olhos inesquecível, selando ali um elo muito forte entre os dois.

Ele dizia que o mais parecido com ele era o mais velho, Rodrigo. Contou que Rodrigo jogou bola e fez medicina como ele, saiu da casa da mãe para construir sua própria vida e, apesar da distância entre os dois, Sócrates tinha admiração pela trajetória do filho, principalmente quando o assunto era medicina.

Mas algo entre eles, todos eles, precisava ser resolvido e somente a aproximação física e espiritual através da convivência poderia transpor todas as barreiras. Sócrates sabia bem disso. Era o que ele tanto queria e se esforçou para obter, mas nunca soube fazer isso sozinho.

Houve um período em sua vida, após uma das separações, que voltou a morar com seus pais, Sr. Raimundo e Sra. Guiomar. Apesar das diferenças entre os dois homens – ele e o pai –, profundamente sábios e de fortes personalidades, foi um tempo bom que ele adorava relembrar. Anos depois, o pai faleceu e aquela convivência os havia aproximado antes do desfecho. Sócrates sempre teve o pai como sua grande referência em nossas conversas. Dizia ele:

– Princesa, meu pai teria adorado te conhecer. E você também. Ele era um agregador. Em toda reunião familiar ele ficava na ponta da mesa e nós, todos nós, em volta dele para ouvir suas histórias. Ele era fantástico!

Já a mãe Guiomar – a Guió, como todos se referem a ela – é uma senhora de coração forte, com uma trajetória digna e vitoriosa. Meu primeiro encontro com ela foi durante uma festa de aniversário do irmão mais novo de Sócrates em Ribeirão Preto. Quase toda a família estava reunida quando chegamos para o almoço. A recepção não foi das melhores. Todos me olharam de maneira muito curiosa. Alguns receptivos, outros nem tanto. Poderia ser eu ou qualquer outra mulher que estivesse em meu lugar. A cena seria exatamente a mesma, concluí depois com a convivência.

Dona Guió sentou-se a meu lado e se dedicou a narrar as inúmeras aventuras amorosas de Sócrates. No momento da foto em família, antes de partirmos, ganhei um "abraço" da matriarca que sorrindo disse:

– Acho melhor você não sair nessa foto porque em breve ele vai estar com outra.

Estava certa de que um comentário impulsivo como esse doía muito mais nele do que em mim e exatamente por isso sorri e o abracei.

Pouco tempo depois fomos embora. Despedimo-nos do aniversariante, que trocou pouquíssimas palavras com Sócrates dizendo que iria a Londres para o mesmo evento do qual ele – o mais velho – participaria. Cogitaram se falar antes de voar, o que não aconteceu.

Embarcando para Londres poucas semanas depois, um fato inusitado: os dois irmãos viajavam na mesma aeronave e não sabiam; um admirador apaixonado os aproximou para uma foto histórica. Ele me ligou ao chegar e foi a primeira coisa que me contou:

— Linda, você acredita que o pivete estava no mesmo voo para Londres e eu não sabia?

Percebi já naquela época que não havia convivência entre eles. Encontravam-se nas festas familiares ou em eventos esportivos comuns. Apenas isso. Eu fazia questão de que ele convivesse com a mãe o maior tempo que pudesse e sempre que estávamos em Ribeirão Preto, onde ela mora, passávamos algumas horas com ela. Sempre foi assim. Nunca houve uma estadia na cidade sem visita. Já os filhos, sempre foi difícil reuni-los.

"Não sei de nada que fosse seu (nem mesmo sua alma) que não tivesse sido de bom grado dispensado aos amigos; não sei de empresa de que tivesse se acovardado quando reconhecesse nela o bem de sua pátria. Confesso francamente não existir, comparado aos vários homens que conheci e com quem tratei, homem no qual fosse mais aceso o espírito para as coisas superiores e magníficas. E só se lamentou com os amigos, ao morrer, o fato de ter nascido para morrer jovem, porque sabia que sobre ele não seria possível dizer nada a não ser que um bom amigo havia morrido. Isso não significa, porém, que nós e todos aqueles que como nós o conheceram não possamos dar fé das suas eminentes qualidades. Verdade seja dita: a fortuna não lhe foi tão adversa que não lhe deixasse alguma breve recordação da destreza de seu engenho, como demonstram alguns de seus escritos e poemas de amor em que claramente se pode compreender a grande felicidade com que descrevia seus conceitos e quanto êxito poderia ter alcançado na arte poética também, se a ela tivesse se dedicado firmemente. Não encontro outro remédio, dentro daquilo que está a nosso alcance, a não ser celebrar sua memória e reproduzir algo que tenha feito ou agudamente dito ou sabiamente discutido. Pareceu-me justo trazê-lo à memória, para que o lendo os amigos que com ele estiveram refrescassem sua alma com a memória de suas obras, e os demais, por um lado, lamentem não ter participado dele, e por outro, para que aprendam muitas coisas úteis sabiamente discutidas por um homem sapientíssimo." *Maquiavel*

O gênio – como Sócrates se referia a Nicolau Maquiavel – soube detalhar em *A arte da guerra* exatamente o caráter e a alma de um grande homem.

Com essas palavras, inicio uma história de amor, de redenção e de salvação. Mas sem um final feliz.

LONDRES, 2010

A viagem de Sócrates a Londres foi tranquila. Lá chegando, foi direto para o hotel. Os compromissos da Semana Literária Brasileira viriam na sequência. Comprei para ele uma webcam e o ensinei ainda no Brasil a manuseá-la, embora ele não tivesse muita paciência. Combinamos de nos ver pelo Skype enquanto estivesse lá. O primeiro contato comigo assim que chegou foi por e-mail

Sócrates:
AMORE MIO, estou apanhando para cacete desta merda.

Kátia Bagnarelli:
Nenhuma mensagem ou ligação pra casa, amor! Poxa, tô preocupadinha... Beijos, não vou te encher de e-mails. Quando puder e quiser, se comunique. Saudade!

Sócrates:
Amore, estou sem luz, sem teus beijos, sem você! Não consigo ligar o *computer*, não consigo te ver, que desespero! Só sei que te amo como um louco que sai do hospício sem medicação. Só sei que sem você não sei viver. Espero que você me leia senão morrerei.

Kátia:
Amor, que bom ter algumas palavras! Me ligue! Te espero o dia todo. Como está sem luz? Em Londres, às cinco da manhã sem luz? No hotel de um grande evento? O que houve? Te amo!

Sócrates:

Amore, sem terminal para ligar o computador. Estou escrevendo da TV, que nem sei como é, mas decisivamente você é o amor da minha vida. Sem você nada vale, nada tem sentido.

Kátia:

VOCÊ É A MINHA VIDA! EU TE AMO, ESTOU ACORDADA ATÉ AGORA, NÃO CONSIGO DORMIR SEM VOCÊ. VOCÊ ESTÁ BEM? COMO FOI O DIA?

Sócrates:

Sou eu, amor! Estou umas horas na tua frente e você não está na minha frente. Que absurdo não te ter na minha frente! Ou no meu colo, o que seria melhor. Te amo, te amo, te amo. Amanhã vou tentar achar um terminal de energia que carregue meu computador para que eu possa falar contigo, te ver e te sentir mais de perto.

Kátia:

Cuide-se, meu amor, e volte pra mim, pra nós. Não se esqueça em nenhum momento nosso lindo amor. Beijossss!

Sócrates:

Amore, você é tudo para mim e sem você não sou nada, nadinha. Se guarde para mim. Nosso amor é a coisa mais linda que jamais tivemos. Vou capotar agora, meu amor, e amanhã quero te ver. Vou fazer de tudo para te ver. Bom trabalho amanhã. Te quero ver linda como você sempre foi, e será para sempre! Deste que te ama como um enlouquecido, como um marido único.

Naquele momento adormecemos e, horas depois, continuamos a nos comunicar por mensagens eletrônicas.

Sócrates:

Amore mio. Você deve estar chegando em casa depois do trabalho. Espero que tudo tenha corrido bem para ti. Torço muito por você. Estou com desesperada saudade de ti e da nossa casa. Adorei tua cartinha dentro da bagagem. Estou saindo agora para o debate. Torça por nós. Te amo como nunca. Você me faz muita falta. Nada tem muito valor longe de ti. Te quero, te amo, te desejo como um louco apaixonado por minha princesa. Aliás, a rainha te manda beijos, assim como teu príncipe.

Kátia:
Hahahahahaha! Amor, socorro! Estou assistindo às bicicletas, hahahahahaha, pra fazer de conta que você está aqui!!!! Te amo!
(Ele adorava assistir ao Tour de France e eu me habituei a acompanhá-lo durante a competição.)

Sócrates:
Amore, você está aí em casa? Consegui uma extensão. Vou tentar o Skype. Tô morrendo de saudade docê.

Kátia:
Estou, sim, meu amor!

Sócrates:
Por que o tal de Skype não me deixa te ver?

Kátia:
Amor, liga o Skype! Você precisa alterar seu status para verde no alto, lado esquerdo.

Naquele momento ele iniciou uma batalha com o equipamento e com o programa pelo qual programamos nos ver para matar a saudade.

Sócrates:
Bebê, como é isso? Eu tento te chamar e dizem que você não está! Porra, está errado. É como o Mazinho... sempre erra.

(Mazinho foi um amigo dele que nos via com frequência, pelo qual Sócrates tinha muito carinho. Mazinho era meio atrapalhado.)

Sócrates:

E nunca, jamais, se esqueça do que nos une: o amor que na história da humanidade ainda não tinha sido inventado... que humildes nós somos! Rsrsrsrsrs. Mas que é *vero*, é *vero*. Eu acredito piamente que tu és a minha EVA. Assinado: Adão.

Kátia:

Amor, aceita a minha ligação e não mexa mais em nenhuma configuração... O que você fez comigo? Não sei e não quero viver sem você. Quero ser a sua secretária para sempre, assim passaremos tudo juntos.

Sócrates:

A única coisa que qualquer ser humano se fosse humano faria: te amar como nunca, como sempre, como sei e te respeitar como és. Só isso que eu quero que tenha feito. Perfeito ninguém é, mas vou tentar para te ter sempre, meu amor!

Kátia:

VOCÊ é perfeito pra mim do jeito que você é e de preferência sem esforço... rs. Estou com saudade de você de cuequinha branca pela casa...

Sócrates:

Amore, tô capotando e vamos deixar esta merda de Skype pra amanhã. Te amo e nada mais mudará o que eu sinto. Saudade de morrer, saudade de ser, saudade de te ter; é o que eu sinto. Porra, você acabou comigo!

Kátia:

Amor, durma, descanse, fique lindo para mais um dia por aí. Me dê notícias ao acordar, eu te amo e realmente nada mudará isso. Também vou dormir! Não se esqueça: você é a minha vida. Mil beijos, durma com os anjos e pensando em mim.

Sócrates:

Não, não, não. Vou dormir te abraçando como sempre! Vida, vida, vida. Não me esqueças. Te amo como jamais alguém o fará.

Kátia:

Então me abraça, por favor, porque só assim vou conseguir descansar também nos teus braços como todos os dias até o final de nossas vidas.

Sócrates:

Que DEUS nos ouça, princesa! Boa noite, mas tô puto de não te ver novamente. O que foi que aconteceu? Linda, que frio. Sem ti o mundo é gelado, é frio, é triste. Com você... derrete. Amore, que saudade é essa!!!? INSUSTENTÁVEL, INSUPORTÁVEL, INESQUECÍVEL. Que acabe!!!!! Te amo como nem a mais louca paixão poderia explicar.

Kátia:

Pois é amor, muito frio sem você. Saudade de quando você me aquecia, chegava perto de mim e nada mais era frio... Você é maravilhoso, né? Desliga tudo aí, amor, e vai descansar. Toma aquele banho delicioso em que você fica tão cheiroso. Durma e eu durmo também. Te amo, te amo, te amo.

Sócrates:

Amore mio, morri! Te vejo, te falo amanhã. Te sonho nesta noite. Te amo sempre e sem volta. Estás ferrada e contaminada. Só faltam poucas horas para te rever. Como diz Fidel: "Que delícia!" Você é a minha rainha e cada pedaço seu que eu toco é como uma pepita de ouro que se desmancha em nova riqueza que só eu sei. O que é te acalmar, te ninar, te vestir, minha menina que de prata te vejo, de bronze te desejo e de novo enseio te conquistar. Como se a cada acalanto me ensinasse a amar. Repetidamente a mesma história que dediquei ao meu coração moleque, carente e doente em rimar, por você.

Kátia:

Que coisa mais linda esse poema que você fez, amor! Assim eu choro mais. Tudo em mim é você! Descanse, meu poeta, meu amor.

Finalmente adormecemos e na primeira hora após nossos compromissos de trabalho, eu no Brasil e ele ainda em Londres, estávamos conectados novamente.

Kátia:

Oi, vida, cheguei! Que lindas suas mensagens! Que saudade! Como foi o dia por aí? Acabei de chegar a já já começo a pintar nossa outra parede de azul. Te amo!

Sócrates:

Que bom! Hoje gravei um vídeo com um louco que inventou uma tal de conversação socrática (daqui a pouco te mando um vídeo que ele me mandará). Imagine como ele ficou ao conseguir gravar comigo? Enlouqueceu de vez. Três anos para chegar até aqui. E aí pensei: e agora? O que esse cara vai fazer? Acabei de te escrever. Parece mentira. Exatamente na mesma hora que você. Te amo, princesa. Primeiro amor não é fácil de administrar a distância, mas sobreviveremos mais uma vez. Saudade do teu colo, do teu sorriso, da tua força. Como foi teu dia? Correu tudo bem? Estou ansioso para te ver. Que o SKYPE funcione, senão... Vou pedir algo para comer, tomar um banho e depois: só você!

Kátia:

Que barato, meu amor! Quero ver esse vídeo. Show de bola, hein? Coma alguma coisa; estarei aqui, não saio mais, estou cuidando da nossa casa... Arrume o Skype, ligue e desligue, tente reconectar para funcionar a câmera... Comprei uns CDs pra gente enquanto esperava pra gravar... Também encontrei um canal de músicas na TV. Amanhã gravo os comerciais dos carros, pela manhã... Estou por aqui, tá, vida?! Escrevemos ao mesmo tempo porque estamos em sintonia total. Existe muita força nisso. Te amo, meu bebê!

Sócrates:

Linda, quando tento abrir o Skype, aparece algo como gerenciador de extras. Sei lá o que é isso. Me ligue agora para a gente tentar se ver.

E finalmente o Skype nos obedeceu e passamos a madrugada acordados e juntos nos falando e nos amando por uma webcam que nos entregou a verdade no olhar e no corpo até que, exaustos, pudéssemos dormir em paz.

Acordei e uma mensagem me esperava:

Sócrates:

Bom dia, amore mio. Bom trabalho pela frente e poucas horas para nos reencontrarmos. "Calo-me para ouvir teu silêncio. Movo-me para que possas dançar. Acalmo-me para que me assanhes. Deito-me para que me acalante. Descalço-te para andar com teus pés. Desfaço-te para sentir tua alma. Abraço-te para roubar-te calor. Enlaço-te para tirar-te a dor. Te amo!" Amore, tava louco pra te ver antes de ir para o aeroporto. Sei que o trabalho te tomou muito tempo e respeito. Fique tranquila que resolveremos as nossas questões em breve e você se sentirá mais feliz e realizada. Quero poder te acompanhar em todas as empreitadas e te ajudar no que for necessário. Te amo demasiadamente, e isso é questão de honra apaixonada. Daqui a pouco estaremos juntos, graças a Deus. Beijos mil!

Kátia:

Vida, como eu te amo! Que a tua viagem seja maravilhosa e que logo esteja mesmo em meus braços. Eu te amo como tudo que há de mais lindo nesse mundo! Estou te esperando!

Sócrates:

Princesa, abri só para te dar um beijo. Daqui a hora e meia estarei voando para os teus braços. Espero que estejas muito bem; como te deixei quando saí de perto, não te esqueças do meu, do teu, do nosso amor. Ele é incrível.

E então ele retornou ao Brasil, para meus braços e para que nossa história pudesse continuar.

CAPÍTULO 5 · **UMA VIDA EM COMUM. O CASAMENTO**

Estávamos muito apaixonados e decididos a viver o que se apresentava, mesmo que para isso tivéssemos que superar preconceitos e agressões morais. O sentimento que nos envolvia era maior e capaz de transpor essas barreiras que apareceram desde o início. Eu não sabia, mas naquele exato momento, quando ele resolveu se mudar para o meu apartamento, iniciava a minha grandiosa missão: entregar a ele felicidade plena e depois, pelos meus braços, devolvê-lo a Deus através de uma passagem serena. Nós jamais poderíamos ter imaginado esse desfecho. Apenas seguimos.

Além de Londres, houve apenas mais uma separação física entre nós do primeiro ao último dia em que estivemos juntos. Foi quando ele fez uma viagem à África do Sul para acompanhar a abertura da Copa do Mundo de 2010. Eu não pude ir em função de compromissos de trabalho. Passamos, literalmente, vinte e quatro horas de todos os nossos dias juntos depois disso. Trocamos alguns e-mails enquanto ele esteve na África.

Sócrates:
   Que grande presente recebemos! Que alegria vivemos! Que paz encontramos! Obrigado por estar ao meu lado. Te adoro, te amo, te amo, te amo. Vivamos isso tudo com a calma dos sábios e a intensidade dos amantes. Saibamos que a felicidade é um dom, uma dádiva que devemos cuidar eternamente. Sem culpas, sem medos e, sim, com orgulho do que conquistamos. Ela é uma criação dos nossos corações e de nossa alma. Amore mio, não consigo te mandar mensagem pelo celular, mas te digo que você me faz muita falta. Sinto falta do teu cheiro, teus lábios, teu sorriso, tua

compreensão, teu colo e todo o resto que amo. Amo mesmo, amo como nunca e sei que serei teu para a eternidade. Perto de ti me sinto mais forte, mais audaz e muito mais feliz. Te amo de todo o coração.

Kátia:
　Vida, te amo! Estou tentando ligar, mas deve estar faltando um código.

Sócrates:
　Amore mio, estou te vendo o tempo todo. Te ouço, te sinto. Te amo. É verdade que seria melhor te ouvir, te sentir, mas está ótimo poder te ver. Aqui é: 27-11-2801234 ou 27-11- 2801238, quarto 909. Realmente, amore, como faz falta o nosso "bom dia"! Mas isso vai passar rápido. Você vai ver. Por aqui, tudo tranquilo. Estamos saindo daqui a pouco para visitar uma escola pública. De noite não sei se haverá alguma atividade. De qualquer forma, tentarei te ver novamente e, quem sabe, falar com você. TE AMO e morro de saudade.

Kátia:
　Meu amor, como é bom e difícil ler tuas palavras tamanha a saudade. Que seja produtiva essa visita à escola, te amo, te amo, te amo! Amo tudo em você! Tenho novidades pra você por aqui, viu?! Beijocas, minha vida, estou saindo.

Ele seguiu com os compromissos por lá e da mesma forma eu, por Campinas. Na manhã seguinte, juntos eletronicamente ainda:

Kátia:
　Olá, meu amor! Muito bom dia! Acabei de acordar e vim buscar teu e-mail! Que delícia você com esse terno, minha vida dando entrevistas. Ficou lindo, hein?! Sei que não gosta, mas você fica lindo nisso também. Que bom que encontrou o chip da câmera, não havia nada de importante, não, vida, apenas nós, e isso temos e teremos diariamente. Eu te amo e desejo que teu dia seja ótimo por aí! Com muito amor da sua mulher.

Sócrates:
Adorei "minha mulher". A saudade bate incansavelmente. Daqui a pouco vamos para o estádio onde se realizará o concerto da Copa. Trabalhei (rsrsrsrs) muito hoje e quase não dormi dada a ausência de certas pessoas a meu lado. Fiquei viciado e isso é ótimo, pois saberei onde buscar forças sempre que precisar. Te amo demais. Me chame no Skype se você estiver por aí. Bjsbjsbjsbjs! Te mandei texto de Johanesburgo, imagem da parte chique, falta do Soweto. Tentarei mandar.

Li com muita atenção o texto que me enviou tentando imaginá-lo por lá. Dizia:

"Johanesburgo, cidade que recebe a estreia da Copa 2010, é alicerçada em imensos contrastes. De um lado a parte rica e branca. Bonita, horizontalizada e lindamente arborizada, ela lembra um exemplar de primeiro mundo. É aqui que nos colocaram em um desses hotéis internacionais que sempre têm a mesma fachada. A muitos quilômetros daqui, acabamos por conhecer Soweto, um sonho! Desculpe quem é do outro lado da humanidade – um bairro, uma cidade, uma região, não sei não; algo que possui sessenta quilômetros de diâmetro é o quê? Pois é, o Soweto se reergue depois da queda do *apartheid* (separação, sistema de segregação racial), sistema político-social que empurrou os negros para longe da cidadania e dos brancos que detiveram o poder por longos anos. O Soweto aparentemente – já que não o conhecia anteriormente – aponta para uma nova realidade, ainda que muitos problemas seguem afligindo essa população historicamente oprimida. Estivemos hoje cedo em uma escola de ensino primário e pudemos trocar ideias com algumas crianças. Falta-lhes segurança, transporte, saúde, cidadania. E muito mais coisas, mas possuem o fundamental: a crença no poder transformador da educação, algo um tanto raro na sociedade brasileira. Esse fato dá aos sul-africanos a esperança de que em breve a separação que perdurou por tantos anos se torne apenas um detalhe histórico e não mais uma cicatriz dolorosa na alma dos que dela sofreram. Mando aqui alguns dos meus registros. Mas, por favor, não compare riqueza e pobreza por metro quadrado, pois como sempre, como nesse caso, os mais felizes vivem em metros e não em quadrados."

O RETORNO DA ÁFRICA DO SUL

A passagem de Sócrates por Johanesburgo, em apoio à Campanha "1 Goal: Education for All", que tinha como meta levar para a escola todas as crianças do mundo até 2016, finalizou-se após o jogo de abertura da Copa do Mundo entre África e México, no dia 11 de junho, uma sexta-feira, às dezesseis horas; seu retorno para o Brasil estava previsto para o dia seguinte, 12 de junho, dia dos namorados. Antes de se dirigir para o aeroporto, trocamos mensagens e fotos do encontro dele com o cantor Sting na festa de abertura do evento mundial. Ele estava radiante e com muita saudade. Desembarcou em São Paulo por volta das cinco da manhã daquele sábado e foi direto para Campinas. Ele chegou com um amigo. Eu havia preparado uma linda mesa de café da manhã para eles no meu apartamento e a reação dele, agradabilíssima como sempre, foi explícita ao abrir a porta. Um abraço, um beijo demorado seguido de um presente especial em comemoração à data e um rodopiar pela casa dançando comigo e cantarolando, como adorava fazer e que virou nossa rotina meses depois. Havia um sol bonito clareando a cidade logo cedo, às seis da manhã. A mesa de café ficava próxima à sacada e cortinas abertas entregavam para nós uma brisa inesquecível. Tomamos o café ouvindo os relatos sobre a África, sobre os guetos que ele visitou, sobre as salas de aula em que entrou, as brincadeiras que liderou com as crianças daquelas comunidades. Ele adorava aquele tipo de contato e ação. Reclamou do som da *vuvuzela* e descreveu a admiração pela organização e pela beleza dos estádios. Estava cansado. Despedimo-nos do amigo e combinamos um jantar à noite quando seu amigo convidaria a namorada.

Sócrates dormiu um pouco e aquela tarde foi tranquila. Adorávamos cozinhar juntos e programamos camarão para o especial encontro dos namorados. Como quase toda a nossa rotina se transformava em aventura, essa também teria um desfecho engraçado. Ao recebermos a visita à noite, depois de acompanharmos o pôr-do-sol empenhados como cozinheiros, fomos surpreendidos pela grave alergia da namorada do amigo a frutos do mar. Doamos a comida deliciosa que preparamos para o porteiro. Imediatamente, entre gargalhadas dele, claro, escolhemos um restaurante chamado Tonicos's Boteco. Adorávamos aquele lugar, um dos únicos que frequentávamos na cidade. Um local de arte num espaço temático que conta a história do futebol e do samba. Foi lá, ouvindo Noel Rosa e Cartola, que a nossa noite de namorados permaneceu inesquecível e sem alergia. Na volta, antes de dormirmos, ele me presenteou. Um carro e um bilhete: "É usado, mas cabem as gêmeas".

– Gêmeas? – perguntei.

– Sim, as nossas gêmeas...

Não disse mais nada, comemoramos um pouco mais e dormimos abraçados.

A LOUÇA

Manhã de um domingo, um dos primeiros. A noite anterior foi especial e juntos cozinhamos uma deliciosa massa. Também tomamos um bom vinho. Apenas nós dois num momento eternizado em meu corpo e em minha mente. Ele se levantou como de costume antes de mim. Fez o café e começou a limpeza da louça – sim, ele lavava louça. Levantei-me e fui procurá-lo para ganhar um beijo e um gole de café preto. Ao entrar na cozinha, o telefone celular dele tocou insistentemente. Ele nunca atendia ao celular. Nunca é nunca mesmo. Uma característica dele que, quando queria falar, ele mesmo telefonava fosse a quem fosse.

Li o nome de uma mulher no serviço de identificador de chamadas e pedi gentilmente que atendesse. Fiquei apreensiva, confesso, pois descobrir ali que ele poderia ser comprometido me deixaria muito decepcionada e dificilmente qualquer outro homem seria perdoado em todo o resto da minha vida por tamanho trauma que pudesse causar.

Ele atendeu.

– Alô! O que você quer agora? Já mandei dinheiro, já me esqueci das mágoas que você deixou e você já me pediu para não procurá-la. O que você quer agora? Perturbar a minha felicidade? A minha paz? – falava em voz alta ao telefone.

Naquele momento um frio em minha barriga subiu até o pescoço e chegou como uma paulada em minha cabeça. Respirei fundo, peguei a louça das mãos dele com carinho e continuei a lavá-las de costas para ele enquanto finalizava a ligação, nada agradável.

– Ok, estou namorando a mulher da minha vida e não vou voltar para você!

A louça caiu de minhas mãos no exato momento em que ele desligou o telefone e o colocou sobre a mesa. Senti um calor por todo meu corpo, mas dessa vez tomado pelas mãos dele num abraço delicioso seguido de palavras ao pé do ouvido.

– Eu sempre amei você, só demorei a te encontrar.

Sorri e me virei com as mãos sujas de sabão, dei-lhe um beijo que enquanto nos manteve de lábios apertados nos entregou um silêncio capaz de elaborar os melhores e mais sinceros roteiros para a explicação que viria a seguir.

Interrompi o beijo.

– Tudo bem, amor, tudo bem – eu disse com uma falsa calma.

Ele "engatou a primeira" como se estivesse ao volante e apressado para chegar. Começou:

– Essa moça tem um problema sério com o pai. Ajudei, fiz tudo o que pude. Levei para morar comigo no sítio. Ela acordou num dia daqueles, botou tudo o que era meu num carro e sumiu. Amore, ela levou até louça. Ela disse que me amava, mas me deixou. Voltou para a vida violenta com o pai. Terminou tudo. Sumiu. Agora me liga dizendo que quer conversar.

Eu o interrompi e disse:

– Amor, para mim é muito claro. Você passou a vida com essas mulheres, todas elas de personalidades exatamente iguais pelo que vejo. Você sempre ajudando, sempre com um sentimento paternal, sempre financiando e nunca construindo com elas. Você sempre querendo ajudar para ser ao menos retribuído com amor. Chegou a sua hora. Chegou a hora de viver de verdade um amor. Chegou a hora de ser amado e cuidado como você sempre quis e para isso você, dessa vez, não precisará pagar absolutamente nada. É hora de você ser feliz. E você será.

Imagine só aquele um metro e noventa e dois em minha frente, calado, me ouvindo dizer que a felicidade chegou de verdade para ele, com os olhos parados em mim e no tempo, tempo esse que sei bem ele não queria deixar correr. Sorriu feito menino, me abraçou e novamente ao pé do ouvido disse:

– Você tem razão, eu preciso ser feliz. E quero te fazer a mulher mais feliz do mundo.

Respondi jogando espuma de sabão da louça por todo o peito dele que, sem camisa, estava deliciosamente a minha frente:

– Eu já sou a mulher mais feliz do mundo.

A PAREDE DA SALA

Em questão de segundos ele olhou para minha parede da sala, branca, tão clara quanto a alma de uma criança e talvez aquela criança de seu interior e com cara de menino levado disse:

– Posso pintar essa parede, linda?

O que seria exatamente o sentido daquela frase? Perguntei-me silenciosamente: pintar a parede?

Sorri como sempre e disse sim, como sempre.

Ele prosseguiu:

– Eu quero fazer uma rosa, já viu? Uma rosa em alto relevo, uma rosa com massa corrida. Pintamos a parede de rosa, o "seu rosa", e deixamos o desenho na cor branca. Vai ficar do *caralho*.

Tínhamos a velha mania dos apaixonados de definir as preferências como nossas e de mais ninguém; assim, era o meu rosa e o dele o azul.

Eu me entusiasmei e me entreguei à nossa nova parede pedindo a ele que escrevesse a palavra "felicidade" em italiano.

Respondeu-me, cheio de sacanagem:

– *Ma, naturalmente, mio amore.*

Imediatamente nos dirigimos à loja de tintas e nada mais foi igual para aquele apartamento. Passamos a tarde toda empenhados em colorir a nossa convivência e a nossa parede.

Os nossos dias em Campinas eram tranquilos. Dedicávamos-nos ao trabalho na maior parte do tempo. Ele me acompanhava a todas as minhas gravações e eu o acompanhava às dele na TV Cultura, onde apresentava o programa *Cartão Verde*, esportivo semanal. Colaborava discutindo os temas abordados por ele na coluna da revista *Carta Capital* e do *Jornal Agora*, do Grupo Folha de S.Paulo. Aqueles momentos de discussão sobre os temas, confesso, eram ótimos. Trocamos aprendizado até o dia de poder colaborar melhor com ele, corrigindo e sugerindo palavras. Aos poucos formávamos uma equipe profissional e um casal emocionalmente fortalecido. Ele se envolveu cada vez mais com meus trabalhos, agindo muitas vezes como meu empresário. Idealizamos juntos o programa de TV que ele queria desenvolver e jamais conseguira. Todas as nossas ideias foram amadurecendo e rapidamente nos vimos envoltos por uma forte energia. Assim, conseguimos implantar uma a uma.

Costumávamos caminhar aos sábados de manhã pelas ruas do bairro onde morávamos em Campinas e essas caminhadas terminavam na cantina tradicional da cidade para nosso almoço ironicamente bem servido de massas. Ele dizia que a gente precisava repor o que tínhamos perdido no cooper. Desde que o conheci, ele adorava vinho e em momentos especiais tomava uma cerveja especial. Embora eu não apreciasse com o mesmo entusiasmo que ele qualquer tipo de bebida alcoólica, eu o acompanhava em uma única taça sempre. Sócrates tinha grande resistência aos efeitos do álcool no organismo, nunca o vi embriagado em comportamento inconveniente e tenho a plena certeza de que essa resistência o prejudicou demasiadamente ao longo dos anos. Por causa dela ele bebia mais do que a maioria das pessoas sem que isso o excluísse socialmente.

Ele era um idealista, a sua timidez era um desconforto para ele, tinha medo de situações novas desde uma simples viagem a uma reunião de negócios, mesmo sendo algo muito desejado por ele. Sua mente não se aquietava um só segundo, sua dicção não acompanhava seus pensamentos. A bebida o fazia relaxar aparentemente. Foi a sua "companhia" durante a vida, como ele dizia. Algo que era muito confuso para ele. Ele não dependia dela, mas também nunca se empenhou em deixá-la até que nos conhecemos.

Naquele nosso início de relacionamento, todo tipo de memória vinha à mente, eu não perguntava absolutamente nada sobre as glórias de seu passado ou as dores de suas lutas mais íntimas. Ele adorava me contar e eu adorava ouvi-lo porque além de interessantíssimas, aquelas histórias o divertiam muito. Naqueles sábados de caminhadas, sentávamos ao meio-dia naquele banco de madeira na área externa da cantina, de frente à rua, apoiávamos a única cerveja que ele ainda gostava de beber e o prato saboroso de mussarela de búfala e presunto cru na mesinha reservada semanalmente para nós. Quem passava por ali podia se deliciar com a imagem daquele homem ídolo em seu momento de descanso. Lembro-me dos gritos de adultos vindos de dentro do transporte público em saudação e das mães eufóricas apressando passo na calçada puxando pelo braço seus pequeninos filhos em busca de uma apresentação, uma foto, um abraço... Sócrates, paciente e alegremente, correspondia a todos. Eu era a fotógrafa, a intermediária fiel dessas pessoas nesses momentos de euforia e demonstração de carinho. Eu gostava de colaborar com elas e dessa forma ele se sentia mais à vontade. Entre esses episódios lembro-me de uma situação engraçada na cantina, quando uma senhora de aproximadamente oitenta anos de idade se aproximou trazendo todas as gerações de sua família para uma foto com ele. Ela olhou para mim e disse:

– Minha filha!! Eu não acredito que estou aqui! Pegue esta câmera e tire uma foto; quero abraçar aquelas pernas de 1982, me dê licença, mas eu esperei por isso a vida toda – e literalmente agarrou as pernas de Amore para que eu a fotografasse. Ele ficou extremamente envergonhado porque àquela altura todos os clientes do local admiravam e divertiam-se com a cena.

Foi no mesmo lugar, em outro dia agradável de outono, que falamos sobre Careca. Antonio de Oliveira Filho, o Careca, ex-jogador de futebol com uma brilhante passagem pelo São Paulo Futebol Clube e pela Seleção Brasileira ao lado de Sócrates durante a Copa de 1986 no México. Eles eram amigos de longa data. Eu conheci Careca muitos anos antes de conhecer Sócrates e nos tornamos grandes amigos. Ao ouvi-lo falar sobre Careca com tamanho carinho, resolvi dar um telefonema e contar a novidade.

Liguei para ele naquela mesma tarde, cumprimentei-o e disse que alguém queria falar com ele. Passei o telefone para Sócrates e a diversão começou com um "Fala, Carequinha!". Em seguida uma boa gargalhada quando o amigo espantado respondeu:

— Magrão? Não acredito! O que você está fazendo aí com a Kátia?
Rindo, ele respondeu:

— Você quer saber o que estou fazendo aqui com a minha mulher?

Surpreso com a novidade Careca deu sequência à conversa com o local e o horário em que nos veríamos, naquela semana para um jantar e um abraço que há uma década não se davam.

O encontro foi num bar de amigos em Campinas, em uma noite agradável. Careca, sua esposa e o proprietário do restaurante, eu e Amore. Todos reunidos para relembrar alguns momentos daquela amizade bonita entre eles que o tempo conservou mesmo a distância. Aliás, essa característica notei entre todas, ou quase todas as pessoas que trabalharam com ele; muitos ele não via há mais de vinte anos, mas quando se reencontravam era como se o tempo não tivesse passado. Talvez por causa do forte elo que os uniu no passado, a importância do futebol para a vida de cada uma daquelas pessoas. Aquela noite foi regada a uma ou duas garrafas de vinho apenas, um som ambiente e muita conversa incluindo Diego Maradona, o argentino, grande amigo de Careca. Amore adorava falar sobre Maradona e o citava ao lado de Pelé. Ele dizia ser uma bobagem compará-los:

— Se fosse para criar uma imagem que definisse quem é quem, eu diria que Pelé era o cara do trapézio que fica de cabeça para baixo para receber o colega. Um indivíduo que não pode errar nunca senão coloca a vida do outro em risco. Já Maradona seria aquele outro que jamais se cansa de dar um milhão de mortais sem se dar conta do perigo que corre. E sem eles, obviamente, não haveria circo.

O papo naquele restaurante foi até tarde da noite e Sócrates contou sobre seus projetos para aquele ano, incluindo um programa de entrevistas que cogitamos gravar nas dependências do Careca Sport Center, belíssimo e moderno complexo de esporte e entretenimento de propriedade de Careca na cidade de Campinas. Da mesma forma ele nos disse por onde andava profissionalmente e combinamos um novo encontro no Complexo para que Sócrates conhecesse. E assim foi, semanas depois. Careca estava a trabalho narrando uma partida de futebol pela emissora que o contratou e a esposa dele foi quem nos recebeu. Com ela estava a esposa do Neto, ex-jogador do

Corinthians, que não se conteve e telefonou para o marido a fim de que ele trocasse cumprimentos com Amore. O ex-atleta, mais jovem que Sócrates, não era próximo a nós, mas guardava memórias belíssimas que nos emocionou ao telefone naquela tarde. Visitamos todo o espaço, incluindo um anfiteatro elogiado por Sócrates. Despedimo-nos com promessas de um reencontro.

As semanas foram passando e nós nos unindo cada vez mais. Nossas noites terminavam tranquilas e em casa. Assistíamos sempre aos episódios de filmes brasileiros pelo Canal Brasil antes de dormir e conhecemos pela arte do cinema a vida e a morte de Noel Rosa através do filme *Noel, Poeta da Vila*. Nós adorávamos Noel Rosa e aquele filme foi impactante. Em uma das cenas, Noel tem fortes sangramentos originados pela doença que enfrentava. A cena em que Noel sangra amparado pela esposa me assustou e ele, como médico, foi me explicando o quanto aquilo era real. Terminado o filme, fomos para o quarto ouvindo as grandes composições daquele grande cantor. Sócrates brincava dizendo que Noel não esperou que ele nascesse para morrer e por isso perdeu a chance de conhecê-lo.

MEIA-NOITE TRISTE NO SÍTIO

Ele andava ansioso para me apresentar a todos os seus seis filhos. Eu já conhecia Eduardo, o Dudu, e Gustavo. Gustavo e sua esposa Bianca eu havia encontrado na festa de aniversário do irmão mais novo de Sócrates, Raí. Foi na mesma ocasião em que fui, pela primeira vez, apresentada à parte da família pouco tempo antes da viagem dele a Londres. Dificilmente conseguíamos reunir todos os filhos dele. Combinamos um jantar com Marcelo – o terceiro – e sua namorada acompanhados de Dudu e da namorada. Foi um momento agradável, mas muito rápido em um restaurante de Ribeirão Preto. Resolvemos permanecer na cidade a fim de encontrarmos com Juninho – Sócrates Junior – e com o pequeno Fidel, de apenas quatro anos de idade.

Ficamos hospedados no sítio, uma propriedade linda e rica em vegetação onde Sócrates decidiu morar desde a última separação. Apesar de ter ótimos imóveis na cidade, ele preferiu o campo. Ele adorava aquele lugar.

Uma casa simples e confortável. Assim que chegamos, já tarde da noite, a caseira Rosângela nos recepcionou rapidamente e se retirou. Não tive chance de conversar com ela naquele primeiro cumprimento, mas esperava ansiosa por isso, pois Amore tecia elogios aos seus cuidados com as tarefas no sítio, à sua arte de cozinhar e ao carinho com que o tratava, cuidando muitas vezes dele como cuidava de seus próprios filhos. Rosângela é uma mulher jovem, de fibra e de uma doçura ao mesmo tempo, que nos acolhe e envolve. Comecei a conhecê-la no café da manhã que nos despertaria, e até que o sol aparecesse, ficamos a sós com a lua, namorando sob o olhar das estrelas. Sentia na pele a brisa da madrugada e ao me encolher de frio vez ou outra recebia um caloroso abraço que me envolvia o corpo todo. O suspirar satisfeito e orgulhoso daquele homem que se mostrava menino apaixonado continuava a me prender cada vez mais, quase que um fascínio. Ele se dividia entre nós, uma taça do vinho que trouxemos da viagem de Campinas a Ribeirão e um cigarro. Vez ou outra levantava daquele nosso banco de madeira para ir ao banheiro e quando voltava de braços abertos comentava o cheiro da grama e daquelas damas-da-noite que ele tanto adorava. Dois pés de uma flor cheirosa que jamais pude sentir novamente, tamanha saudade ele me deixou. O dia claro se encontrou conosco. Durante o café ganhei paparicos da caseira e amiga Rosângela. Entusiasmada, ela nos recepcionou dizendo: "Patrão, o senhor ganhou na loteria."

Abraçou-me rindo, completamente emocionada. Naquele momento percebi que o presente e a honra de ter conhecido aquele homem e me apaixonado por ele se estenderia àquelas pessoas que na humildade de seus dias me entregaram a felicidade de uma convivência que nos uniu para a eternidade. Ela seguiu me apresentando à família: o marido "China", a filha Caroline e os dois filhos João Pedro e o pequeno Miguel, por quem me encantei imediatamente. Com apenas quatro anos de idade, Miguel era fascinante, falante e alegre, de uma sensibilidade ímpar. Ele virou meu grande amigo e momentos incríveis esperavam por nós naquelas passagens pelo sítio, nossa segunda casa daquele dia em diante.

Entusiasmados com a alegria daqueles dias por lá, resolvemos convidar os filhos para um encontro no dia seguinte, final de semana. Nem todos puderam aparecer. Amore convidou um casal de amigos, Dedé – cantor e compositor – e Patrícia, que acompanhados dos filhos passaram o dia com a gente. Recebemos apenas Dudu e Sócrates Junior (chamávamos de Juninho) acompanhado da namorada Laura. Aquela tarde foi marcada por música ao violão, releituras de textos de Amore e poemas dos nossos poetas preferidos. Jamais me esquecerei daquele final de tarde marcado principalmente pelo desabafo de Juninho.

UMA DECLARAÇÃO DE FILHO PARA PAI

Acho que eram sete da noite; o sol já havia nos deixado, e nós, eu, Amore, Juninho e Laura, Dudu, Patrícia e Dedé permanecemos na mesa da sala tomando um vinho e conversando sobre literatura acompanhados pelos acordes no violão do Dedé – até que um silêncio nos abordou e apenas o diálogo entre pai e filho se fazia ouvir. Havia muito tempo que Sócrates não via o filho, quase um ano. Ele cobrava muito a presença dos meninos, mas a realidade naqueles anos era que se viam muito pouco, como me dizia ele.

– Pai, preciso ler mais os livros que tem aqui.

– Filho, você não aparece! Não vou te emprestar os livros. Vamos fazer uma troca. Você pode ler o que quiser, mas terá que vir aqui para ler, assim passa um tempo comigo. – E riu como se tivesse conquistado uma partida no xadrez.

Naquele mesmo dia, Amore havia acabado de escrever um texto para a *Carta Capital* e o leu para os meninos. Tenho esse momento gravado em vídeo em nossa biblioteca particular. Foi quando Sócrates comentou a saudade que sentia do pequeno Fidel. Naquele exato momento, após seu comentário, Juninho tomou a palavra e iniciou um discurso sobre como o pai deveria tratar a situação. Ele exemplificou com a sua própria história de vida. Mencionou os momentos que recordava ter vivenciado na mesma idade de Fidel. Relatou as discussões entre Sócrates e sua mãe. Lembrou das disputas entre eles pela criança. Aquilo era tão marcante e forte para ele que presenciamos quase que um pedido de socorro em nome do agora caçula Fidel. O impacto da conversa foi grande. Juninho prosseguiu relatando as dificuldades na convivência com a mãe depois que os pais se separaram e recomendou a Amore agir de maneira cuidadosa com a mãe de Fidel. Foi um momento incrível entre eles e Sócrates, sábio e sensível como era, deu continuidade à conversa perguntando:

– Filho, ela me proíbe de ver Fidel. Sua mãe fez igual. Não quero perder Fidel como quase perdi você. O que eu faço?

Naquele momento entrei na conversa, indicando a paciência necessária para permanecer próximo ao menino e ao mesmo tempo não dispensar energia em discussões. Juninho concordou e sentiu que, diferente de antes no caso dele, agora Sócrates teria ajuda. A minha ajuda. Completou:

– Pai, ligue sempre para ele. Fique por perto!

Com a conversa, a saudade do pequeno aumentou e ele telefonou na nossa frente para a mãe de Fidel. Pediu para falar com ele, interrompendo um início de discussão.

– Pai, você viu a lua? – foi a única expressão do garotinho ao telefone, o que fez Amore chorar naquele instante, emocionado.

Prosseguiu perguntando ao menino se ele queria se juntar a nós no sítio, pois iríamos buscá-lo. Mas antes mesmo de a criança responder, a mãe tomou o telefone celular das mãos pequeninas dele e disse:

– Não!

O ambiente ficou triste após o telefonema e para mim era nítido como Juninho também sofria presenciando tudo aquilo. Era como se assistisse à própria história. Foi naquela ocasião que comecei a entender a dificuldade de Sócrates em ter os filhos sempre perto dele. Os meninos, todos, eram muito apaixonados pelo pai, mas nitidamente havia uma muralha evitando o relacionamento e a amizade entre eles. Algo que surgiu ainda quando eram crianças ou adolescentes e que os distanciou para o resto da vida do pai.

O casal de amigos de Sócrates nos deixou e permanecemos conversando em família até que algo nos surpreendeu por volta da meia-noite. Um carro em alta velocidade entrou no sítio, freou e de dentro dele desceu um pequeno menino magro, de cabelos esvoaçantes, pálido e assustado que sem uma única palavra correu em direção à porta e pulou no colo de Amore. Uma cena estranha, preocupante e imprevisível. Foi a primeira vez que vi Fidel Brasileiro.

O caçula nasceu em meio à separação de seus pais. Um relacionamento de alguns anos marcado por muitos conflitos e discussões. Sócrates me contou que o nome "Fidel" foi ele quem escolheu. Ele trazia um combinado com as namoradas que acabaram mães de seus filhos; se os bebês fossem meninas, ele escolheria o nome; se fossem meninos, as mães escolheriam. Ele era apaixonado pela ideia de ter filhas mulheres, durante toda a vida esperou por elas, que nunca chegaram, e por isso nunca nomeou os outros herdeiros. Mas quando soube da gravidez de Fidel ele se pronunciou: se for menino será Fidel em homenagem a Fidel Castro, líder cubano por quem reservava muita admiração, Fidel Brasileiro. Sofreu represálias de sua mãe Guiomar, que dizia ser uma grande irresponsabilidade nomear o filho com algo tão pesado como o que representava a história daquele cubano, e a resistência de parentes e até mesmo da mãe do menino como ele dizia, mas com um único argumento conseguiu fazer com que todos aceitassem seu desejo. Numa tarde se dirigiu à sua mãe, Dona Guiomar, e disse:

– Mãe, eu me chamo Sócrates. Quer responsabilidade e peso maiores do que esses? Será Fidel, Fidel Brasileiro.

Seguindo Fidel desceu do carro sua mãe. E atrás dela um adolescente que, vim saber depois, era seu filho de outro casamento. O adolescente estava muito preocupado e extremamente envergonhado. Fui em direção a ele tentando tranquilizá-lo e sua mãe o pediu para entrar no carro e não sair de lá. Ela, uma senhora baixa, de cabelos pretos no ombro, toda de preto, ria muito alto e ria muito, quase que o tempo todo. Um misto de insegurança e atrevimento em seu semblante. Amore, com o garoto no colo, veio em minha direção enquanto ela sentava e iniciava em voz muito alta reclamações sobre Sócrates numa atitude indelicada e precipitada. Sócrates me apresentou o pequeno, que me olhou e sorriu embora ainda triste em seu colo. Ele, Amore, me pediu para não sair do seu lado um só segundo e ajudá-lo a cuidar de Fidel para que ele não percebesse a postura da mãe naquele momento. Ele me alertou:

– Ela bebeu. Fique aqui comigo, eu te amo.

Eu estava perplexa com o que presenciava. Peguei Fidel no colo, que me pediu para brincar jogando pedrinhas e folhas secas ao chão. Permaneci ali brincando com ele como se já nos conhecêssemos. Na verdade, aquele pequeno anjo me ajudou a passar por aquela situação tão delicada. Eu não entendi naquele momento que a mãe de Fidel fosse uma má pessoa apesar da irresponsável atitude. Entendi que o passado entre eles, como casal, não fora bem resolvido levando adiante os conflitos de opinião e desejos frustrados em vez de admiração, respeito e carinho como deveria ser, poupando os filhos, amigos e a mim naquele momento constrangedor.

Em minutos, Laura, namorada de Juninho que permanecia na sala, veio até nós chorando. Precisei cuidar daquele instante. Ela dizia que estava assustada com a conversa e com a postura daquela mulher exaltada. Laura era uma doce garota de pouca idade e de uma educação admirável, por isso não estranhei sua fragilidade. Rosângela, nossa caseira, me amparou e até tentou me descontrair entregando uma pérola:

– Kátia! – Ela só me chamava assim, eu fazia questão. – Em casa de pobre a situação é resolvida de outro jeito. Você quer ajuda para tirá-la daqui? – Eu sorri compreensiva e disse que não. Nada seria fácil dali em diante e qualquer atitude grosseira de minha parte só tornaria as coisas ainda piores. Permaneci como espectadora brincando com Fidel, ao lado de meu namorado, até que ela se despediu levando o menino aos prantos enquanto o outro filho a esperava o tempo todo no carro. Imaginei a angústia daquele adolescente e a sua preocupação e dedicação acompanhando a mãe naquela situação, tentando zelar por ela e pelo irmão menor. Antes de sair, ela chegou até mim e me abraçou. Foi um abraço forte e agora posso voltar àquele momento. Ela, na verdade, não sabia o que estava fazendo e de alguma forma sentia que estava confusa.

De dentro do automóvel, ela gritava e ria prometendo voltar. Foi essa a última cena naquela noite, antes de presenciá-lo chorando muito em nosso quarto. Ele, Sócrates, chorava. Eu me despedi dos meninos, Juninho e Dudu, e passei a noite toda cuidando dele.

Na manhã seguinte, enquanto dirigíamos até a casa de minha sogra, recebemos um telefonema da mãe de Fidel se desculpando pela noite anterior e dizendo que havia batido o carro ao entrar na garagem de seu prédio. Ela pedia a Sócrates dinheiro de um acerto judicial sobre pensão para comprar outro carro. Na mesma semana, transferimos cinquenta mil reais para a conta dela, a fim de que tivéssemos um pouco de paz como ela prometia que teríamos se ele a reembolsasse. Mas nos esquecemos que a paz não é algo que tenha valor financeiro e sim algo que se deve conquistar naturalmente através da boa convivência e da persistência na conservação dos valores, dos nossos bons valores. A nossa caminhada nesse sentido estava apenas no início.

Voltamos para Campinas. Ele pegou nosso diário, que ficava sobre uma mesinha repleta de livros – aliás, tínhamos livros pela casa toda empilhados no chão daquele apartamento e tínhamos o hábito de ler vários ao mesmo tempo. Ele pegou nosso diário e nos deixou essas palavras:

Você, caro que talvez um dia tenha acesso a esta preciosidade, sabes do que se trata? Não, claro que não! Esta é uma novidade, uma excrescência de duas figuras que se propuseram a dividir contigo a felicidade. Dizem que ela é feita de momentos. Nós não acreditamos. Cremos, sim, que ela é palpável; está em nossas mãos. Podemos perdê-la? Sim, é claro que sim. Ela é sensível, delicada, tênue, fina, mas também é especial. Porém, também podemos preservá-la. Como? Com carinho, com atenção, respeito, vontade de agradar a quem nos oferece tudo isso e mais colo. Dos bons! Colo que nos permite chorar, sorrir, explodir ou simplesmente sentir o seu gosto, calor ou adjacências. Amo, amo, amo e nada, nem a mais louca imaginação me fará deixar de amar esta mulher. Mulher, esposa, irmã de todas as minhas agruras. Súbita responsável pelo que eu sinto. Sentimento que me invade, pois dela esperei uma vida, uma cor, uma luz. De toda uma vida. É estranho levantar da cama antes dela, mas hoje tive vontade de mais uma vez surpreendê-la, ainda que isso já tenha se tornado uma rotina. Fiz o café que ela tanto adora, adiantei a limpeza na cozinha fruto de uma massa alho e óleo maravilhosa que ela fez. E deu vontade também de escrever. Às vezes temos sensações estranhas como se alguma coisa nos incomodasse aqui dentro do peito, porém quando nos aproximamos (seja em uma conversa ao pé do ouvido, um carinho, um abraço ou só um olhar) parece que por encanto voltamos a um mundo encantado. Como encantado é o olhar que ela me oferece o dia inteiro. Como é bom saber que alguém está contigo por amor, admiração, companheirismo! Como é incrível poder fazer alguém feliz! Tenho vivido nesses meses que estamos juntos uma linda história, uma rara e feliz história que, tenho certeza, farei tudo para preservar. Eu nunca acreditei de verdade na fábula do cavalo selado que só passa uma vez na vida à nossa frente. Hoje posso dizer que um anjo alado passou sobre minha alma. Amo essa menina. Agora sei o que é o amor. Ela me está ensinando.

(Fragmentos das cartas escritas de próprio punho por Sócrates em 3 e 30 de julho de 2010, em nosso diário.)

A VIDA CONTINUA

Depois do episódio no sítio, passamos a conversar muito sobre a relação dele com os filhos. Foi naquele período que ele me contou tudo sobre cada relacionamento que teve e particularmente como via cada um de seus herdeiros. Obviamente ele amava de maneira incondicional todos eles.

Havia os mais parecidos em personalidade com ele, como Rodrigo, o mais velho e Fidel, o mais novo. Fidel era uma promessa para ele, uma grande promessa em vários sentidos. Rodrigo, o primogênito, construiu seus passos seguindo os do pai. Tentou jogar futebol por algum tempo na juventude, cursou medicina na sequência e conquistou sua independência financeira e emocional antes de todos os outros. Sócrates era apaixonado pelo rapaz. Eles não conversavam muito; de tão parecidos tinham imensa dificuldade para conviver somado ao fato de Rodrigo morar a seiscentos quilômetros de distância da família.

Emocionado ao falar, Amore me contou um episódio marcante entre eles que os separou por muito tempo, de quando Rodrigo, ainda muito jovem e já convivendo há alguns anos com a separação de seus pais, procurou Sócrates decidido a morar sozinho. O pai, receptivo, entregou ao garoto os prós e os contras que essa decisão traria à vida dele como foi com si próprio. Ele contou que Rodrigo permaneceu decidido e disse:

– É o que eu quero, pai, mas só tem um problema. Preciso que você me ajude financeiramente para isso.

Sócrates disse não. Disse a ele que tinha todo o conforto na casa da mãe financiado por ele e que se estava mesmo decidido, esse seria o seu maior desafio: se manter financeiramente sem a ajuda do pai. Daquele dia em diante, nada foi igual na relação deles, segundo Sócrates, mas Rodrigo venceu seus medos e sua situação confortável, saiu de casa e se tornou um grande médico e empresário na cidade onde escolheu para residir. Amore dizia que eu adoraria Rodrigo, mas brincava que ele era uma lenda, tamanha dificuldade encontramos em vê-lo naquele ano.

Juninho para ele era o mais distraído por causa de inúmeras histórias onde o garoto, em viagens pelo país, perdia documentos e cartões de banco, dando grande trabalho aos pais; em contrapartida, era um excelente líder estudantil em sua universidade, trazendo orgulho e entusiasmo a Sócrates.

Dudu era o confidente e o parceiro que o auxiliava em alguns trabalhos. Cogitamos durante muito tempo convidar Dudu para morar conosco depois que casássemos a fim de tê-lo na empresa ao nosso lado.

Gustavo era o mais distante – não fisicamente, mas emocionalmente. Por algum motivo Sócrates guardou um episódio em sua memória sobre Gustavo, um momento em que ele se opôs à atitude de compra de um carro de alto valor com a justificativa de que precisa daquele tipo de apresentação para conquistar e se posicionar para seus clientes que eram jogadores de futebol e diretores de clube, uma vez que o jovem já atuava como advogado no segmento. Sócrates se prendeu àquela situação para definir a personalidade do filho e relatou com detalhes o dia do fato. Ele dizia que o jovem tinha uma personalidade bem diferente da dele e que raramente não divergiam em pensamentos e discussões cotidianas, mas que num determinado momento aproximou-se muito do filho, que chegou a assinar matérias em conjunto com o pai para as colunas de jornais, revistas e até passagens de livros redigidas por Amore.

Marcelo para ele era o mais carinhoso. Atuava profissionalmente no mercado financeiro e o chamava de Babo.

PRESENTE DE INVERNO, AGOSTO

Naquela época eu ainda apresentava dois programas de televisão no interior de São Paulo. Um deles, um *talk show* de prêmios aos domingos ao vivo pela manhã durante uma hora. O outro gravava durante três dias da semana. Em uma de nossas conversas sobre projetos, decidimos juntos que eu deixaria de ancorar esses programas para viabilizar nos bastidores os dois empreendimentos que ele desejava muito concretizar. Para mim foi uma decisão difícil, embora não demonstrasse a ele. Afinal, estaria abrindo mão, mesmo que temporariamente, dos resultados de minha carreira como apresentadora, algo batalhado por mim a vida inteira. A contrapartida era um desafio: dedicar todo o *know-how* da minha empresa aos projetos dele, liderar esses projetos para que saíssem do papel, já que ele há muitos anos tentava concretizá-los sem sucesso. Aceitei o desafio e me despedi ao vivo da emissora num domingo de agosto, dia dos pais.

Para comemorar essa transição pessoal e profissional, decidi tentar reunir todos os filhos de Sócrates no sítio em Ribeirão Preto para um almoço. Seria uma grande surpresa. Recebi a confirmação de quase todos e o pequeno Fidel buscaríamos para passar o dia com a gente – o que também era uma conquista depois de inúmeras tentativas frustradas e desgastantes de tê-lo conosco aos finais de semana. Naquele mês conquistamos, através de uma ação judicial, o direito de estar com o garotinho um final de semana a cada quinze dias – embora nunca tenhamos conseguido tê-lo o final de semana inteiro porque a mãe continuava a impedir que Fidel dormisse com a gente alegando inúmeros compromissos ou alegando que o pequeno não iria ficar bem, não iria se alimentar direito, teria alergia da grama, de insetos, tinha medo da piscina, entre outros argumentos. Tirávamos muitas fotos nesse período e nelas é nítida a felicidade do pequeno e o quanto ele se alimentava, o quanto se divertia, o quanto se desenvolveu conosco no pouco tempo que tinha ao lado do pai, se tornando um dos nossos melhores nadadores em família e superando o medo da água.

Lembro do primeiro final de semana antes desse dia dos pais, com ele. Miguel, o filho dos caseiros, se tornou seu melhor amiguinho e seu grande incentivador para aprender a nadar. Nós três brincávamos muito pelo sítio todo enquanto Sócrates assistia aos jogos na sala de casa trocando abraços e carinho vez ou outra com Fidel, que corria para seus braços eufórico, dividindo a alegria das brincadeiras e as histórias sobre o monstro do lago Ness que conheceu através dos filmes infantis do Scooby-Doo. Era divertido ver Sócrates atento e curioso sobre esse monstro imaginário.

Outro momento marcante foi quando eu convidei Fidel e Miguel para assistirem comigo os grandes lances de Amore em campo durante a passagem pelo Corinthians e pela Seleção Brasileira. Foi sensacional a reação daquele pequeno que é apaixonado por futebol. Ele olhou para mim com os olhinhos bem arregalados e disse:

– Nossa! É meu pai? – Eu mal tive tempo de responder e Miguel se antecipou:

– Claro que é o Sócrates. E se você for bom você pode fazer isso também.

– Eu não sei fazer isso – prosseguiu o garotinho. – Como faz pai? – E Sócrates se aproximou, rindo com a situação e nos ensinou naquela tarde a cobrar pênalti. Sim, eu também aprendi.

O dia dos pais naquele mês de agosto prometia um grande encontro entre todos. E seria o primeiro. Ele jamais conseguira reunir todos os seus seis filhos. Eu preparei o cardápio do almoço bem caprichado com a caseira Rosângela, reservei uma camiseta para cada um dos meninos da nossa linha de roupas – primeiro contrato fechado nessa nova parceria entre nós pela minha empresa – e comprei latas de tinta coloridas para uma surpresa especial. Reservei uma das paredes internas da cozinha do sítio, lugar onde mais frequentávamos, para que os meninos pintassem cada um algo para o pai com o intuito de eternizar aquele momento através daquela parede.

Com tudo organizado, eu me despedi da carreira de apresentadora, passei com Amore para deixar um abraço em meu pai na cidade e nos dirigimos a Ribeirão Preto para o tão esperado presente em família. Recebemos quatro dos seis filhos naquele domingo: Marcelo, Eduardo, Juninho e o pequeno Fidel. Ainda estavam conosco Fred, amigo de Dudu, um rapaz tido como filho por Amore e Miguel, o filho de Rosângela. Foi uma festa e uma lambança com as tintas. Ensinei os pequenos a pintar a parede com as mãos e suas digitais permanecem lá envoltas em desenhos de criança.

Os maiores, Marcelo, Dudu e Juninho, também deixaram seus desenhos na parede para o pai e o próprio Sócrates não quis ficar fora da brincadeira. Aproximou-se e desenhou um livro chamando-o de Bíblia. Essas imagens permanecem na parede do lugar que nos aproximou como família e também eternamente em nossos corações.

CAPÍTULO 6 · **CORINTHIANS, DEMOCRACIA E TORCIDAS ORGANIZADAS**

Centenário do Sport Clube Corinthians Paulista. Quatro de setembro de 2010. Um sábado no Estádio do Pacaembu. Recebemos um convite especial de Larissa Beppler, na época líder do projeto Semana Cultural do Centenário. Uma semana idealizada e organizada por ela e por torcedores sem nenhum vínculo com o clube para promover discussão e reflexão sobre os mais importantes momentos vividos pelo Corinthians e pela torcida nos cem anos de existência do time. Larissa não recebeu nenhum tipo de apoio do clube para o projeto. Todos os equipamentos e o espaço foram financiados para a realização do evento pelos torcedores e, ao dividir conosco essa realidade, nos envolveu ainda mais em sua causa e nos atraiu para o debate sobre a histórica, saga da Democracia Corinthiana onde o jornalista e historiador Heródoto Barbeiro foi o mediador de uma conversa aberta ao público e aos torcedores, com a presença do escritor José Paulo Florenzano e do jornalista e escritor Ricardo Gozzi, além de Sócrates.

O evento aconteceu no anfiteatro do Museu do Futebol, nas dependências do estádio. Chegamos a São Paulo um dia antes, sexta-feira, e nos hospedamos no aconchegante e para nós romântico bairro de Higienópolis em São Paulo. O hotel que nos acolhia em nossas estadias na Rua Maranhão se tornou nossa casa quando os compromissos na cidade excediam um ou dois dias da semana. Todos os funcionários daquele hotel nos esperavam com muito carinho e calor humano. Não só passávamos nossas noites de muito amor por ali como também agendávamos reuniões e almoços com amigos naquele espaço, além de inúmeras gravações internacionais para documentários e telejornais europeus. Ele adorava aquele hotel e lamentava sempre que chegávamos ter vendido anos atrás um apartamento no bairro, onde morou quando jogava no Corinthians. Eu adorava aquelas manhãs com ele naquele hotel.

Foi lá que me pediu em casamento envoltos nos lençóis sempre brancos e frios, naquele mesmo 4 de setembro.

Estávamos nos preparando para o debate quando recebemos um telefonema comunicando que o anfiteatro estava cheio de torcedores e crianças à espera de Sócrates. Surpreendemo-nos por se tratar de um evento pouco divulgado e "proibido" pela diretoria do clube. Ao chegarmos ao Pacaembu, nos deparamos com uma fila extensa de torcedores comprando ingressos para um jogo que haveria naquela tarde – se não me engano Corinthians e Palmeiras pelo Campeonato Brasileiro daquele ano. A cena me marcou pelo comentário de Amore que ao descer do nosso carro disse:

– Linda! Olha só! Enquanto os Senhores se reúnem na Tribuna, nós vamos à Senzala provocar a revolução.

A princípio eu não compreendi aquela ironia, mas não precisei de muito tempo naquele anfiteatro lotado para me emocionar com o que vi. Fomos muito bem recebidos por uma pequena quantidade de torcedores que o aguardava na porta do anfiteatro, ansiosa por uma foto, uma troca de palavras ou apenas um abraço. Entramos e nos dirigimos a um espaço na coxia reservado para os convidados. Ali se cumprimentaram Sócrates, Heródoto e a organizadora Larissa. O evento começou.

A princípio, o mediador iniciou suas perguntas às quais foram respondidas, na maioria, por Sócrates. À medida que ele se pronunciava, o debate ganhava entusiasmo e participação da plateia. Quando ainda finalizava um dos assuntos, foi surpreendido por uma voz grave de um jovem que se identificou como presidente de uma das Torcidas Organizadas, dizendo:

– Eu tive a felicidade de estar presente na Gaviões da Fiel (famosa torcida organizada do Corinthians) desde o início, quando começamos a relação com os trabalhadores rurais sem-terra, movimento dos sem-teto e a aproximação mais forte com o movimento estudantil. Só que, devido aos nossos problemas internos, essa aproximação diminuiu bastante com o tempo. Tentando retomar isso, percebemos que o nível de consciência política da juventude brasileira como um todo na época da democracia era muito mais elevado; hoje a nossa juventude se olha no espelho e não vê reflexo algum. Cada vez está mais difícil trazer o jovem para fazer esse debate e promover essa discussão. Eu pergunto como você vê essa transformação na juventude através do futebol?

Sócrates respondeu:

– Antes de mais nada, temos que ter atenção, todos nós, sociedade brasileira como um todo, na reação que existe contra os movimentos organizados, movimento dos sem-terra, movimento dos sem-teto, torcidas organizadas, e vemos particularizar isso no futebol: existe uma tendência clara de extermínio das organizadas. A sociedade brasileira tem medo da organização no futebol. A sociedade que usufrui de poderes e que sempre usufruiu desses poderes tem medo, pela capacidade e pelo poder transformador do futebol. A Gaviões da Fiel tem cerca de cem mil sócios ativos. Isso é extraordinariamente forte – o poder de concentração, de unificação – e com uma vantagem: você tem um palco toda semana para se manifestar, você tem um palco predeterminado, a coisa mais fácil do mundo para se manifestar, então toda a reação dos agentes de comunicação com linhas conservadoras é para extermínio desse tipo de organização. Agora, como tratar internamente isso? Pelo que entendi, que dificuldades estão tendo para politizar esse processo? É difícil responder essa pergunta sem conhecer em profundidade a sociedade que vocês constituíram, mas um passo fundamental é que a linha de concentração, de unificação não se restrinja só ao futebol, o que talvez seja um grande erro das Organizadas, não só a Gaviões, mas de todas as outras. Não só o futebol. Futebol sim, ele é o elo principal, é a bandeira principal, mas agora se você começar a mexer com os outros interesses desses indivíduos que formam essa sociedade você consegue mobilizá-los para outras causas também. É detectar que sociedade é essa que vocês têm em mãos. Que carências têm? Obviamente que existem carências de trabalho, de segurança, transporte, habitação. Eu começaria sabe por onde? Literalmente? Pela autoestima, que é o que mais nos falta. Autoestima. Em vez de ser só corintiano, sejamos, por exemplo, os melhores torcedores do Brasil. Como? Comportamento, ação, atitude, participação com outros movimentos sociais, mantendo um comprometimento com a sociedade; se você começar a mexer nisso, certamente talvez você não agregue cem mil pessoas que estão envolvidas na Gaviões, mas 50%, no mínimo, estará contigo. A liderança pode levar a isso. E aí só assim você já transforma muita coisa.

Esse posicionamento de Sócrates incentivou outra pergunta:

– Que tipo de pressão você, como líder, recebia naquela época? E consciente de que esse movimento favoreceu muito o Brasil em termos de liberdade, você também acha que favoreceu o futebol? Há democracia hoje no futebol?

– Nós fisicamente não sofremos pressões, mas obviamente que existiam pressões ideológicas. Os meios de comunicação eram divididos, a sociedade era dividida muito mais a favor do outro lado do que do nosso. A grande questão do processo de formação da democracia corinthiana me colocando como você me citou foi que obviamente eu tinha que ser o líder. O líder é o cara que põe a cara pra bater, é o cara que representa os demais, é o cara que vai bater o pênalti no último minuto. Esse é o líder. Não é o cara que discursa, é o cara que põe a cara pra bater: se perder, sou eu que perdi. Defendo meus companheiros. Esse é o líder de qualquer sociedade. Mas o líder tem que saber abrir mão de poder, isso é que é o fundamental porque o poder que é dado ao líder é extremamente perigoso se for mal administrado. Nós só construímos a Democracia Corinthiana, e eu acho que meu papel foi fundamental, porque quem tinha poder abriu mão dele e eu era um dos caras que tinha poder, que era o único jogador de seleção brasileira e era o mais valorizado do clube. Então a minha posição era poderosíssima e eu poderia inverter isso, poderia puxar só para mim. Você tem que abrir mão de poder para criar uma sociedade mais justa. E essa é a grande questão a todos nós, em qualquer relação social que tenhamos precisamos ter consciência disso: um pai que é opressor não está educando o filho, ele tem que saber ouvir, tem que saber conversar, tem que abrir mão do seu poder paterno para que dê chance a essa criança de crescer como cidadão, como ser humano, com voz própria, com vontade própria, com as orientações dos mais velhos, sim, mas com a preparação necessária porque quem decide a vida é ele mesmo.

Eu permanecia encantada com a oportunidade de acompanhar aquele debate e a cada resposta de Sócrates aquelas pessoas se entregavam mais às perguntas e chegou a vez de um rapaz muito jovem, moreno e convicto abordá-lo:

– Eu tenho um amigo que é da Mancha Verde (torcida organizada do Clube Palmeiras), eu sou corintiano e queria ir a um jogo entre os dois times. Meu pai bateu em minha cara e disse: "Você não vai." Eu fui. E sabe o que aconteceu quando cheguei lá? Eu estava cantando o hino do time, chegaram vários palmeirenses, arrancaram minha camisa do Corinthians, arrancaram meu boné importado, que eu trabalhei como office boy para comprar, e disseram: "Olha, neguinho, some daqui porque senão vamos te matar." Lá do fundo apareceu esse amigo meu que era "Mancha" e falou: "Devolve as coisas do neguinho aí porque ele é trabalhador, não é playboy; neguinho, coloca sua camisa por dentro e vai pra sua casa." Será que hoje em dia não está faltando isso para um torcedor do Corinthians, do Palmeiras, do São Paulo e do Santos?

Sócrates pediu a palavra.

– Sobre isso eu queria falar. Não podemos esquecer que o futebol é um espetáculo. Você vai ao campo para ver um espetáculo e aquilo que você está assistindo de alguma forma toca em você, assim como no teatro, no cinema, em qualquer outro lugar. Se o espetáculo é agressivo, você sai do campo agressivo. Eu quero dizer que o futebol hoje, filosoficamente, é agente negativo para a sociedade porque o que você vê na maior parte das vezes é pura agressão no campo. E uma pergunta que eu faço há seis meses: alguém que está aqui viu algum episódio de agressividade em um jogo do Santos no primeiro semestre entre torcidas? Pelo contrário, todo mundo saía satisfeito, não importando quem vencesse, seja o Santos ou o adversário. Porque era um grande espetáculo. Todos saem felizes, amigos, mas se você vê agressão dentro do campo você sai para bater. O futebol é um exemplo para a sociedade. Para acrescentar, digo que na campanha política de 1982, a primeira vez que o ex-presidente Lula foi candidato a governador, nós conseguimos reunir todo um grupo de pessoas dentro do Corinthians para fazer uma manifestação, um show para captação de recursos para a campanha dele. Estavam lá muitos artistas, todos os jogadores do Corinthians e muitos políticos todos progressistas. Eu contesto um pouco a colocação quanto à sociedade autoritária de hoje. Nós não podemos esquecer que em nosso país essas transformações são muito rápidas; felizmente, desde 1994 temos governos federais com linha progressista, se mais ou menos não importa, mas se você imaginar que dez anos antes vivíamos uma ditadura, o quão rápida é a resposta social que nós temos em nosso país e isso não pode ser minimizado. É claro que nós somos sempre um pouco carentes da velocidade do processo, mas não podemos esquecer que somos uma nação muito jovem, uma nação que passou por períodos de exceção, que essa nossa última estrutura social tem vinte e cinco anos e que para transformar essa sociedade vai demorar um pouquinho mais só que nós somos mais rápidos do que os outros. Isso é muito interessante. Onde imaginaríamos, já que estamos falando de democracia corinthiana, que isso ocorresse em qualquer outra estrutura social, em qualquer outra nação, inimaginável que ocorresse na França, na Alemanha, na Inglaterra. Só no Brasil, pelo povo que somos, pela nação que somos e que eu chamo de civilização como pregava Darcy Ribeiro, a nova civilização. Nós seremos uma nação de referência daqui a pouco tempo, mas a velocidade de transformação depende de cada um de nós.

O mediador interferiu perguntando se enfrentaram durante o movimento correntes contrárias dentro do clube. Amore respondeu:

– Sempre tem, né? Ali era difícil identificar. O futebol tem uma particularidade muito interessante. O empregado é artista e tem mais poder que o empregador. Há uma inversão de valores na questão de poder político. Então reações internas são raras de ocorrer, a não ser que sejam extremamente pesadas, agressivas e isso não aconteceu. Nem mesmo fora tivemos nenhuma reação maior. Outro dia me perguntaram: vocês tiveram alguma pressão do Poder Constituído, o Governo Federal?, e eu disse pena que não, seria ótimo porque daria muito mais peso ao que estávamos fazendo ali e a nossa representatividade enquanto agente social seria muito maior a partir do momento que tivesse um confronto claro contra a estrutura militar que nos governava. Mas obviamente que existiam pessoas convivendo com a gente que não se sentiu muito à vontade no processo democrático porque nem todo mundo tem capacidade de entender que a sociedade é muito mais importante que o indivíduo. Mas de qualquer forma era a minoria e foram ultrapassados.

Um senhor solicitou o microfone na sequência e o interrogou sobre o comportamento de um dos companheiros de equipe durante a democracia corinthiana, Leão. Sócrates prosseguiu:

– Não vamos falar especificamente do Leão, mas havia certa dificuldade de grande parte dos nossos companheiros de se sentirem libertos para emitirem opinião; o sistema do futebol que até hoje persiste é extremamente opressor, as decisões são tomadas de cima para baixo, os jogadores de futebol são tratados como criancinhas, não podem ter opinião, não podem ter informação, não podem ter nenhum tipo de atitude ou ação política, então no começo as pessoas, mesmo com vontade de participar, tinham muito receio de serem repreendidas ou sofrerem algum tipo de policiamento. Gradativamente isso foi se exaurindo porque a segurança passou a ser maior para todos eles e todo mundo começou a participar colocando sua opinião, fazendo campanha política, isso passou a fazer parte do cotidiano da gente. Uma questão que era colocada em pauta não era definida imediatamente, em geral ela tinha um período de contextualização dentro do seio da nossa sociedade e todos nós éramos responsáveis por aquele resultado mesmo votando contra a decisão da maioria. Agora, pessoas como o Leão são pessoas que normalmente não gostam de participar da sociedade. São extremamente reacionárias, são pessoas que acreditam em si próprias só, não dividem nada. E um cara que passa um ano sem emitir um único voto não pode ser considerado um ser social, é como qualquer um de nós que passa a vida toda reclamando dos governos municipal, estadual e federal sem nunca ter emitido um voto, sem nunca ter tido uma atitude política clara para tentar transformar a nação em que vive.

Naquele momento, ao encerrar a frase, Socrátes foi muito aplaudido e respondeu a pergunta de um dos torcedores se ele não desejaria assumir a presidência do clube. Respondeu:

– Não, eu nunca pensei nisso, não. Eu tenho claro que na próxima eleição, até pela mudança no estatuto do Corinthians, eu vou participar ativamente para tentar mobilizar a sociedade corintiana a participar do pleito, quero dizer, o estatuto corintiano hoje é o mais avançado de todos os que nós temos no futebol. Tem alguns limites como, por exemplo, a exigência de que tenha x mandatos de conselho para ser candidato a presidente. Essa é uma luta que eu vou colocar em pauta porque qualquer corintiano sócio do Clube tem o direito de ser candidato a presidente e não importa quem seja. Se você limita aos conselheiros, você está limitando também a liberdade de escolha porque o poder político e econômico passa a ser preponderante à capacidade de você se colocar como candidato. Ainda temos muito a avançar enquanto estatuto no Clube, mas sem dúvida alguma é o mais avançado de todos e nessa próxima campanha estarei junto para mobilizar toda a Nação Corintiana para participar ativamente. Eu não penso em ser candidato a presidente, não; na verdade, minha ação política está muito distante, essa convicção pessoal está muito distante de cargos. Eu acho que sou muito mais importante fora deles.

Eu permanecia emocionada com o que presenciava na plateia bem pertinho dele, na lateral esquerda do teatro, quando um senhorzinho pediu o microfone:

– Eu vivi aquele tempo em que autoridade era autoridade. Os aumentos salariais eram determinados pelo Governo Federal. Chefe era chefe, e a lei existia para ser cumprida e aquilo valia para tudo. Vocês têm ideia da encrenca que vocês podiam ter arrumado e do bem que vocês fizeram para o país ao citar a palavra democracia que não existia e era sonho? Você tem ideia do que isso representa e representou para o país?

A resposta surgiu naturalmente, como em nossas conversas mais particulares sobre o assunto:

– É difícil quantificar, mas acho que a ação do movimento da democracia corinthiana foi um dos baluartes do processo de redemocratização do país porque nós temos um povo, infelizmente, com muito pouco acesso ainda à educação, ao conhecimento, à informação, e naquele período menos ainda; e a linguagem do futebol é uma linguagem que atinge o brasileiro em geral, independentemente da sua origem e da sua formação educacional. Conseguimos de alguma forma demonstrar através de atitudes e de ações que é possível modificar o país para melhor.

Ouvi-lo dizer que o futebol é a linguagem que unifica nosso povo e que uma das grandes lutas dele nos últimos anos era fazer com que o jogador de futebol tivesse uma formação adequada e que tivesse consciência da sua importância política e social, porque ele é referência, ele é ídolo, exemplo e que deixando de estudar ele vicia geração atrás de geração a viver de sonho e não viver de realidade, era para mim cada vez mais envolvente e emocionante, dadas as minhas próprias convicções e experiência em relação a isso.

– O cara que tem como ídolo alguém que não sabe falar, que não sabe pensar, que não sabe da sua importância enquanto cidadão, esse cara será igualzinho e nunca vai se preocupar com a própria formação. Se invertêssemos esse processo, se nós exigíssemos, por exemplo (e é claro que isso é algo distante porque não temos ainda uma emenda constitucional para isso), que o jogador de futebol tivesse pelo menos o nível médio de educação, nós transformaríamos o país todo, pois o futebol é talvez o único braço e oportunidade de ascensão social que nós temos no país. Toda a população que está abaixo do nível de dignidade nesse país se preocuparia em se formar até para jogar futebol. E nós estaríamos formando uma geração com mais capacidade de discernimento para modificar a própria realidade e a realidade das pessoas com as quais convive.

E as perguntas continuavam surgindo:

– Em primeiro lugar, é um prazer estar aqui para quem é corintiana e nem tinha noção do que era o futebol. No começo eu torcia para o futebol na roça, onde a única mídia era a do radinho do meu pai santista e do compadre dele também santista e eu chorando embaixo do rádio porque naquela época o Corinthians só perdia. É emocionante lembrar e estar aqui, pois sou admiradora de Sócrates e o acompanho sempre que posso. Falando de capitalismo e nesse mundo contemporâneo onde todos só pensam em dinheiro e falando dessa mídia perversa, queria que você, Doutor, comentasse um pouco sobre as escolinhas de futebol nas esquinas dos bairros e o comportamento das mães que gastam o dinheiro último da feira para levar seus filhos a essas escolinhas onde algumas têm a consciência de que é para desenvolver os meninos, mas outras sonham que ele se torne um jogador de futebol. Como você vê, Doutor, essa situação e a mercantilização no futebol onde durante a pelada o menino mal fez um gol e já existe um empresário de futebol querendo assinar contrato com o garoto?

– Uma das preocupações que eu tenho é com o nível de formação das pessoas que trabalham com essas crianças. Antes de tudo, esse cara tinha que ser um educador. Ele não precisa entender nada de futebol, mas tem que ser um educador. Uma das características hoje da nossa sociedade é a questão da socialização. E que também é uma das minhas lutas. Antes de colocar a criança na escola, temos que socializá-la, ela tem que saber que vive em sociedade, que ela tem que respeitar o espaço de outras pessoas, que ela tem que dividir uma série de coisas com outras pessoas. O que ocorre hoje e muito é que essa criança não se socializa, nem em casa pela família porque essa família em geral está toda rompida e muito menos fora de casa e então ela é jogada na escola sem saber por que estaria indo para aquele local e o que ela faz é agredir o professor, agredir quem esteja do lado dela; na verdade, é um ser muito pouco humano por falta de socialização. O esporte é fundamental para a socialização e é o mais barato meio e ferramenta para tal. Com um educador e uma bola eu transformo trezentas crianças em pouco mais de um mês. Eu a socializo só com a bola num esporte coletivo, mas tem que ter um educador. Agora, passando para o lado das escolinhas de futebol, que formação essas pessoas têm para trabalhar com essas crianças? Onde elas estudaram? Que tipo de noção pedagógica elas têm para se relacionarem com garotos de oito, dez, doze anos? A gente como pai tem imensa dificuldade para tratar um filho, imagine tratar quarenta filhos dos outros, cinquenta, cem filhos dos outros? Essa responsabilidade merece um cuidado especial. Eu acho que a "mão" do Estado tem que entrar. Não pode ficar de fora, o Estado tem que se responsabilizar por isso. Tem que haver uma normatização desse processo na "mão" do Estado.

E continuou com suas últimas palavras, que fecharam aquela manhã importante para os cidadãos ali presentes e para mim:

– O jogador de futebol tem poder político e poder econômico imenso nas mãos. Na verdade, no fundo, é o que cada indivíduo busca dentro da sociedade em que vive. Ele tem isso conjuntamente e vive em gueto. Ele não divide espaço com a sociedade. Ele não participa efetivamente da sociedade mesmo tendo esses dois poderes agigantados. Por quê? Porque ele se sente excluído da sociedade, ele reconhece sua impotência enquanto cidadão porque não lhe ofereceram a chance de crescer. E também tem grande dificuldade de tomar ciência das atitudes que devia ter para modificar essa situação porque ele vive num sistema que é extremamente opressor, ele se sente rejeitado também pelo sistema, ele se sente limitado pelo sistema e se acomoda no poder que esse sistema lhe oferece que é o poder econômico, então ele fica imobilizado. O passo principal é entregar a esse indivíduo cidadania porque em qualquer atividade que ele vá fazer na vida ele vai se sentir agente social. Não importa se ele vai jogar futebol, se vai ser gari ou porteiro de prédio: todo indivíduo tem direito a ser cidadão e a adquirir ciência da sua cidadania. E há uma incoerência muito grande aí hoje em dia, e é por isso que a sociedade aí de fora, digamos a de baixo e não a do morro, não consegue entender isso, mas ela é própria culpada disso, dessa realidade, porque ela não oferece a esses indivíduos condições de serem maiores do que são enquanto seres humanos para que eles não usufruam do poder político e econômico que detêm em mãos.

O debate se encerrou com aplausos e com o hino do Corinthians cantado por aquelas pessoas presentes. Todas de pé. Emocionante e inesquecível.

Voltamos para o hotel, onde almoçamos e descansamos um pouco. Ao acordar no meio da tarde, antes de voltarmos para casa, ele me beijou com carinho, me despertou com esse beijo e parou segundos olhando fixamente para meus olhos como se enxergasse além deles. Estávamos deitados, ele me abraçou e baixinho disse:

– Minha princesa, eu vou te entregar o sobrenome do meu pai. Eu preciso me casar com você, e rápido. O meu povo precisa de mim, quero voltar para São Paulo para ficar perto do povo e quero ter você ao meu lado. Eu te amo, quer se casar comigo? – Ele completou antes de me ver surpresa: – Nunca me diga que não. Você é a minha salvação!

Imediatamente um filme passou por minha cabeça com imagens de quase todos os nossos momentos até ali e também com os momentos emocionantes daquela manhã tão próxima ao seu povo, ao meu povo, ao nosso Brasil. Ele me flagrou em lágrimas e me ouviu dizer "sim".

Embora completamente envolvida com os acontecimentos daquela semana e encantada obviamente com o pedido, eu não havia pensado em me casar antes e naquela época não mantinha um relacionamento tão próximo a meu pai, mas confesso que estava extremamente feliz e não interferi na vontade dele de procurar minha família dias depois para reforçar o pedido a meu pai. Sim. Ele pediu a minha mão a meus pais e foi aceito por todos.

Cada vez mais próximos e cúmplices, começamos a planejar nossos ideais em vez do nosso casamento. Decidimos que não faríamos uma festa de noivado e nem de casamento; casaríamos apenas no civil e com o mínimo de pessoas presentes. Um dia reuniríamos as famílias e os amigos quando já estivéssemos em São Paulo. Sócrates era uma pessoa muito simples e muito bem resolvida em relação à aproximação de pessoas apenas nos momentos de confraternização; como nossos dias até ali estavam tranquilos e bem-sucedidos apenas entre nós dois, assim permanecemos.

NASCIA ENTRE NÓS UM PEQUENO DOUTOR

Organizamo-nos a partir dali para iniciar o projeto de politização das torcidas organizadas no Brasil. Conversamos com os amigos mais próximos que poderiam nos acompanhar nessa jornada de debates e palestras pelas sedes dessas organizações, independentemente dos clubes que as identificavam. Conversamos com o presidente do Clube Palmeiras em exercício, que apoiou nossa iniciativa. Agendamos para o ano seguinte o início do projeto e até lá construiríamos também um personagem com o objetivo de educar crianças enquanto informávamos os adultos torcedores. Ali nascia o "doutorzinho", um personagem de desenho animado ainda jovem com a mesma fisionomia de Sócrates quando foi capitão da seleção brasileira em 1982 e 1986. Para dar força ao personagem e ao nosso objetivo, ele voltou a utilizar as faixas na cabeça, símbolo da luta da época contra o racismo, contra a guerra, contra a fome e todas as outras necessidades da humanidade. O personagem também se apresentaria com a faixa. Em uma de nossas noites de trabalho em casa, pedi a ele que definisse exatamente a razão pela qual estávamos criando esse personagem, além de ter a consciência de que estrategicamente o doutorzinho o entregaria vida eterna para lutar pelas melhorias à sociedade. Ele escreveu: "Só existe uma única razão para esse boneco existir: é passar, a quem interessar possa, mensagens de boa convivência social e questionar realidades contemporâneas. Portanto, o que vale a pena ser valorizado é o que estará inscrito em sua faixa que não por acaso enlaça a parte frontal do crânio. Lutar contra o racismo, a intolerância, as guerras, a fome, a discriminação, a injustiça e muito mais é o objetivo. Promover reflexão sobre essas questões e induzir a que a humanidade modifique suas prioridades é ponto de honra. Qualquer fonte de comunicação com o público em geral é bem-vinda desde que não possua qualquer tipo de confronto com o ideal. Desde um simples parafuso até uma marca d'água em paredes de ônibus ou de aviões caberia nessa proposta de envolvimento da sociedade uma convivência mais liberta e independente de outras formas de comunicação manipuladoras da ingenuidade humana."

Naquela mesma noite, ele me revelou algo muito importante. Pediu para que eu sentasse em sua cadeira cedendo o seu lugar frente ao computador e pediu para abrir um arquivo intitulado "Livro". Antes que eu pudesse clicar no ícone em sua área de trabalho, ele me abraçou já de pé, atrás de mim, e disse em meu ouvido:

– Amore mio, esse arquivo é outra parte da minha biografia, a minha autobiografia. Quero a sua ajuda. Mas é segredo porque o Juquinha (o jornalista Juca Kfouri) e o Xico (o poeta e escritor Xico Sá) estão inventando uma biografia aí. Mas se eu conheço bem esses dois não vai sair tão cedo. Me ajuda a terminar? – E se afastou acendendo um cigarro.

Li naquela mesma noite o manuscrito já digitalizado em partes antes de preparar o nosso jantar; aquelas palavras, em muitos momentos grande desabafo, me emocionaram e passei a incentivá-lo a escrever cada vez mais, um pouco por dia.

Aquilo era fantástico! Um material belíssimo e importantíssimo ao país iniciado por ele em primeira pessoa, com relatos nunca antes ditos, confissões nas entrelinhas sobre a Copa do Mundo perdida, sobre a sua luta política e social... uma preciosidade que me foi entregue naquela noite celebrada numa madrugada de muito prazer entre nós dois.

Algo nos contagiava e nos entregava muita energia para seguir trilhando um caminho de obras literárias, sociais e empresariais. E assim realizamos os nossos grandes e ousados projetos.

BRASIL BRASILEIRO

Ele queria apresentar um programa de televisão para rever os amigos que colaboraram para o Brasil se tornar um país próspero em diversos segmentos. Eu tinha uma ideia. Discutimos a ideia adaptando aos objetivos e propósitos dele e construímos um conteúdo intitulado provisoriamente *Brasil Brasileiro* – um conteúdo para televisão onde percorreríamos as cidades sedes da Copa do Mundo de 2014 no Brasil e a partir das viagens retrataríamos a cultura e o progresso local chamando atenção para a identidade do cidadão regional. Em cada uma dessas viagens seríamos recebidos por um amigo-personalidade da música, das artes plásticas, do jornalismo ou da literatura. Tínhamos o desafio de produzir esse conteúdo e para isso, apesar de ter uma produtora, eu preferi seguir a sugestão dele e procurar a esposa de seu irmão, que também é proprietária de uma empresa no segmento. Fomos até ela numa reunião agradabilíssima, porém o retorno posterior que tivemos em relação ao valor do custo para produzir o conteúdo impossibilitou a realização do projeto. Não tínhamos apoio em patrocínio para custear aqueles números. Ele ficou muito triste e me sensibilizei com a sua reação decidindo assumir a produção sozinha apoiada apenas por ele. Imediatamente formamos uma "equipe de dois", literalmente, para elaborar as pautas para um programa piloto, agendar as entrevistas, contratar equipamentos e profissionais de filmagem, reservar local para hospedagem de equipe e tudo o mais que necessitaríamos para aquela empreitada. Escolhemos dois estados brasileiros para essa filmagem, Minas Gerais e Rio de Janeiro. Partimos pela estrada a caminho da capital mineira.

Quando lá chegamos fomos recepcionados pelo prefeito que gentilmente nos acompanhou em uma caminhada pelos principais pontos turísticos da cidade, nos apresentando o que a região possuía em termos de gastronomia, turismo, economia e arte. Passamos pelo Mercado Central e lá gravamos uma boa brincadeira onde Sócrates aprendeu a vender queijos. E antes que nos despedíssemos do local fomos presenteados pelo grande encontro entre ele e Fernando Brant, amigo e compositor parceiro nas canções de Milton Nascimento, Lô Borges, Wagner Tiso, Toninho Horta, entre outros grandes nomes da nossa música popular brasileira. Voltamos para o hotel naquela noite e planejamos acompanhar na manhã seguinte as obras do Estádio Mineirão em preparação para a Copa do Mundo do Brasil. Tivemos acesso exclusivo ao estádio, como primeira equipe de televisão a acompanhar a obra, e Sócrates relembrou emocionado qual foi a primeira vez em que esteve ali jogando pelo Botafogo de Ribeirão Preto. O conteúdo começou a ganhar identidade à medida que percorríamos a cidade e reencontrávamos os grandes amigos que, ao lado dele, construíram uma belíssima história dentro e fora de campo; imagens interessantíssimas e inéditas formavam o programa.

Meses antes de nossa passagem por Belo Horizonte, Amore havia reencontrado o cantor e compositor Gabriel Guedes, filho de Beto Guedes, durante uma festa promovida por Raí. Gabriel é proprietário, ao lado da sócia, a empresária paulistana Luciane Mendes, do bar Godofredo Guedes – homenagem ao avô e espaço dedicado aos músicos mineiros tematizado pela grande história do Clube da Esquina. Sócrates me convidou para jantar com Gabriel, encerrando nossa passagem por Minas Gerais naquela boa época de produção. Fomos até o Godofredo. Não me esquecerei jamais de Gabriel naquela noite: autodidata, um músico incrível e gênio que confecciona seus próprios instrumentos musicais na marcenaria improvisada no porão do bar e mantém na cobertura uma sala que ele chama de "Sala de Justiça", onde reserva objetos preciosos da família como a caixa de tintas centenária do avô e uma cabana onde passa algumas de suas noites quando fora de casa. Nossa passagem por lá também ficou registrada em vídeo no último encontro em vida entre eles. Voltamos a São Paulo de carro, numa viagem de cinco horas na madrugada que selava a nossa união também como profissionais bem-sucedidos. Algo mágico e bom que nos envolvia cada vez mais.

QUANDO UMA CORRIDA DE FÓRMULA 1 FOI PALCO DE MANIFESTAÇÃO POLÍTICA

Ano de 2010. São Paulo. Autódromo de Interlagos. Fomos convidados pela diretoria da Petrobras para acompanhar a corrida no espaço reservado aos convidados da instituição. Fomos de Campinas a São Paulo um dia antes e nos hospedamos no hotel ao lado do autódromo para facilitar o encontro. Nosso café da manhã foi por lá, no espaço do evento. Abraçamos Paula – a Magic – e alguns outros amigos, além da diretoria e presidência da Petrobras numa recepção carinhosa. Sentamos ao lado de dois médicos do sul do país; não me lembro seus nomes, mas foram testemunhas que dividiram a mesa em um episódio inusitado. Estávamos nos preparando para almoçar quando Gilbertinho, um dos diretores da Petrobras, se aproximou e em voz alta disse:

– Magrão, o Santa Rosa (outro executivo da instituição) pediu para o ministro sentar em sua mesa para o almoço.

Rapidamente e sorrindo maquiavelicamente Amore respondeu:

– Qual ministro? – Rindo com a afirmação no gesto de Gilberto, prosseguiu: – Melhor não!

Gilberto retrucou:

– Por isso mesmo!

Tratava-se de Orlando Silva, ministro do esporte em exercício na época. Sócrates era definitivamente contra a administração sob o comando de Orlando; já o conhecia há alguns anos quando de sua passagem por Salvador – cidade natal de Silva – e mantinha severas críticas sobre a relação do governo com a CBF. O artigo escrito por ele e publicado pela revista *Carta Capital* retrata seu posicionamento perante o que o país vivia naquela época e o que ele esperava do atual governo:

Carta Capital, 1º de março de 2011
Sócrates

COFRES, COPAS E CONCHAVOS
Dinheiro público em pauta

Quando o presidente da CBF afirmou que a Copa do mundo brasileira seria da iniciativa privada só acreditou quem jamais passou perto de qualquer evento esportivo nacional. É praxe, é claro, é tendenciosa toda sorte de objetivos declarados ou não pelos donos do nosso esporte. Quando lá atrás, inventou-se a primeira candidatura de uma cidade brasileira para sediar a olimpíada, várias empresas investiram pesado para bancar a preparação do pleito. No entanto, com a derrocada do sonho, nem mesmo uma prestação de contas foi feita para dar respostas aos parceiros de então. Quando da primeira pretensão em trazer uma Copa do Mundo, elaborou-se um caderno de encargos de dar vergonha a qualquer brasileiro ainda que ele tenha custado um caminhão de recursos.

Dessa vez não poderia ser diferente. Um estudo do Tribunal de Contas da União demonstra que quase 100% dos gastos previstos de 23 bilhões de reais (que certamente no final das contas será ultrapassado e muito) virão dos bancos e empresas estatais (BNDS, CAIXA ECONÔMICA FEDERAL e INFRAERO, por exemplo). Parece até que não existe iniciativa privada neste país continental e uma das maiores economias do planeta. Mas para que ela vai colocar dinheiro na mão de quem não cuida do seu próprio dinheiro? Eu e o país inteiro sabemos onde ele será enterrado (?). O pior é que as obras na maioria dos estádios não andam ou estão lentas demais. Isso sem contar que (com honrosas exceções) o planejamento viário, hoteleiro e demais itens fundamentais para a viabilização do evento estão longe de atender a demanda imaginada. Além, é claro, de erros de projeto e execução, atraso nas licitações que invariavelmente ocorrem só para que o cofre se abra sem muito controle da população como no pan-americano do Rio de Janeiro.

E os atletas? Esses, nem se fala. Estão com o bolsa-atleta atrasado, como se um indivíduo para correr, nadar, pedalar, treinar enfim, não necessitasse de recursos para se vestir, morar, alimentar-se etc. Uma bela preparação para o próximo pan no México e para a Olimpíada de Londres em 2012 e no Rio de Janeiro de 2016.

PURO PRECONCEITO

Para que existe a Copa do Brasil? Aparentemente é só uma cópia piorada das Copas que se perenizaram nos países europeus e foram exportadas mundo afora. Normalmente essas competições servem para integração das diversas regiões do país e das diferentes potencialidades de clubes e municípios que se espalham por todo o território. Clubes grandes e tradicionais visitam rincões onde raramente são vistos a não ser nessas ocasiões já que disputam torneios diferentes e a capacidade econômica dos centros distantes das capitais financeiras da nação não possuem capacidade de contratá-los para eventuais amistosos. Só por esse motivo deveriam existir essas tais Copas. Entretanto, no Brasil, apesar de haver o encontro dessas diferentes culturas e realidades, os times do sertão, do semiárido, do interior da Amazônia e outros são impedidos de mandarem seus jogos em suas cidades e respectivos estádios, transferindo-os para agrupamentos humanos maiores num claro componente discriminatório ou, no mínimo, de intolerância. Com isso esvazia-se o processo filosófico dessas competições que passam a ser apenas um desfilar de equipes do sul e sudeste em busca de uma vaga em torneios continentais. Como dizia o poeta: e se o sertão virar mar? Aí então a lógica transformará o sertanejo em potência econômica e os papéis se inverterão. Mas quem hoje está preocupado com isso? Que se danem os pequenos, pensa a maioria. Infelizmente, essa é a lei nacional que um dia espero desaparecerá para o bem de todos. A nação agradecerá.

De volta ao evento da F1, no momento em que o ministro se aproximou, eu comecei a entender o que poderia presenciar ali. Orlando Silva estava envolvido diretamente com as providências nos Orçamentos Públicos para a Copa e respondia às denúncias de gastos supostamente irregulares nos cartões de créditos corporativos distribuídos pelo governo federal a alguns servidores para custear despesas extraordinárias. Sócrates não poderia estar próximo a ele e não se posicionar. Impossível imaginá-lo sem contestação numa oportunidade daquelas, mas acho que o senhor ministro não raciocinou rapidamente, como eu. Ele se sentou em nossa mesa, o que não durou dez minutos. Logo ao chegar e nos cumprimentar, seus assessores preparam talheres e prato para servi-lo, mas ao tocar no guardanapo Sócrates iniciou:

– Ministro, não está certo o que estão fazendo. Você e o Barba (como ele se referia ao ex-presidente Lula) sentados no colo de Ricardo Teixeira na pouca-vergonha dos planos da CBF...

Orlando Silva o interrompeu e respondeu:

– Diz isso para ele!

– Falo sem nenhum problema. Isso não está certo! – respondeu Amore.

Imediatamente o ministro se levantou, nos disse que se lembrou de um compromisso e que não mais poderia permanecer ali. Sócrates com certa ironia perguntou:

– Não vai almoçar?

Sem resposta, o ministro nos deixou.

Um rápido silêncio e Amore mudou o assunto sorrindo com o feito.

Passado pouco menos de um ano daquele episódio, Orlando Silva se demitiu do cargo de ministro para, segundo ele, poder se defender melhor das denúncias e evitar que seu partido fosse usado contra o governo.

Naquele dia Sócrates me chamou para ler a notícia e disse:

– Agora o Ricardo Teixeira será o próximo. Não será, linda? Tem que ser.

Eu disse que sim.

CAPÍTULO 7 · **A POLÍTICA APENAS COMO IDEAL**

Passado pouco tempo do episódio ocorrido durante a corrida de Fórmula 1, Sócrates foi contatado pelo presidente da Frente Nacional dos Torcedores do Brasil, João Hermínio Marques.

A Frente é uma instituição com sede no Rio de Janeiro empenhada atualmente em iniciar o processo de mudança no esporte nacional partindo da regulamentação desportiva que está sistematizada na PEC – Proposta de Emenda à Constituição – 202 de 2012. Essa PEC foi sugerida em audiência pública no dia 8 de dezembro de 2011, na Câmara dos Deputados, e ganhou o apelido no Congresso Nacional de "PEC Dr. Sócrates". Depois de aprovada por unanimidade na primeira comissão em que passou, João procurou apoio de Sócrates. Nós o recebemos em nossa casa. Naquela conversa, Amore disse que já havia pensado em algo objetivando a regulamentação e apoiou a iniciativa. Lembro-me de João ter sugerido inclusive trabalhar o nome de Sócrates como substituto de Orlando Silva no ministério que já, naquela época, apresentava indícios de deixar o cargo sob forte pressão (ele deixaria o ministério em novembro de 2011). Sua resposta foi imediata:

– Linda, diga que não. Eu sou mais forte fora de lá. Posso fazer mais aqui fora do que lá dentro. Esqueçam isso. Eles têm meu apoio, vamos pra cima juntos, mas eu fico aqui fora, ao lado do meu povo.

Além da regulamentação desportiva nacional, o movimento defende mudanças no estatuto do torcedor. Depois daquele encontro, Sócrates ficou mais entusiasmado para levar a diante o projeto de politização das torcidas organizadas. E ali, ao apoiar as iniciativas da instituição, ele também ganhou mais um aliado para nossa causa. Um aliado que lidera uma multidão de torcedores pelo país.

Naquele mesmo dia após o encontro político com João, Sócrates se lembrou de uma história incrível quando de sua viagem à Líbia. Atenta, eu aparentava ser uma boa ouvinte até que em determinado momento da história fiquei apavorada. Ele me contou que foi convidado por um amigo para participar da cerimônia de casamento de outro amigo de lá. Curioso como ele só, pois nunca havia ido à Líbia, aceitou imediatamente. A cerimônia de casamento foi diferente de tudo o que ele já havia visto na vida. As mulheres comemoraram durante dois dias num determinado local e os homens em outro. Ele disse que a festa das mulheres era alegre, cheia de danças e cores, e a reunião dos homens era triste e silenciosa. Ele não entendeu muito bem o significado até aquele dia enquanto me contava, parecendo que estava ainda naquele casório. Dois dias depois das comemorações separados, homens e mulheres se juntaram para a grande festa que durou mais vinte e quatro horas e, enfim, muito alegre. Ele adorou aquela viagem e a chance de conhecer parte daquela cultura.

Ao chegar ao hotel voltando do evento, Amore foi informado de que o chefe de Estado havia mandado buscá-lo para um cumprimento. Tratava-se do ditador Muamar Kadafi. Sem ação, não lhe cabia escolha. O recado chegou com hora marcada e procedimento de segurança estrategicamente organizado. A ordem era para que dormisse e despertasse na madrugada. Com dia escuro, um carro o pegaria no hotel. A aventura iniciou. Interrompi:

– Amor!!! Kadafi?? – O que poderia vir a seguir me deu medo, confesso.

– Sim, princesa. Deixe te contar. É sensacional essa história. – E prosseguiu sem ouvir mais uma palavra sequer de minha boca. Porém, meus pensamentos ainda falavam.

Contou-me que quatro integrantes do exército líbio o pegaram no hotel na madrugada e sem trocar palavra dirigiram para o deserto. Ele soube que estava no deserto porque num determinado ponto do percurso trocaram o automóvel, que foi substituído por um jipe. Naquele momento pediram que ele usasse uma venda nos olhos e Amore questionou o motivo com um tradutor que os acompanhava. A venda era para que não memorizasse o local da cabana onde se encontrariam no deserto. Tratava-se de um governo itinerante. Ele continuou:

– Linda, eu desci do jipe, tirei a venda e entrei numa cabana. Era mesmo o Kadafi, que já foi logo dizendo que me acompanhou durante 1982 e 1986, disse apreciar meu futebol. Eles tinham camisas da seleção para eu autografar, mas o que ele queria mesmo era financiar minha candidatura.

Nesse momento eu reagi.

– Amor, Kadafi financiar sua candidatura? Candidatura a quê?

– A presidente da República do Brasil. Ele me propôs financiar minha candidatura a presidente do Brasil.

Uma pausa e ele riu dizendo que jamais se esqueceria daquele episódio. Completou dizendo que obviamente recusou, mas agradeceu.

A sequência das palestras com o tema "Vitórias e Derrotas" contratadas pela minha empresa, que àquela altura já cumpria a quinta apresentação, em meados de julho, foi um sucesso em todo o seu percurso. O mais trabalhoso foi realmente colaborar com Amore em sua superação perante o desconhecido. Ele tinha muitos problemas para embarcar, ficava ansioso, apreensivo, suando frio e um pouco mal-humorado. Não tinha o hábito de fazer o check-in on-line, o que facilitaria a espera apreensiva naqueles ambientes de aeroporto. Aos poucos fui cuidando disso também até que, um ano depois, ele já sentia-se seguro e muito menos tenso. A cada cidade que nos hospedávamos para o evento ele se recordava de um amigo de longa data e eufórico propunha um encontro para que eu os conhecesse. Lembro bem daquela noite em Vitória.

João Olaia é o nome dele. Um senhor baixo, cabelos esbranquiçados e muito divertido. Um abraço bem apertado entre eles mostrou o forte elo que os reaproximava naquele bar de hotel de frente para o mar e bem à minha frente. João foi diretor do Clube de Futebol Botafogo de Ribeirão na mesma época em que Amore jogou por lá. Ele acompanhou a contratação de Sócrates pelo Corinthians e foi uma das histórias mais engraçadas que nos contou. Ele relembrou rindo muito que o São Paulo Futebol Clube havia oferecido uma quantia grande em dinheiro para a compra do passe de Amore e que a diretoria do Botafogo já tinha verbalizado com o São Paulo a contratação. O presidente do São Paulo na época foi até Ribeirão para fechar o acordo e só não esperava pelo pior. Ao mesmo tempo voava para a cidade num avião particular Vicente Matheus, presidente do Corinthians, para a real e definitiva contratação de

Sócrates. As duas situações ocorreram ao mesmo tempo. Sócrates não apareceu na reunião com a diretoria tricolor. Olaia foi um dos responsáveis por acompanhar ambas as negociações e se divertia ao nos relatar que o presidente do Corinthians deixou de comparecer a um importante evento com o governador do Estado para assinar contrato com Sócrates tamanha promessa ele representava para os dois grandes clubes da capital.

Além dessa vieram ótimas histórias envolvendo os dois e as aventuras da careira de Amore até que nos demos conta da madrugada despontando. A palestra naquela cidade, no mesmo hotel em que estávamos hospedados, seria na tarde do dia seguinte e Sócrates convidou João para assisti-lo pedindo companhia posterior até o aeroporto quando voltaríamos para Campinas para que pudessem continuar matando a saudade através daquelas lembranças. Lá estava João, no dia seguinte, a acompanhar a palestra ao lado de seu neto quando foi surpreendido em público por Amore:

– Não posso deixar de dizer uma coisa nesta oportunidade e tenho que quebrar o protocolo. Há uma pessoa que está sentada bem ali atrás e que viveu minhas tristezas e alegrias e eu me considero seu quarto filho. João Olaia, levante, por favor. Peço a todos um cumprimento em palmas ao "Véio João"...

Foi realmente emocionante para Olaia – e não só para ele. Sócrates estava, ali naquele exato momento, compartilhando algo muito pessoal e se posicionou com grande generosidade e simplicidade ao reconhecer a importância do amigo em público. Esse era Sócrates. Ao acabar a palestra, rapidamente nos organizamos para a volta e quem nos levou ao aeroporto foi João. Depois do check-in, sentamos para um brinde à espera do momento do voo. Novas histórias entre eles foram pano de fundo para aquela despedida. O último encontro entre eles em vida.

Tempos depois recebi a seguinte mensagem do querido amigo que teve o privilégio de viver as alegrias e as tristezas de Sócrates durante muitos anos de amizade e um dos poucos que recebeu o presente da despedida eterna num aeroporto de Vitória.

Oi, minha amiga Kátia. Infelizmente aconteceu o pior. Por coincidência estava em Ribeirão no domingo e fui ao velório. Ele estava lindo. Tive a grata oportunidade de falar com ele mentalmente e agradecer aquela homenagem inesquecível que ele me prestou na palestra no hotel. E você é testemunha. Vou guardar isso pelo resto de vida que me resta. Quanto a você, mais uma vez infelizmente chegou tarde na sua vida porque tenho certeza que ele tomaria outro rumo de atitudes. Meus sentimentos e um abraço do amigo João Olaia, "o véio", como ele me tratava. Beijão.

Com o circuito de palestras finalizado, voltamos à rotina na cidade de Campinas. Trabalhávamos muito no programa de TV para a Copa do Mundo, no livro autobiográfico de Amore e num outro projeto literário criado por ele: uma ficção que também seria um guia turístico real. Na obra, uma turma de seis amigos vindos cada um de uma parte do mundo desembarcaria no Brasil um mês antes dos jogos da Copa e durante todo o torneio se movimentaria pelo país descobrindo as maravilhas e as complicações nacionais tentando acompanhar todos os jogos de suas seleções de origem. Ele dizia, por exemplo, que um japonês jamais conseguiria assistir ao jogo de sua seleção no Estado do Pará numa quarta-feira e no domingo estar em Salvador, na Bahia, para outra partida; relatava que o provável era ter informação equivocada no aeroporto e parar na Amazônia apaixonado por uma indiazinha.

Entre tantas criativas histórias inventadas por ele, o final da obra seria um novo Maracanazo – termo usado em referência à partida que decidiu a Copa do Mundo de Futebol de 1950 a favor da Seleção Uruguaia de Futebol, deixando desolados os brasileiros no Estádio do Maracanã, o que foi considerado um dos maiores reveses da história do futebol – entre Brasil e Argentina com dois gols do jogador Lionel Messi...

Em um desses dias rotineiros, já no mês de novembro, ele acordou e disse ao me beijar com a xícara de café preto delicioso preparado por ele:

– Princesa minha, vamos hoje ao cartório marcar o casamento.

Sorri pela maneira que ele disse aquelas palavras. Foi quase uma ordem. Uma adorável ordem. Obedeci.

Fomos caminhando até o cartório. Quando lá chegamos, descobrimos que precisaríamos de pelo menos uma testemunha. No mesmo instante Amore recebeu uma ligação de Ribeirão Preto e uma discussão iniciou. Era a mãe do pequeno Fidel aos gritos. Até hoje não sei ao certo o teor daquela conversa, mas Sócrates ficou furioso e tentou me explicar a situação.

Pedi a ele que não continuasse e que telefonássemos para meus pais que também moravam na cidade a fim de que pudessem ir ao nosso encontro para assinarem como testemunha. Assim fizemos. O responsável pelo cartório que nos atendia prosseguiu perguntando qual era a data em que desejaríamos nos casar. Sócrates respondeu:

– Semana que vem, no dia 8. Ou o mais rápido possível. – Olhei com o mesmo espanto que o funcionário. Acredito que nunca alguém havia agendado um casamento com uma semana de antecedência.

A data não estava livre e ficou marcado em definitivo para 11 de novembro às dezesseis horas, exatamente dez dias depois daquela tarde. Mas outra questão haveria de ser respondida ainda naquele cartório antes das nossas assinaturas. O regime de casamento. Ao nos perguntar, Sócrates foi mais rápido do que eu e disse: "o de sempre". Eu disse "não". Olhei para o rapaz que nos atendia e perguntei:

– Aquele regime onde separamos tudo no caso de divórcio, como é chamado? – Amore me interrompeu rindo:

– Você já quer se separar de mim? Não, não. Junta tudo aí, como sempre.

Eu não queria justificar ali na frente daquele rapaz o motivo de escolher a separação total de bens no caso de divórcio, mas foi preciso porque ele não queria aceitar. Eu prossegui, explicando com cuidado, carinhosamente, que nós merecíamos uma vida tranquila, sem ofensas dali em diante se estávamos dispostos a ficar juntos para sempre e que definir o regime pelo de separação seria a única forma de evitarmos aborrecimentos futuros e desgastes com terceiros. Nós merecíamos viver e sentir o amor incondicional que estávamos nos propondo e já entregando há meses um ao outro. Ele ficou calado, um pouco contrariado, mas não recusou. Assinamos o necessário e voltamos para casa. Quase casados, apaixonados.

Eu percebi que, de alguma forma, minha postura no cartório o deixou pensativo. Sócrates não era um homem que sabia lidar com dinheiro. Nunca soube na realidade e não por ser avarento, pois isso ele não era; diria que era até cauteloso demais. Ele nunca soube negociar seus contratos. Tinha dificuldade para valorar seus trabalhos e no dia a dia, entre nós, eu pagava boa parte das contas. Ele não tinha reservas financeiras; ao contrário, mensalmente tinha o necessário para cumprir com sua simples vida diária e as pensões de dois filhos, o menor, Fidel, e Juninho, já com vinte anos de idade. Ele na época tinha alguns imóveis em Ribeirão Preto e me contou que durante a juventude acreditava que o melhor investimento financeiro era o imobiliário. Nós nos ajudávamos e juntos já tínhamos contratos que melhoravam nossa realidade financeira. Ele aos poucos foi me entregando a administração de seus bens e de alguns contratos já existentes porque não tinha aptidão administrativa. Acertei também, quando necessário, todos os valores em impostos atrasados da empresa dele quando precisou renovar contrato com a TV Cultura. Essa questão entre nós era muito bem resolvida, estávamos juntos e juntos significava colaborar no que fosse preciso. A frase mais usada entre nós era: "Dinheiro só serve para financiar a felicidade."

Decidimos não fazer festa no dia do casamento. E nem avisar um a um os antigos amigos e familiares. Ele não estava empenhado em organizar um grande evento e nós não tínhamos ainda condições financeiras para a ocasião. Havíamos planejado investir na compra de uma casa logo ao nos casar e seria nela que reuniríamos todos no dia escolhido para comemorarmos nosso aniversário. Ele dizia que seria o nosso aniversário de 88 anos; chegou a esse número somando nossas idades do próximo ano, 31 e 57. Ligamos para minha sogra e combinamos de nos encontrar para, pessoalmente, comunicar a data e pedir sua bênção. Foi o que fizemos e eu pedi a ela que estivesse no cartório ao lado de meus pais para assinar como madrinha. Além deles, fizemos questão da presença do casal de caseiros Rosângela e China. Dona Guiomar alegremente aceitou. Convidamos ainda os filhos Eduardo e Gustavo, Kajuru e um casal de amigos mais próximos do nosso dia a dia na época. Dia 11 chegou. Me arrumei em casa com a ajuda dele. Nossos trajes foram simples, ele de jeans e camisa azul índigo. Eu num vestidinho curto em renda branca com uma fita de couro feita a mão no cabelo louro todo cacheado. Ele de tênis. Eu com uma sandália rasteira azul-turquesa e um terço nas mãos abençoado pela minha mãe. Enquanto terminava a maquiagem em nosso banheiro, ele recepcionava os amigos na sala. Apenas Eduardo e minha sogra com os caseiros apareceram por parte da família de Amore.

Nunca foi um problema para nós a ausência dos demais. Fomos até o cartório caminhando, pois ficava a dois quarteirões do apartamento onde morávamos. Preparei lembranças para os funcionários do cartório e para nossos poucos convidados. Foi uma tarde deliciosa. Passei a me chamar Kátia Bagnarelli Vieira de Oliveira. Ele permaneceu Sócrates Brasileiro Sampaio de Souza Vieira de Oliveira. Das assinaturas voltamos para o apartamento com todos e por ali recebemos uma bênção de nossos pais, fizemos uma oração entre todos e brindamos com vinho e The Beatles.

Quando os convidados se despediram, resolvemos esticar a noite no bar que frequentávamos na cidade. O mesmo bar do episódio do dia dos namorados, chamado Tonicus. Cantamos Cartola, Noel Rosa e Elis até a exaustão e depois voltamos para nosso ninho daquela vez em diante juntos na saúde e na doença até que a morte nos separasse...

Ilhabela, São Paulo. Viajamos para a Ilha para descansar e também para olhar alguns imóveis. Cogitamos realizar um desejo dele depois de casados se não nos adaptássemos a São Paulo: morar em Ilhéus, na Bahia, mas, ao calcularmos a distância, desistimos pelos próximos três anos e pensamos em ter uma casa de praia em Ilhabela, próxima a São Paulo. O único final de semana por aquela romântica ilha nos rendeu momentos inusitados e muito especiais. Sócrates lembrou que um grande amigo era secretário de esportes de uma cidade ao lado da Ilha. Disse que ligaria naquele instante e tentaria encontrar-se com ele. Ligou e marcou local e horário. Ele falava de Wladimir, o "Neguinho", como o chamava. Wladi jogou com Sócrates no Corinthians e selou uma grande amizade desde a época da Democracia Corintiana.

Ele chegou primeiro ao hotel onde estávamos hospedados e jamais me esquecerei daquela recepção. Era uma sexta-feira. Wladimir vestia-se de branco da cabeça aos pés e usava um chapeuzinho que motivou em Sócrates a primeira brincadeira daquela noite deliciosa. Wladi nos recebeu sambando. Sim, ele nos viu, abriu os braços, tirou o chapéu e ensaiou uns passos antes do abraço apertado. Foi a primeira vez que o vi. Aquela alegria contagiante foi pano de fundo durante todo o jantar. Escolhemos um restaurante sugerido por ele e um bom vinho nos acompanhou. Durante o jantar eles relembraram histórias engraçadas em sua maioria e quando Amore perguntou sobre a participação política de Wladimir dentro do Corinthians ouviu que, apesar de ser oposição da presidência da época, ele tinha intenção de se candidatar assim que pudesse pelas normas do estatuto. Sócrates se entusiasmou e contou seus planos. Decidiu que estaria mais próximo do amigo e do clube a partir dali. Nós nos despedimos em meio à alegria dos dois já na madrugada silenciosa daquela ilhota.

Aproveitamos os dias que nos restavam por ali, conhecemos alguns imóveis e voltamos a Campinas. Ao chegar, Amore ligou para um importante jornalista e anunciou apoio à candidatura de Wladimir para a presidência do Corinthians. Essa foi a manchete do dia seguinte em todo o país.

Ele me chamava de "princesa" e eu o chamava de "capitão". Outras vezes de "amore mio". Vivíamos sempre juntos e tudo ia muito bem. Parte dos planos para concretizar nossos projetos profissionais era voltar a morar na cidade de São Paulo. Ele dizia que precisava estar perto dos amigos e juntos teriam mais força e mais alegria. Dias depois de casados, passamos a procurar imóveis na capital. Na cansativa procura por algo que nos atendesse em tamanho – nem muito grande e nem pequeno demais que inviabilizasse receber os seis filhos e as gêmeas desejadas – e em tranquilidade – precisávamos de um bairro pacato para o descanso –, vimos de tudo até que nos foi apresentado um bairro na cidade de Barueri, a quinze minutos de São Paulo. Veríamos algumas casas que já estavam reservadas para a visita, mas não foi preciso ver todas. A primeira nos cativou de imediato. Estudei arquitetura na adolescência e meu primeiro protejo arquitetônico foi uma casa idealizada por mim para a família que construiria futuramente. Ao estacionarmos na frente do imóvel num condomínio fechado de Barueri, fiquei assustada tamanha semelhança havia entre aquela casa e o meu desenho de adolescente. Amore desceu do carro primeiro. Eu o observei compor o cenário da fachada. Um jardim com pinheiros alemães nos recepcionava, uma imensa trapadeira sobre os tijolos que estavam à vista, dois pombinhos esculpidos no telhado diante da porta principal, que era de madeira trabalhada a mão com duas janelinhas de vidro. Ele me chamou para acompanhá-lo:

– Amore mio, olha que coisa mais linda essa fachada!! – Ele se entusiasmou e foi logo pedindo a chave ao senhor que nos acompanhava.

Desci do carro e me aproximei dele quando abriu a porta. Ele entrou e me puxou pela mão. Resisti e disse ao ver aquela sala toda aberta, sem divisória, com uma lareira e um jardim amparando a piscina no mesmo nível da sala e separados apenas por uma grande porta de vidro:

– Eu já vi essa casa. Não quero entrar, amor, porque não vou querer sair.

Ele sorriu, pois também estava gostando muito de tudo. Para mim era impressionante ainda como tudo era muito parecido com o desenho de antigamente. Eu nunca havia estado naquele lugar, mas era como se o conhecesse há anos.

– Princesa, adorei. Aqui você nunca vai fugir de mim, não tem paredes. Adorei isso.

Subimos para olhar rapidamente os quatro quartos da casa. Um deles tinha cara de quarto de boneca e Sócrates não pensou muito ao entrar e dizer:

– Aqui, o quarto das gêmeas!

Ele estava mesmo empenhado em ter as duas filhas. Eu ainda não pensava em ser mãe, embora ele dissesse em nossas conversas ou ocasiões ao redor de crianças que seria um desperdício eu não ser mãe nessa vida; dizia que nasci também para isso. Eu o beijei e disse:

– Vamos até o jardim?

Descemos e encontramos uma linda varanda. Um banco de madeira nos convidou e ali ficamos em silêncio por alguns minutos até que a proprietária da casa fosse chamada pelo corretor que nos acompanhava no mesmo segundo em que ele nos viu apaixonados pelo local. Não trocamos uma palavra sequer por uns quinze minutos até que ele disse:

– Linda minha, aqui tem a paz que temos no sítio em Ribeirão. É essa, essa será a nossa casa. Aqui vamos receber os meninos, aqui vamos ter as gêmeas, aqui vou trabalhar muito escrevendo neste jardim, compondo e pintando. Podemos até gravar nosso programa aqui.

Naquele momento eu disse:

– Um sonho viver aqui com você...

Um abraço. A proprietária da casa chegou. Carioca e simpatisssíssima, ela nos recepcionou e nos levou de lá até a casa dela uma rua atrás de onde estávamos. Lá nos encontramos com seu marido, um chileno adorável, e seus dois filhos, além de sua mãe, uma senhora delicada e amável. Negociamos. A casa não tinha um valor pequeno, ao contrário. Saímos de lá e passamos dias pensando sobre nosso planejamento financeiro até que ele cogitou um empréstimo bancário para a aquisição do imóvel. Procuramos nosso gerente do banco e iniciamos as negociações. Os juros incluídos em qualquer um dos modelos de negociação eram altíssimos, um montante suficiente para comprar duas casas. Foi quando resolvi propor a ele cancelar o empréstimo. Transferi para a conta dele as minhas reservas acumuladas pela minha experiência profissional de dez anos na comunicação e a partir desse valor renegociamos a maneira de pagar o imóvel, que foi aceita pelos proprietários. A cada seis meses transferíamos uma parte maior dos valores restantes a pagar e até a quitação pagávamos um por cento de juros sobre o valor devido, que era o equivalente ao rendimento em aplicação bancária do casal caso investissem o dinheiro pago por nós pela casa. Assinamos contrato de compra e venda e, além da nova vida, ganhamos novos amigos. Os antigos proprietários da nossa casa se chamam Felipe e Ane Lise; eles e seus filhos se tornaram nossos únicos e melhores amigos ali. A mudança ficou agendada para janeiro do ano seguinte, no dia 8.

NOSSO PRIMEIRO E ÚNICO NATAL EM FAMÍLIA

Desde muito pequena eu gosto dessa época do ano. Apesar de ter enfrentado muitos natais completamente sozinha em minha vida depois das escolhas da profissão e da distância familiar, eu finalmente acreditava que jamais estaria sozinha novamente. Confesso que cheguei a comemorar isso no espelho do banheiro um dia daqueles, depois do banho. Decidimos que juntos nos esforçaríamos de todas as maneiras para ter todos os seis filhos e nossos pais juntos no sítio naquele 25 de dezembro. Não conseguimos. Mas mesmo apenas com meus pais e um de meus irmãos, com dois de seus filhos, Marcelo e Dudu, tudo se tornou muito especial naquela noite. O pequeno Fidel foi proibido de estar com o pai. Havia um combinado judicial que ou durante o Natal ou durante a passagem de ano Sócrates teria o direito de estar com o garotinho, mas a mãe o levou em viagem durante esses dias de festa. Eles nunca tiveram um Natal juntos, pai e filho. Marcelo nos emocionou naquele ano. Ele se divertiu conosco e nos fez companhia até a madrugada, mesmo tendo outros compromissos, e Sócrates nunca se esqueceu daquele momento. Foi como se Marcelo sentisse que não poderíamos ter outro Natal. Eu jamais pensei nisso. Vivia dia a dia com tamanha intensidade ao lado dele que não tinha tempo ou fôlego para prever o futuro, um futuro sem ele. Da mesma forma ele se entregou a tudo. Temos o hábito, em minha família, de vestir meu pai de Papai Noel e sair pelos hospitais e pelas ruas distribuindo presentes e alegria às pessoas. Isso nos faz alegres também. Naquele ano preparamos uma grande surpresa no sítio. A família da Rosângela, nossa amiga e caseira, também foi convidada para aquela noite em nossa companhia.

O Papai Noel surgiu do galinheiro do sítio passando pelo campo de futebol, tocando um sino. Sócrates, por incrível que pareça, se divertia muito, feito criança. Guardo fotos dele no colo do velhinho barbudo de vermelho segurando presentes e cantando. Jamais me esquecerei do momento, naquela madrugada, em que, ao fecharmos a porta de nosso quarto para descansar, ele me abraçou e emocionado – ele sempre chorava quando estava emocionado – me disse: obrigado.

– Eu nunca vivi isso. Você não entende o quanto esperei por isso. Eu sabia que você existia. Você viu o Telo? Ele nunca esteve tão perto de mim como hoje...

Eu o abracei e disse "obrigada" também. Certamente eu esperava por isso há anos, assim como ele, e aquela emoção nos valeu muitos natais passados sem esse cenário emocionante e feliz.

SÃO PAULO DA GAROA NOS ABRAÇOU

Janeiro nos recebeu. O grande dia 8 se aproximava. Nossa expectativa de mudança também nos trouxe toda a energia e sintonia para fechar os novos contratos a que nos propusemos, entre eles um programa de TV produzido por nós para o Canal Brasil. Projeto que, como já mencionei, há anos Sócrates vinha tentando efetivar sem sucesso. Almoçamos em São Paulo com Paulo Mendonça e André Saddy, ambos sócios do Canal e amigos de Amore. Discutimos as ideias e fomos muito bem recebidos por eles na nova empreitada. Era nosso primeiro grande desafio juntos em rede nacional. Eu produziria e dirigiria o gênio e o marido, ao mesmo tempo.

Então nós nos mudamos. Ganhamos mais espaço para os momentos em que ele me tirava pra dançar no meio da sala sempre que estávamos sozinhos...

Tínhamos livros pela casa toda, pilhas no chão, nas estantes, na biblioteca, no quarto, no jardim e no banheiro. Quem frequentou nossa casa lembra-se muito bem do ambiente nesse sentido. Passamos a nos empenhar em preparar os encontros que teríamos com as torcidas organizadas em São Paulo. Voltamos a estudar, e agora juntos, o educador Paulo Freire para compreendermos a melhor maneira de iniciar o projeto de socialização, educação infantil e politização dos adultos associados às torcidas no futebol. Descobrimos a melhor forma de nos comunicar e iniciamos nosso trabalho. Abrimos discussões entre os amigos e pleiteamos toda forma de colaboração entre eles. Nascia uma nova forma de olhar para a força do futebol nacional, de fora para dentro.

NOVENTA ANOS EM RIBEIRÃO

Dias depois da nossa mudança de casa chegou meu aniversário. O dele, vinte e cinco dias depois do meu. Combinamos de reunir as nossas famílias em casa no dia 19 de fevereiro, aniversário dele, e comemorar entre todos o nosso casamento.

Nesse meio-tempo fomos convidados para a festa de noventa anos da mãe de Sócrates, Guiomar. Nessa oportunidade, ele reencontraria a maior parte da família que não via há anos, além de filhos e irmãos. Nós nos hospedamos no sítio como de costume e fomos para o encontro organizado na casa de Raí, irmão mais novo, em Ribeirão Preto. Foi uma bela homenagem, mas o que de fato marcou a ocasião para nós foi a presença do filho mais velho de

Amore, Rodrigo, aquele a quem ele se referia como "a lenda" por não vê-lo há muito tempo e por ser o mais comentado entre nós. Lembro como se fosse hoje. Rodrigo entrou pelos fundos e se dirigiu primeiramente ao local onde eu estava acompanhada de um dos amigos mais próximos de Sócrates. Amore, nesse momento, prestava uma homenagem à mãe ao microfone acompanhado de seus cinco irmãos. A princípio não fomos apresentados e entre amigos conversamos por alguns minutos até que ele disse:

– Desculpe, eu sou o Rodrigo, de Sócrates.

Imediatamente eu sorri, interrogando o amigo em comum:

– A lenda? – Uma boa gargalhada entre nós surgiu e a partir daí Rodrigo passou a explicar como cuidava da rotina com inúmeras responsabilidades a tantos quilômetros de distância da família, o que, segundo ele, justificava a ausência na vida do pai. Mas eu já conhecia as outras histórias que de fato os distanciavam.

– E essa é a Kátia, do seu pai – disse o amigo.

Sem dúvida alguma Rodrigo é bastante carismático, de uma educação ímpar, é também muito humano. Genioso e emotivo como o pai também. Enquanto Sócrates encerrava a homenagem, Rodrigo pediu licença para ir até o carro e pegar algumas camisas para Amore autografar. Nitidamente até para os autógrafos encomendados aquela era uma das únicas oportunidades entre os dois há tempos. Sócrates voltou para perto de nós e o amigo logo contou:

– Kátia conheceu Rodrigo!

– A lenda, linda!! Você está bem filho? Quase te mandamos um telegrama te convocando para o dia dos pais porque não conseguimos falar com você por telefone, filho. Faltaram você e o Gustavo.

Presenciamos uma conversa entre os dois enquanto Amore me abraçava atento ao filho. Sócrates sempre cobrava dos filhos a convivência. Rodrigo contou sobre seus dias em Araçatuba e sobre seu noivado, na verdade um namoro de longa data que caminhava para casamento. Foi só. Depois disso riram em grupo e se despediram. Voltamos para casa felizes por aquele encontro que só voltou a ocorrer muitos meses depois, num corredor de hospital.

OS NOSSOS 88 ANOS JUNTOS

Dia 19 de fevereiro. Casa organizada à espera dos amigos mais íntimos, nossos pais, os filhos dele e seus irmãos. Foi a maneira que encontramos de comemorar nossa união e apresentar a eles nossa casa com a intenção de tê-los sempre conosco por lá. Todos chegaram cedo, exceto os filhos e os irmãos de Amore. Eles chegaram bem perto das dez da noite, quando puderam deixar outra festa em que estavam todos juntos. Quando eles chegaram, foi realmente uma grande alegria. Sócrates estava muito feliz naquela noite e recebê-los seguramente fazia parte das novas conquistas.

Raimar, um dos irmãos mais novos de Amore, é, sem dúvida alguma, o mais divertido. De um bom humor ímpar, ele melhorou o astral de todos ali presentes. Nossas fotos nos meus arquivos particulares comprovam. O único irmão que não esteve conosco foi Raí.

Descemos ao encontro de todos e pouco tempo depois nos despedimos. A festa terminou cedo demais porque no condomínio onde moramos não é permitido barulho após onze horas da noite e os vizinhos já haviam se mobilizado a acabar com a cantoria. Os únicos que permaneceram ali foram Jorge Kajuru – que na época já morava no Rio de Janeiro e estava hospedado em nossa casa – e um casal de amigos meus, Rafael e Fabiana, convidados a ficar. Foram os oitenta e oito anos mais felizes de nossas vidas porque estávamos juntos e plenamente realizados.

ILHÉUS EM SÃO PAULO

A ilha baiana vivia dentro do coração de Sócrates. Lá ele fez grandes amigos e planejou reunir os filhos. Quando nos conhecemos, cogitou morar lá após a Copa do Mundo de 2014. Pelos nossos planos, as gêmeas teriam um ano de idade e poderiam ser educadas naquela ilha encantadora e aconchegante em contato com o mar.

Dois de seus melhores amigos moram na ilha. Um casal chamado Edith e Itassucy que eu, a princípio, só conhecia pelo telefone nas ligações deliciosas em longas conversas entre eles e Amore. Edith é uma pequena mulher de voz doce e ao cantar para nós me deixou boquiaberta. Itassucy é músico e comanda o violão sempre que estão entre amigos para que ela nos encante. Eram amigos íntimos de Sócrates e os recebemos em São Paulo. Passaram um final de semana conosco. Nas manhãs em que estavam por lá, lembro de despertar com o cheirinho do café e com as vozes de Amore e Edith na cozinha. Eles falavam sobre Fidel e as dificuldades que afligiam Sócrates para ver o garoto. Eu nunca desci nesses momentos, deixando-os à vontade porque sentia que ele precisava conversar com mais alguém que não fosse eu. Passamos as noites daquele final de semana sentados perto da lareira da sala cantando deliciosamente Chico Buarque e bebendo vinho. Apenas nós quatro. No domingo, almoçamos no restaurante baiano de um amigo em São Paulo, no bairro de Pinheiros, para prestigiar os visitantes; em seguida fomos ao show do Zeca Baleiro que nos recebeu com muito carinho e alegria. Era um reencontro também entre eles, que os aproximou para a parceria nos projetos musicais que viriam. Combinamos um reencontro na Bahia durante o show de Raimundo Fagner, outro amigo em comum de todos, meses depois.

A Bahia deixou São Paulo quando a semana despontou.

O REENCONTRO COM ZECA BALEIRO E FAFÁ DE BELÉM

Daquele momento do show em diante, passamos a ver algumas vezes Zeca Baleiro. Das nossas conversas saíram uma canção que se tornou tema do programa de televisão para o Canal Brasil da Globosat. Gravaram juntos no estúdio do Zeca. Foi essa a letra da canção que saiu daquela amizade em exclusividade para nosso projeto:

"Brasil mais Brasileiro
Nunca se viu Brasil mais Brasileiro
De guitarra ou de pandeiro
Samba, rock, catira e baião
Eu vou mostrar a cor do meu país
No mais qualquer amor me faz feliz

> *Flor da pele, alma febril*
> *Esse é o meu Brasil*
> *Brasil Brasileiro, Brasil mais Brasileiro*
> *Corpo quente alma febril*
> *Essa é o meu Brasil*
> *Brasil Brasileiro Brasil mais Brasileiro"*

Dias depois, Zeca nos convidou para um almoço em sua casa e entre seus outros convidados estavam Fafá de Belém e sua filha Mariana acompanhada do marido. Foi um dia divertido. Eu não conhecia Fafá e ali me marcaram sua irreverência e sua fibra. Aquela gargalhada boa que só Fafá tem ainda ecoa em meus ouvidos. Eles relembraram momentos vividos em grupo durante a ditadura militar; saudosistas, compararam a força e a união da juventude na época com a atual. Tomávamos um vinho e Zeca cozinhava para nós um peixe delicioso e um prato típico do Maranhão.

BRASIL MAIS BRASILEIRO

Iniciamos as gravações do programa, que teve estreia marcada para agosto daquele mesmo ano. Tínhamos o desafio de produzir treze episódios para a primeira temporada. Naquele período, assumi inúmeras responsabilidades. A primeira delas foi permanecer a esposa e a amiga de sempre. Depois disso seria a responsável – porque era nossa única chance em rede nacional – pela produção e direção do programa. Eu também era a cozinheira nos dias de gravação, pois Sócrates fazia questão que os convidados e amigos almoçassem conosco e ele me convencia de que minha comida era a preferida para todos. Nosso cardápio variou entre bobó de camarão, picanha assada e receita especial da querida mãe de nosso melhor amigo – algumas vezes eu precisava de receitas de mães –, feijoada e peixes. Nada fora do lugar, em multitarefas eu consegui superar aquele desafio com o apoio dele. Nem sempre ele estava de bom humor. Sócrates não tinha paciência para o processo executivo e administrativo que todo empreendimento exige, principalmente os grandes Ele ficava ansioso e tenso quando se deparava com algo desconhecido. Como acontecia nos aeroportos, acontecia também nas vésperas e nos dias de gravação. Mas nós conquistamos uma sintonia que, apesar do cansaço e das dificuldades, nos permitiu um resultado fabuloso com o conteúdo do programa e, não ao contrário, o fortalecimento do nosso casamento.

A CALÇADA DA FAMA NO MARACANÃ

Voamos para o Rio de Janeiro com nossa equipe à procura das entrevistas agendadas com Zico, com o ator Otávio Augusto e com o cantor Kledir. Planejamos ainda aproveitar a viagem e trazer conteúdo para o programa idealizado para o período de Copa do Mundo e para isso gravamos com Amore pelos pontos mais importantes da cidade do Rio. Ele percorreu o bairro do Leblon contando seus dias por lá quando jogou pelo Clube Regatas do Flamengo. Subimos com ele até o Cristo Redentor, o que nos rendeu alguns incômodos quando fomos proibidos pelo padre da paróquia do Cristo de gravar ali alegando que atrapalharíamos sua bênção matinal. Sócrates ficou surpreso e incomodado com a maneira que fomos recebidos pelo padre e seus colaboradores, mas mesmo assim gravamos no local depois de uma exaustiva espera até que a cerimônia religiosa terminasse. Seguimos filmando pela cidade e, ao tomar conhecimento de que Amore estava pelo Rio, a Secretária de Esportes o convidou para deixar a marca de seus pés na calçada da fama do estádio do Maracanã que já estava em reforma para o novo projeto da Copa. Ele aceitou, a imprensa foi convocada e seus pés, eternizados.

Nessa viagem, nós nos hospedamos no apartamento de um amigo. Em uma das noites livres, nos reunimos para assistir ao show de Moraes Moreira e seu filho Davi Moraes. Foi também uma noite especial e um grande reencontro onde do palco Moraes saudou Amore oferecendo-lhe uma de suas canções. Infelizmente precisamos sair do local antes do término do show porque um dos nossos amigos que nos acompanhava se embriagou e nos preocupou com seu estado. Sócrates e eu o carregamos até o taxi e a noite terminou nesse trajeto, da Cinelândia à Barra.

CAPÍTULO 8 · **COPACABANA PALACE BENEFICENTE COM SAIA JUSTA PARA O GOVERNADOR**

Copacabana Palace, uma noite especial. Fomos convidados para um evento de uma instituição beneficente do irmão de Sócrates que ocorreu na mesma semana em que estávamos no Rio. Segundo o irmão, seus colaboradores e patrocinadores queriam ver Sócrates e lembro que o convite surgiu por esse motivo. Aceitamos cordialmente e nos preparamos para a ocasião.

Lá estavam dois de meus cunhados, o proprietário da instituição e o outro, seu diretor executivo. Estávamos entre executivos franceses. Ali também estava Carlos Alberto Parreira que, ao cumprimentar rapidamente e sem muito entusiasmo Amore, incentivou um comentário de Sócrates para mim:

– O Pivete sofreu por Parreira ter deixado ele no banco naquele episódio e ainda convive com o cara?

Amore se referia a Raí por "Pivete", por ser o caçula, e Parreira é conhecido nacional e mundialmente pela conquista da Copa do Mundo de 1994, mas em um determinado e importante jogo ele tirou o caçula de campo justificando o mau desempenho do atleta na partida. Mas sei que o comentário de Sócrates trazia outras histórias de bastidores e com base nelas ele se posicionava. Em nosso diário tenho uma delas:

"ATÉ HOJE NÃO ENTENDI A DO PARREIRA.

Estávamos em Estocolmo, no ano de 1983, para um amistoso da seleção com a Suécia. Eu era um dos únicos remanescentes da equipe da Copa da Espanha e capitão do time; o técnico era o Parreira. Depois de um treinamento me dirigi a meu quarto para descansar um pouco e estava lendo um livro, tranquilamente deitado, quando batem à porta. Respondi que a porta estava apenas encostada e que poderiam entrar. Espantei-me ao perceber que quem me visitava, inexplicavelmente, era a comissão técnica inteira, mal cabendo no acanhado compartimento. Baixei o livro junto ao peito e aguardei a manifestação de qualquer um deles. Aparentemente se encontravam surpreendidos com o que eu estava fazendo, pelas expressões que emanavam de seus rostos. Isso talvez tenha impedido qualquer tipo de questionamento que porventura tenha provocado tamanha invasão de privacidade. Esperei por eternos minutos e, como nenhum se manifestava, voltei à minha leitura como se nada houvera acontecido. Imediatamente todos se retiraram sem ao menos balbuciar uma única palavra e até hoje não compreendo o motivo de tão 'importante visita'. Com certeza esperavam que eu estivesse fazendo alguma coisa errada e gostariam de realizar um tremendo flagrante. A inocência do ato de ler deve tê-los emudecido e mostra bem a pequenez que ainda hoje impera no meio futebolístico."

Na sequência ao comentário sobre Parreira, nos encontramos com Junior e sua esposa. Junior, ex-jogador da seleção brasileira de 1982, em campo com Sócrates. Junior, jogador de extrema técnica e rara habilidade, é amado na Itália, onde também consolidou carreira; por causa dessa passagem presenciei uma troca de frases em italiano entre os dois naquele cumprimento. Além das habilidades como atleta, Junior também canta e foi ele quem fechou a noite com sua voz.

Tudo seguia dentro do previsto para um evento como aquele quando o governador do Estado do Rio chegou ao espaço. Sérgio Cabral Filho conhecia Amore há anos pela amizade carinhosa que Sócrates mantinha com seu pai, o jornalista, escritor, compositor e pesquisador brasileiro Sérgio Cabral. Havia muita admiração entre eles. O governador nos cumprimentou e fotografou ao nosso lado. A cerimônia iniciou e um protocolo foi quebrado quando o apresentador do evento convidou a autoridade a ir até o palco; em vez de dar a palavra à autoridade, deu sequência às informações deixando o governador tempo demais em pé na frente de todos, sem que fosse necessária a sua presença ali. Naquele momento Sócrates disse em voz alta:

— Pivete, tire o governador daí, olha o protocolo! Que coisa mais mal feita. Vai lá, Tenes!! — "Tenes" é Sóstenes, irmão e executivo da Fundação.

Aquela fala obviamente constrangeu os irmãos, que se sentiram incomodados. Tomávamos vinho. Eu aproximei minha mão da dele por baixo da toalha da mesa e o olhei nos olhos sorrindo, tentando me comunicar sutilmente como sempre fazíamos pelo olhar. Ele me respondeu mas não pelo olhar, em voz alta:

— Amore, Raí não pode fazer isso. Tem que ter respeito...

Eu o interrompi e disse:

— Está tudo bem. É ele e não você. Calma, calma. — Nesse momento a autoridade nos olhava, acompanhando a postura e o posicionamento de Amore.

Foi dada a palavra ao governador, que saudou a todos. Na sequência com ele, a autoridade ainda em pé na frente de todos, foi dada a palavra a uma senhora diretora da instituição que cobrou a ida do governador à sede da Fundação no Rio para que ele os conhecesse de perto e também lhe foi pedido em comprometimento público, ao microfone, parte da verba anual disponível para ações sociais do Estado. O microfone foi devolvido ao governador para que ele se posicionasse e se comprometesse. Sérgio Cabral respondeu:

— Eu vou com muito prazer até a sede da Fundação se Sócrates me acompanhar até lá.

Isso tirou uma boa risada de Amore e dos outros convidados também, mas obviamente não agradou aos interessados. Eu adoraria ter ido embora naquele momento, mas Sócrates não quis; me dedicou uma dança no salão ao lado e foi ao encontro de Raí, brincou com ele tirando sua gravata e colocando em si mesmo — gravata essa que ainda está em nossa casa, pois depois daquele episódio nunca mais tive uma oportunidade agradável para devolver — e nos despedimos. Minha última imagem dessa noite foi a de Junior gritando de um lado do salão para outro por Sócrates com a frase que imitava a maneira que Amore se referia a mim e que provocou risos de todos ali presentes.

"Amore mio, amore mio vieni qui..."

Foi a última noite que os dois grandes amigos se viram nessa vida... e ela foi alegre e inesquecível para ambos.

DEBAIXO DAS FOLHAS DAQUELA AMENDOEIRA

Avenida do Pepê, Rua do Canal precisamente. De lá o telefone de um amigo toca. Um convite para um almoço. Não qualquer almoço. Um encontro debaixo da amendoeira na calçada frente ao mar. Aceitamos, claro. Soubemos que um de seus grandes amigos nos encontraria lá. Tratava-se de Paulo Cesar Caju, o PC para os mais íntimos. Eu não o conhecia pessoalmente ainda, e a história que me revelou as primeiras palavras de Amore sobre PC estava em nosso diário ao lado de outros casos engraçadíssimos. Aqui está ela:

"**DE CAJU A CHANDON**
Estávamos fazendo uma excursão pela América Central e naquele momento realizando uma série de partidas na região metropolitana da capital mexicana – linda, viva e com um trânsito absolutamente caótico. Uma semana depois de nossa chegada, tivemos a primeira oportunidade de darmos uma volta pela cidade. Com um grupo de colegas, entramos em um restaurante bastante animado e ali ficamos para relaxarmos acompanhados de uma cervejinha gelada. Após algum tempo, chega ao local o PC (Paulo César Caju), alegre, faceiro como só ele, e pede uma champanhe Moët Chandon, divertindo-se com nossa surpresa, pois todos estávamos com o dinheiro muito curto. Dizia que após sua passagem pelo Olympique de Marseille, era sua bebida preferida e que jamais abriria mão daquele prazer. Bem, era um problema dele, pensamos. Depois da segunda garrafa, sorvida com imenso prazer, dirigiu-se ao sanitário e sumiu, literalmente. Os bobos aqui tiveram que pagar aquela extravagância do PC e até hoje estamos a ver navios."

Chegamos ao local que de cara nos encantou. Uma vista linda e envolvente. De um lado uma vila de pescadores. Jet skis compunham o cenário moderno em águas calmas à nossa frente, o mar um pouco mais adiante, nossos lugares reservados na única mesa que encontrávamos na calçada debaixo daquela vistosa amendoeira. Ele me beijou ao descer e disse que o lugar era lindo. À nossa espera os amigos, novos para mim e velhos confidentes para ele.

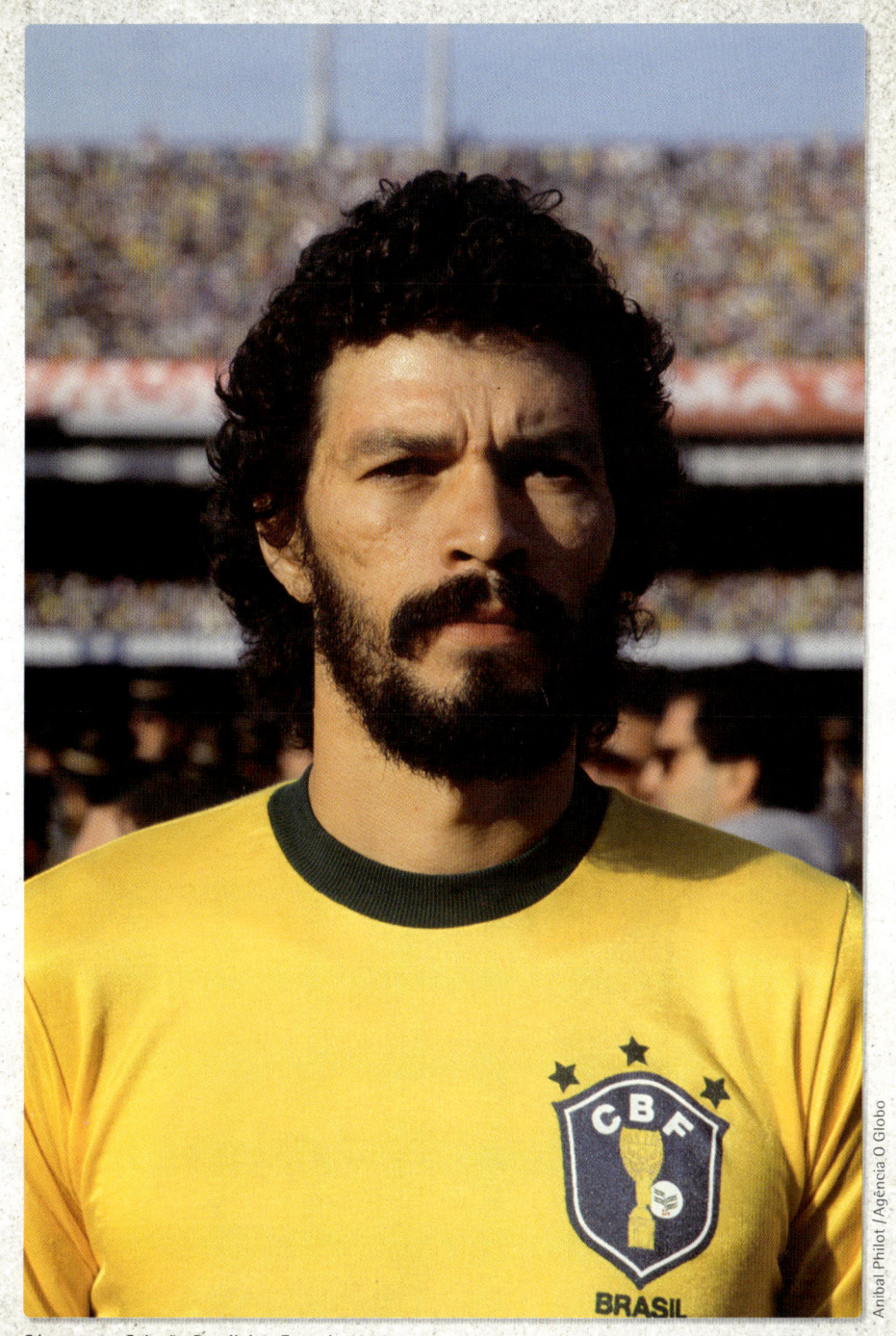

Sócrates na Seleção Brasileira. Foto de 1985

Anibal Philot / Agência O Globo

No quarto do hospital, pintando antes da alta médica

Em casa, trabalhando após a alta do hospital

Na Fórmula 1

No Rio

Fumando "escondido" no terraço do hospital

Sócrates em sua última palestra defendendo a memória do esportista brasileiro

Equipe Agis no evento Expedition, em Ribeirão Preto

Palestrando

Dia em que Kátia e Sócrates se conheceram na sede da Agis

Ao lado de Wlamir, Paula e grupo de cineastas

Em abril de 1988, o jovem doutor Sócrates em frente ao Hospital das Clínicas, em Ribeirão Preto

Lair Gabriel/Folhapress

Primeiro dia no sítio em Ribeirão Preto

Gravando o programa no aeroporto do Rio

Pintando no sítio

Sócrates pintando em casa

Em Cuba no aniversário de Fidel

Sócrates na cafeteria Cubita

Nos corredores do Hotel Santa Isabel

Durante passeio por Havana velha

Na Assembleia Nacional Constituinte – Subcomissão de Educação e Saúde, em maio de 1987

Sócrates com Vicente Matheus. Apresentação de Sócrates ao Corinthians, em 4 de agosto de 1978

Pedido de casamento na casa dos pais de Kátia

Casamento civil de Kátia e Sócrates

Aniversário de "88 anos" de Kátia e Sócrates

Dia seguinte ao aniversário de Kátia e Sócrates

Com W. Olivetto

Com Mino Carta

Com Marcelo Rubens Paiva

Com Juca Kfouri

Zeca Baleiro, Sócrates e Kátia

Com Wladimir

Com Otávio Augusto

Com Xico Sá

Jogando pelo Corinthians no campeonato paulista de 1983

Rubem Alves, Adriano Taveira de Siqueira, Sócrates e Kátia

Com Zico

Com Beluzzo

Gravando na Lagoa Rodrigo de Freitas

Calçada da fama no Maracanã

Gravando "Brasil Brasileiro" no Mineirão

Gravando no Rio de Janeiro

Kátia dirigindo Sócrates no Rio de Janeiro

Sócrates na casa de Luiz Inácio Lula da Silva, então candidato a prefeito de São Paulo, em 1988, ao lado de Eduardo Suplicy, Marta Suplicy e Adilson Monteiro Alves

A tarde foi de muito samba na calçada e de uma fartura de camarões e lulas dorê. Tomamos vinho. Depois nos despedimos bem depois do pôr do sol com muita vontade de ali permanecer até o amanhecer...

"El hombre es la única experiencia de Dios que no logro."
Dia seguinte de gravações. Nosso convidado era o ator Otávio Augusto que, assim como todos os outros, foi um grande parceiro e confidente. Muitas histórias da juventude os uniam, uma causa política e muitos ideais em comum os aproximou no passado e reaproximou no presente. Havia amor entre eles e isso foi o que me marcou ao presenciá-los. Otávio sugeriu nos encontrarmos num boteco chamado Bacalhau do Rei, na Gávea. Para lá nos dirigimos com a equipe de filmagem. Eu dirigi, ali, uma das mais incríveis entrevistas de toda a minha história como comunicadora. Eles narraram os anos que passaram juntos no Rio de Janeiro, relembraram as festas entre eles, amigos intelectuais e as reuniões de sindicato. Falaram sobre educação, política e um pouco sobre futebol. O conteúdo desse programa nos rendia sempre preciosidades e todos os episódios eram finalizados pelo convidado recitando uma poesia ou um pensamento de sua preferência. Otávio escolheu Mario Vargas Llosa para a sua despedida: "O homem é a única experiência de Deus que não deu certo..."

Mas não foi nossa despedida dele naquela cidade que permanecia maravilhosa para nós. Nós nos reencontramos num boteco de calçada no Jardim Botânico um dia depois e entre nós também esteve PC Caju outra vez.

A GRAVAÇÃO COM O AMIGO KLEDIR RAMIL

No Rio de Janeiro vivemos um amanhecer melhor do que o outro. Todos os passos serviam para nos sintonizar ainda mais. Para Amore, os passos eram desafios de uma vida que se apresentava sempre nova e imprevisível. Mas ele demonstrava maestria para vivê-la. Ao menos eu acreditava que sim. Do local onde estávamos hospedados foi que gravamos com o cantor, escritor e compositor Kledir Ramil. Ele nos encontrou no início da tarde. De uma alegria ímpar, o reencontro entre eles, também amigos, foi emocionante e nos rendeu uma viagem literária pelos anos de carreira de Kledir. Eles encerraram com o cantor e compositor recitando o poeta brasileiro Mário Quintana: "Todos esses que aí estão atravancando meu caminho, eles passarão e eu..." Finalizaram juntos Sócrates e ele: "Passarinho". Eles se abraçaram e atenderam ao público que esperava ansioso por fotos no hall daquele hotel.

O REENCONTRO DE SÓCRATES E ZICO

Assim que a entrevista chegou ao fim, nós nos preparamos para vivenciar um momento ainda mais especial e emocionante que, obviamente, era muito esperado por todos da nossa equipe e até mesmo por Sócrates – considerando o tempo distante do convidado, que se atrasou para chegar nos fazendo acreditar que pudesse não aparecer.

Com o passo apressado, ele entrou no saguão do prédio, que era um apart-hotel, e logo nos viu. Vestia jeans e camisa azul-clarinha. Eles se abraçaram forte e a alegria do reencontro contagiou o ambiente. Eram Zico e Sócrates juntos outra vez. Descrevo aqui com saudade parte do papo de uma hora entre eles, único momento em que Sócrates entrevistou Zico em vida. Iniciou com a saudação:

– Ele não é só um brasileiro. É um grande brasileiro e, além de tudo, um parceiro e um grande amigo: Arthur Antunes Coimbra, grande Zico, Galinho, prazer tê-lo aqui comigo! – E apertou a mão do amigo no cumprimento que respondeu na mesma intensidade.

– O prazer é todo meu! Estão te fazendo trabalhar, né?? – ele disse se referindo a mim na direção do programa. – Há quanto tempo você não vinha ao Rio passear, bater um papo? Desde aquele último projeto com Nelinho, Caju, lembra?

– É mesmo!! Onde nos encontramos naquela época?

– Foi na Lapa. O lugar eu não me lembro, faz muito tempo. O projeto era bom. Só de ficar ouvindo Nelinho contar história já é bom, né? – continuou Zico.

– Grandes lembranças. E por falar em lembranças, pensei muito em te perguntar quando te convidei para esse papo, o que você sente quando lembra de 1982? Tem alguma coisa que te incomoda? Ou te incomoda mais 1986 ou 1982? Em 1986, você fez um esforço danado para tentar jogar... – Sócrates se referia às Copas disputadas por eles juntos.

– A Copa de 1986 me incomoda mais porque eu sabia que eu queria ir, sabia que estava com problema, que tinha que fazer a cirurgia, a lesão era grave, sabia todo esforço que ia fazer, então parece que eu estava adivinhando o final da história e isso daí sempre chateia porque as pessoas querem saber o que aconteceu no jogo em si, não querem saber do que aconteceu antes, e fica sempre uma marca negativa no sentido de que você perdeu uma oportunidade, desperdiçou um pênalti, essa coisa toda...

– Seria uma mágoa? – perguntou Sócrates.

– Não, mágoa de jeito nenhum. Porque no final das contas quem tomou a decisão final fui eu. Sempre tive muita satisfação em defender a Seleção, sempre tive muito prazer nisso. Agora, o prazer maior era lógico de 1982; fica aquela coisa de que você sabia que era uma seleção que tinha tudo para ganhar, uma seleção que foi muito bem treinada, muito bem formada, jogamos muito tempo e sabíamos que o futebol que a gente jogava era para nos levar ao título; acredito que aquela seleção ia servir de base para o futuro do futebol e serviu mas para o lado ruim. A meu ver, ficou dali para frente a história do futebol de resultado, pois o futebol que se joga bonito não vence, o que ficou foi vencer a qualquer custo e a gente foi se entristecendo com coisas que vieram mais na frente. As pessoas não pensam mais em armar um time para jogar futebol, mas pensavam em armar um time para ganhar a qualquer custo. Então acho que a vitória de 1982 teria sido boa para o futebol. Fica essa lembrança de saber que a vitória seria uma contribuição que nós daríamos ao futebol mundial porque em qualquer lugar – e eu tive oportunidade de rodar todo esse mundo, e ninguém falava para agradar, desde Russia, Grécia, Turquia, e todos os outros lugares em que estive com outros times – todos falam com carinho, com alegria e com prazer da seleção de 1982. Era um time que tinha tudo para estourar e infelizmente ficou no meio do caminho.

– Mas foi uma seleção muito unida, muito amiga – completou Amore.

– Sem dúvida! Uma seleção que se você pega o telefone e liga convidando para qualquer situação, todos aparecem.

– Dá saudade daquele convívio!

– Exatamente! Dá saudade do convívio porque foi legal, sadio; acho que o fato de estar todo mundo junto aqui no futebol brasileiro, exceto o Falcão e o Dirceu que chegaram depois, todo mundo estava aqui, a gente se via mais vezes, todo mundo dentro do campo jogando; acho que isso tudo foi um fator positivo para agregar todo aquele pessoal, né? E a forma como era comandada a seleção, como ele dirigia [Telê Santana] apesar de ser durão, disciplinador e turrão, pelo menos deixava a gente jogar.

Aos risos Sócrates interferiu.

– Nesse aspecto pelo menos ele foi o técnico mais democrático que eu já vi, pois deixava o time se virar sozinho.

– Ele fazia tudo para você melhorar. Eu costumo dizer que Telê é aquele que você bate dez vezes, faz dez finalizações, acerta nove e uma na trave ele diz: "Pô, não fez as dez?" – Zico gargalhou ouvindo Sócrates complementar.

– Sem dúvida! – ele confirmou rindo.

A partir daí Sócrates abordou a passagem de Zico pelo Japão e o fez relembrar momentos emocionantes em Tóquio, quando o futebol ainda não era a potência japonesa estruturada de hoje; ele comentou a dificuldade de encontrar inclusive um campo de futebol para treinar o time que comandava. Dez anos depois, presenciou o esporte se transformando no mais praticado entre os japoneses. Aproveitando a deixa de Zico enquanto nos contava sobre experiências na Turquia e na Rússia – onde lidou com várias personalidades de atletas incluindo um filósofo que ia para os treinos de terno –, Sócrates encerrou a entrevista pedindo a ele que recitasse uma poesia.

– Falando em filosofia, aqui nesse espaço você vai ter que fazer uma declamação.

– Declamação? – perguntou Zico assustado.

– Um texto, um poema...

– Se eu me lembrasse, tivesse boa cabeça, declamaria o poema do Ferreira Gullar que o Fagner musicou, o "Traduzir-se" – embalou. – É a arte, mas não me lembro, meu assistente aí não conseguiu ligar para o Fagner para me dar a letra – brincou, rindo muito.

— Obrigado, Galinho — Amore já estava se despedindo quando Zico o interrompeu.

— Mas eu vou te dizer um. Foi uma das maiores emoções que eu tive no dia da minha despedida, que a lágrima correu logo de cara. Foi do Armando Nogueira. Eu abri o jornal e fui direto na coluna dele e ele botou lá: "A bola é como uma flor que nasce nos pés de Zico com cheiro de gol." Eu tenho isso lá no meu quadro. Saudade do Armando!

Logo após o abraço final, eles atenderam os fãs que ali nos acompanhavam, selando um momento único entre eles que nunca mais se repetiu em vida.

QUANDO UM AVIÃO TREMEU EM PALMAS

Aeroporto Santos Dumont, viagem de volta a São Paulo. Embarcamos com tranquilidade. Àquela altura, ele já controlava melhor suas angústias para embarcar; eu continuava antecipando o check-in pela internet, para colaborar e reduzir o tempo de espera no aeroporto. Ocupamos uma aeronave cheia de passageiros com destino a Campinas. Entre os passageiros estavam o presidente e o diretor financeiro da companhia que, em pleno voo, vinte minutos depois da decolagem, se levantaram e se dirigiram à tripulação utilizando o microfone de comunicação:

— Peço licença a vocês para dizer que é uma honra para a companhia receber nesse voo o maior jogador de futebol de todos os tempos e o maior exemplo de ser humano que o Brasil teve em campo acompanhado de sua esposa. Por favor, uma salva de palmas para o Doutor Sócrates!

Não somente uma salva de palmas, mas uma de pés também. A vibração naquela aeronave com todos os passageiros em assovios, batendo as mãos e os pés no chão, assemelhava-se a uma final de campeonato. Sócrates avermelhou-se, sua timidez o fez abaixar-se naquela poltrona olhando para mim e sorrindo, mas seu porte físico mais alto do que aquele encosto agradou aos que ainda não o tinham notado ali. Fotos e autógrafos em pleno voo até que pudemos pousar.

Voltamos para casa no município de Barueri e decidimos ter uma ajudante em nossa residência para as tarefas do dia a dia. Àquela altura, eu me dividia entre todas as tarefas da empresa e a nossa alimentação. Ele me ajudava diariamente na cozinha e no jardim. Tomávamos uma taça de vinho no almoço enquanto cozinhávamos. Raramente almoçávamos ou jantávamos fora de casa. Uma moça chamada Tereza me ajudava uma vez por semana com as tarefas de limpeza da casa. Sócrates não gostava de muita gente por lá conosco; na verdade, ele sempre dizia que queria apenas nós dois em casa. Ele justificava dizendo que precisava de privacidade comigo o maior tempo possível e que não sabia lidar com outras energias senão as nossas. Ele também não gostava que eu ficasse fora de casa sem ele e "fora" significava os momentos de ir à manicure ou ao supermercado. Acabávamos fazendo tudo juntos e preferimos que uma pessoa me atendesse em casa para fazer as unhas. Foram poucos os que conviveram conosco realmente, mas essas pessoas acabaram íntimas por presenciar momentos que ninguém mais presenciou. Anunciamos pelo condomínio onde moramos que estávamos precisando de uma funcionária para cuidar da limpeza da casa. Recepcionei três moças; enquanto eu as entrevistava no escritório, Amore assistia a uma partida do futebol europeu na sala. Uma a uma eu saía de fininho pedindo licença por alguns instantes e ia até ele pedir sua opinião depois de um breve relato da identidade da candidata. Ele disse não às duas primeiras e para minha surpresa, quando a terceira entrou no escritório, após cinco minutos ele entrou também e disse na frente dela:

– Olá! Qual é o seu nome?

– Marisa senhor, boa tarde!

– Linda, pode contratar a Marisa, ela é bem-vinda!

Observei, pedi o telefone da moça e disse que ligaria em poucas horas, mas ela já se despedia alegre, certa de que aquele emprego seria seu. Um garotinho de nove anos a acompanhava. Lourinho e sorridente, ela o apresentou como seu filho caçula. Ricardo era o nome do garoto. Marisa tinha naquela época quase quarenta anos de idade, uma bonita moça morena, de aparência sofrida mas serena, de uma educação impecável e de uma timidez aparente. O emprego ficou para ela, realmente. Marisa rapidamente entrou na rotina da casa. Ela nunca nos incomodava pela manhã quando chegava bem antes de despertarmos. Durante muitos dias Sócrates pedia a ela para ir à banca de jornais comprar cigarros e sorvetes. Eu não gostava que ela saísse para comprar cigarros, mas como Marisa também tinha o hábito de fumar, os dois acabavam sempre me convencendo. Sócrates fumava muito nessa época. Aos poucos a Marisa se tornava uma amiga para nós e nós, amigos dela. Eu a ensinei a cozinhar, ela dizia que não sabia preparar muitos pratos e por isso não gostava de cozinhar. Com o tempo ela passou a ter gosto em preparar o nosso almoço. Permaneceu entre nós como a única testemunha diária do nosso amor.

A GRAVAÇÃO COM ZECA BALEIRO

Zeca Baleiro assinava o nosso programa de TV com a música-tema criada e gravada por ele com participação de Sócrates. Não poderíamos deixar de registrar uma conversa entre eles. Nós o convidamos para almoçar um bobó de camarão em casa. Foi lá que gravamos uma deliciosa e divertida conversa entre eles.

– O louco da hora é um moleque. Um metro e trinta... trinta é pouco, um metro e cinquenta. Já nasceu perto de mim, nós somos vizinhos, vocês não sabem mas nascemos em casas próximas, infelizmente com um quintal que era muito grande: a Amazônia. Zeca Baleiro! – disse ele na apresentação.

– Diga aí, Doutor, prazer imenso. Uma honra.

Eles iniciaram falando sobre a carreira e a origem do cantor e amigo.

– Zeca, todo mundo já sabe por que "Baleiro"? – perguntou Amore.

– Cara, essa é uma das perguntas que mais me fazem!

– E você nunca conseguiu responder direito? – brincou.

– Engraçado que as pessoas, o povo em geral, gostam de histórias tristes, né? Um dia um senhor me parou e perguntou: "Você é o Zeca Baleiro, né? É verdade que você vendia balas na rua e um dia a Gal Costa o descobriu?". Eu falei que não, não vendia bala na rua e nem a Gal Costa me descobriu. Infelizmente, né, porque seria uma bela história...

Ambos riram e prosseguiram com o papo.

– Esse Baleiro é porque fiz ainda lá no Maranhão faculdade de agronomia e depois fiz jornalismo; na época eu sempre gostei muito de balas e chicletes e andava com elas no bolso; então os amigos começaram a me chamar, como forma de sacanear, de "Baleiro". Como eu não gostava do apelido, o diabo do apelido emplacou. Eu comecei me apresentando no teatro com peças e trilhas infantis e me apresentava apenas como Zeca, mas um amigo jornalista descobriu o apelido da faculdade e começou a assinar as matérias dele me chamando de Zeca Baleiro. Até porque meu nome não era nada bom para um nome artístico: José de Ribamar.

– José de Ribamar é óbvio para um maranhense.

– É nome de santo, né?

– Mas todo mundo lá é Zé Ribamar!

– Ferreira Gullar, o próprio José Sarney é José de Ribamar.

– Mas é o único santo de lá?

– É o santo. O santo do lugar e no meu caso era promessa mesmo; minha mãe já estava numa idade avançada para a época, perto dos quarenta anos, e a gravidez anterior dela tinha sido complicada, eu era a rapa do tacho...

– Você é o Raí da família!

– É, eu sou o Raí da minha mãe, só não sou são-paulino – ele disse rindo e continuaram falando sobre a infância de Zeca. Sócrates voltou para a época da faculdade e muito divertido ganhou uma resposta ao perguntar:

– Então você fez agronomia e jornalismo?

– Isso, mas não concluí nenhuma, como você deve ter já percebido. Eu já estava muito envolvido com a música.

– Mas você tentou. Foi por causa dos pais?

– Sim, tentativa de dar satisfação, família de classe média, interiorana, com o sonho de que os filhos se formassem, aquela coisa.

– Interior da onde? Imperatriz?

– Não, nem tanto – respondeu Zeca rindo. – De Arari, cidade ribeirinha.

– Por que nem tanto?

– Porque Imperatriz já é quase Goiás, Tocantins, ali, né?

– Tu me contou uma vez uma história de uma enchente.

– Então, o nosso quintal lá na cidade era o Rio Mearim, que é um rio de características amazônicas já imenso; como o rio ficava a cinquenta, oitenta metros de casa, nessa enchente de 1974 – que foi uma das maiores –, nossa casa praticamente submergiu, as canoas entravam pela janela, a casa ficou toda suspensa, foi uma loucura. Pra gente que era criança, seis, sete, oito anos, a gente não tinha dimensão da tragédia, pra gente era tudo lúdico, brincadeira, a gente ficava na rede e pescava as sardinhas, mas foi uma tragédia de grandes proporções. E meu pai faliu, porque era aquele negócio de proporções pequenas e ele estocava ali mesmo as coisas, éramos uma família remediada, não éramos nem ricos e nem pobres mas aí ele simplesmente faliu e teve que ir pra cidade recomeçar a vida.

– Você, Zeca, é um cara extremamente curioso e eu acho que essa essência é a que nos faz viver. Como é que você se aproximou da arte?

– Eu tinha um ambiente familiar que favoreceu muito isso. Minha mãe sempre gostou de música popular, os irmãos dela tocavam, amadores regionais, um tocava cavaquinho o outro clarinete, ela cantava.

– Todo mundo é amador no Brasil; alguns ganham dinheiro, outros não...

Com esse comentário Sócrates tirou uma boa gargalhada de Zeca, que continuou nos contando que seu pai também era um apreciador de discos e que seus irmãos tocavam violão influenciados por Caetano, Gil, João Gilberto com rádio ligado o tempo todo, rádios que pegam frequência do Caribe inclusive. Com 14 anos ele começou aulas de violão com um professor boêmio. Nesse momento Sócrates interrompeu:

– Você abandonou ele ou ele te abandonou?

– Eu abandonei ele – respondeu Baleiro rindo muito.

– Daqui a pouco não vamos terminar o programa, ele vai me dizer: "Não vou ficar aqui, não, Magrão!" Abandonou a escola, abandonou professor, abandonou todo mundo...

– Eu sempre fui muito impetuoso; quando o cara me ensinou uns dez acordes eu já achei que sabia tudo, aí comecei a compor umas musiquinhas ingênuas, verdes. Eu nunca tive muita paciência para estudar, eu sempre fui muito intuitivo e agradeço minha intuição porque foi isso que me jogou no mundo. Se eu fosse estudar, eu ia perder o que tinha de mais precioso; há pessoas que nascem para essa vida acadêmica e há outras que nascem para aprender na rua.

– Tem muito a ver com personalidade. Tem gente que precisa de liberdade, independência, e tem gente que precisa de regras.

– Sem dúvida. Eu nunca fui um bom estudante e fui pra rua. Na rua você aprende, né, Doutor? Você sabe bem, né?

– Sim, a rua é a melhor escola que tem. Apesar de ser a mais doída, mais perigosa.

– Eu tinha um pendor boêmio, uma alma boêmia, gostava da noite...

– Tinha?

– Tinha, tenho! – E caíram no riso.

– Vocês sentam aqui para conversar comigo e todo mundo fala no passado. Abandonou o cargo?

– Não, sim... a regularização do trabalho, o fato de você ser profissional coloca isso num determinado lugar; minha atividade é boemia, toco à noite, passo madrugada trabalhando, só que não é aquela boemia livre.

– Na verdade, você trabalha para os outros se divertirem...

– E nesse sentido eu sou muito dedicado porque o público merece respeito.

Eles prosseguiram falando sobre o livro escrito por Zeca, sobre a qualidade da música na atualidade, e encerraram com Zeca recitando o grande poeta da música brasileira Orestes Barbosa numa ===de suas canções chamada "Arranha-Céu", música preferida de sua mãe: "Cansei de esperar por ela, toda noite na janela, vendo a cidade a luzir, nesses delírios nervosos, dos anúncios luminosos que são a vida a mentir..."

O REENCONTRO COM MINO CARTA

Noite de uma semana agitada para nós. Um encontro que eu, sinceramente, esperava ansiosa. Pedimos para buscar o jornalista Mino Carta hora antes do programado para o momento em que Sócrates o entrevistaria, mas o trânsito de São Paulo nos impediu de o recepcionar no horário previsto.

Ele chegou à nossa casa alegre, carinhoso com Amore, comigo e com nossa produção; foi de uma amabilidade e simpatia que jamais havia conhecido. Um homem inteligentíssimo e humano, um gênio italiano que abraçou o Brasil como se filho dele fosse. Foi uma noite fria, tomamos um vinho com ele e a entrevista começou.

— O brasileiro da hora é um brasiliano. Estou certo ou estou errado? — perguntou ele a Mino Carta.

— Está certo. Certíssimo.

— *Di dove sei?* — prosseguiu.

— Gênova. Sim, sou genovês. Gênova é uma delícia de cidade.

— Com quantos anos você veio para cá?

— Depois da guerra, com doze anos. Meu pai tinha recebido uma oferta para, imagine você, dirigir a *Folha de S.Paulo*. E ele tinha a convicção granítica de que iríamos padecer de uma terceira guerra mundial. Dois filhos pequenos, vamos levá-los para o Brasil que é a terra do futuro, afirmou. Você sabe que "mato" em italiano quer dizer louco, não é?

— Sim.

— Minha avó materna que nos alcançou aqui no Brasil um ano e meio depois dizia: "Agora no Brasil teremos dois *mato grosso*." Eu tinha fama de louco. Minha avó achava que eu era louco; criança ainda dava uns certos problemas na família.

Com esse comentário, tirou boas risadas de Amore, que seguiu curioso.

— Que tipo de problemas?

— Ah, me mandava de repente de casa, de repente sumia. Minha mãe era uma pessoa muito volitiva, imperiosa, e pelo menos me dava um tapa por dia.

— Merecidamente?

— Acho que não, sinceramente não. Ela exagerava. Então eu tinha uma relação com minha mãe complicada.

— Teu pai era jornalista?

— Sim, meu pai era jornalista. Imagine que ele chegou aqui e disseram que o projeto não seria mais possível. "Aqui estão as passagens de volta e aqui está a indenização prevista pela contrato." Ele disse: "Não! Agora que estou aqui, fico!" Levou a indenização, obviamente, e foi para o jornal *O Estado de S.Paulo*; ele foi o cara que fez a primeira reforma do *Estadão*. O *Estadão* tinha sido reconquistado pelos Mesquita e ele estava na praça. Então o chamaram e ele fez a primeira reforma que depois foi continuada pelo Cláudio Abramo, que era uma espécie de irmão meu, bem mais velho, pois ele tinha onze anos a mais. Cláudio foi trabalhar no *Estadão*, em primeiro lugar, para traduzir os artigos que meu pai escrevia diariamente e que saíam na primeira página do jornal. Era uma espécie de rubrica fixa que se chamava "de um dia para o outro". Ele botava ali uma espécie de resumo daquilo que tinha acontecido e fazia umas previsões do que aquilo poderia significar em termos de desenvolvimento para o dia seguinte ou dias vindouros. Dois anos depois, meu pai passou a escrever em português e fazia questão que tanto eu como meu irmão falássemos um português muito limpo.

– A tua universidade começou dentro de casa então muito precocemente?

– Sim, mas também me deram livros para ler; eu levava uns tapas da minha mãe, mas me davam livros para ler muito cedo. Com oito anos eu lia Dickens entre outras coisas, digamos assim, imponentes.

– Isso é um privilégio: você nascer dentro de uma família com essa visão.

– Sim, ajuda um bocado. Com meu pai eu me dava muito bem, era um homem cordial e afável, muito bom. Politicamente brigávamos porque era um liberal, mas era uma briga muito amistosa. Nós jogávamos escopa, um jogo italiano nas tardes de domingo, ele ia almoçar sempre comigo. Jogávamos escopa e brigávamos não pelo jogo de cartas, mas porque ele professava umas ideias com as quais eu não concordava.

– Olha, eu tive a mesma experiência, Mino. Meu pai tinha, claro, uma visão diferente da minha até porque ele me possibilitou ter uma visão diferente. Ele era funcionário público, tinha que ser muito mais conservador do que eu e tentando me proteger de alguma forma falava para eu ter mais cuidado, menos intuição, usar mais a racionalidade; e eu briguei com ele a vida toda até os quarenta anos, quando fui morar na casa dele de novo – revelou Sócrates.

– Mas você se dava otimamente com ele?

– Sim, quero dizer, a gente debatia e ficava uma coisa muito rude. Poxa, pai e filho brigando por opiniões contrárias...

– Mas era sempre muito amistoso no final no meu caso porque a gente brigava mas depois falava pronto, passa, chega vai, vou ganhar esse jogo. E aí ele ganhava, né? Ele tinha sido remador, tinha um braço forte, ele me derrubava no braço de ferro com extrema facilidade, ele com cinquenta anos e eu com vinte.

– E você foi para a redação com quantos anos?

– Eu vou te contar. Eu não queria ser jornalista, queria ser pintor, imagine? E eu ouvia as conversas dos jornalistas e te confesso que eu ficava meio irritado porque eles se achavam donos da verdade. Em geral os jornalistas são muito chatos, eu acho. A começar por mim, talvez. – Houve risos entre eles nesse momento. – Eles sabem tudo, já entenderam, daqui vamos pra lá e de lá vamos para cá, é isso. Em fins de 1949, meu pai recebeu da Itália uma proposta para escrever uns artigos sobre a preparação do mundial de futebol aqui no Brasil. Eu tinha 15 anos. Meu pai detestava futebol. Entre outros problemas ele tinha esse, mas não gostava em qualquer lugar do mundo. Ele me disse: "Você gosta de futebol, por que não escreve?" Eu disse: "Bom, quantos artigos?" Ele respondeu: "Meia dúzia". E eu: "Está bom, mas quanto vale isso?" Aí ele me deu uma cifra. Eu queria mandar confeccionar em um alfaiate de ótima qualidade e naquele momento pensei: isso vai me permitir mandar fazer um terno azul-marinho para os bailes de sábado. Aos sábados, apesar dos quinze anos, nós íamos aos bailes de terno e gravata e sapatos muito bem engraxados; eu sabia que meu terno azul-marinho me ajudaria na situação.

– Com as moças? – perguntou Sócrates.

Eles sorriram e Mino prosseguiu.

– Bom, escrevi seus artigos no meu primeiro trabalho jornalístico, recebi o dinheiro e fui até a Rua Marconi à procura do terno; ali conheci o alfaiate Nicola Canonico, que era o melhor de São Paulo. Ele fez meu terno e funcionou. Eu estava certo. O terno azul-marinho é o rei dos ternos, o terno sublime, o ideal.

– E Nicola é italiano?

– Sim. E ele foi meu alfaiate até 1968. Bom, mas no jornalismo eu virei uma espécie de contínuo do Paulo Duarte numa revista de cultura e ali eu comecei a escrever uma coluneta de esportes, futebol sobretudo, e depois fui para a Itália e fiquei por lá quatro anos; depois disso tive muita sorte na minha vida com escolhas duras frequentemente. Eu cheguei aqui de volta aos 26 anos, para dirigir uma revista de esportes.

– Por opção profissional ou porque você queria voltar para o Brasil?

– Não; porque um senhor de nome Victor Civita foi a Roma e me convidou para dirigir uma revista de automóveis; eu disse a ele que não sabia dirigir, aliás não sei até hoje. Para mim um Volkswagen é igual a um Mercedes: se as quatro rodas me levam, estou satisfeito. É isso que exijo de um carro, não tenho a paixão do carro. Se eu não distingo uma marca da outra, como vou saber o que é uma biela ou para que serve um cilindro? Disse isso sinceramente a ele. Mas ele me ofereceu um bom dinheiro e disse que os técnicos eu contrataria zelando pelo bom jornalismo. Eu vivia apertado na Itália – até porque a Itália na época não era a Itália do milagre, os salários eram baixos, eu já era casado – e resolvi voltar. Acabei ficando na *Quatro Rodas* até 1964. Foi quando a turma do *Estadão* me chamou para fazer uma edição de esportes que seria o embrião de um jornal vespertino.

– O *Jornal da Tarde*! – interrompeu Sócrates.

– Isso, que depois saiu com o nome de *Jornal da Tarde*. Mas realmente o projeto desse vespertino em concomitância foi caminhando e o vespertino acabou sendo lançado em janeiro de 1966. Eu tive a sorte de participar de operações que não existiam antes que eu surgisse em cena e isso foi muito divertido em certos momentos. Com dois anos de *Jornal da Tarde*, fui chamado de volta pelos Civita para fazer a revista *Veja;* fui para lá numa preparação longa e a *Veja* foi lançada em setembro de 1968. Longa, trabalhosa, difícil, a *Veja* ficou perdendo dinheiro por três anos. Aí chegou naquilo que eles chamam pomposamente de *break even point* e eu continuei nela, mas a revista tinha uma postura e correspondia às minhas ideias em boa parte porque eu tinha exigido um contrato pelo qual eu era autônomo: quer dizer, os donos da Abril poderiam ver a revista a posteriori e discuti-la a posteriori evidentemente. Logo ganhamos uma censura feroz e acabei saindo da *Veja* porque eles cederam às junções do ministro da Justiça, e justiça é uma palavra estranha a se considerar o que ele fazia. Chamava-se Armando Falcão o sujeito; pediu minha "cabeça" e eles estavam amarrados, vítimas de uma chantagem, e eu sabia porque eu era diretor de redação da revista *Veja* e ao mesmo tempo integrava o Conselho Diretor da Editora Abril. Eu até tentei resolver o problema para eles dizendo: "Por que vocês não me nomeiam diretor das sucursais no exterior e enquanto isso fazem o que eles querem?", mas eles recusaram e eu decidi ir embora, não quis o dinheiro deles, saí do jeito que entrei, limpinho. Sempre que há a vaga possibilidade de algum tipo de mudança, os herdeiros da casa grande intervêm. E olha, esses três séculos de escravidão são realmente o grande problema. É o que marca o país infelizmente de uma maneira violenta.

– Você que está bem mais próximo dessa estrutura de poder do que a maior parte da população brasileira, diga-me por que existem alguns segmentos que conseguem preservar a sua casca por pior que ela seja, por mais odor que ela tenha, com qualquer um que esteja lá em cima? Por exemplo no futebol brasileiro, por que nem Lula conseguiu mexer com esse povo?

– Porque aí, acho, existem alguns mitos. Veja, esse Mundial corre sérios riscos a meu ver. Nem tanto porque as obras estão atrasadas, mas e o trânsito? E o transporte público que infelizmente no país não existe como deveria? Tem uma série de problemas que são óbvios.

– E difíceis de serem resolvidos até lá. Aeroportos inclusive.

– Agora, e o Ricardo Teixeira? E a cartolagem? E o roubo inevitável que vai acontecer? As obras superfaturadas, a exploração total do país, de nós todos? Olha, é uma coisa terrível. Isso realmente é muito triste.

– Mas por que não se consegue mexer com esse povo?

– Esse país poderia ser o melhor do mundo. Poderia ser, mas por que não é? Porque tem a pior elite do mundo, predadores natos. Predadores nas vísceras. O sangue deles é predador.

Um silêncio tomou o ambiente por segundos, como se aquelas palavras ecoassem dentro de nós. Sócrates prosseguiu, finalizando a entrevista sabiamente na interrupção desse silêncio.

– Maravilha, Mino. Agora nós temos um único quadro no programa que eu peço a cada convidado um texto ou uma poesia para oferecermos a quem nos assiste.

– Eu tenho duas frases. Uma não é um verso. É uma frase do Antonio Gramsci: "Pessimista no pensamento, otimista na ação." Eu cultivo essa ideia: quer dizer, vamos em todas as bolas mas sejamos céticos, não vamos exagerar na esperança. A outra é uma poesia do ano 1100, um verso de uma poesia de autoria do rei da Sicília, rei Enzo, um verso perfeito: "Dia não tenho de descanso como no mar a onda."

Eles terminaram com um aperto de mãos e prosseguiram a agradável conversa nos bastidores. Mino Carta me proporcionou oportunidade única naquela noite inesquecível, ele que dirige a revista *Carta Capital* na qual Sócrates mantinha uma coluna. Ele nos contou o grande romance entre ele e sua esposa já falecida. Ao ouvi-lo me emocionei pelos valores e pela importância, além da imensa saudade que aquele amor proporcionou nele. Ele se despediu de nós dizendo que seu neto o esperava para o jantar em sua casa. Marcamos outra oportunidade, mas eles nunca mais se viram. Mino Carta foi um dos poucos amigos que me acolheram após a partida de Amore. Falamos ao telefone e ele, numa atitude nobre de me confortar por minutos, relembrou a dor de sua saudade e me deixou, ao desligar aquela ligação, com a plena convicção de que eu seria capaz de seguir sem Sócrates mesmo em meio a uma imensa dor, eternamente.

O REENCONTRO COM ELIFAS ANDREATO

Recebemos o artista plástico e amigo Elifas. Há muitos anos eles não se viam. A conversa entre eles foi marcada de momentos emocionantes que me entusiasmam a eternizá-los aqui.

– O brasileiro de hoje é um cara que na verdade representa, através da sua pintura, das suas construções e das suas esculturas, muito do que é, foi e será o Brasil. Um grande brasileiro, Elifas Andreato – disse Sócrates em sua apresentação.

– Olá, obrigado pelas palavras generosas. E vocês aí de casa, descontem um pouco porque é um querido amigo e há sempre certo exagero. Eu sou um brasileiro, sim, orgulhosamente empenhado em fazer com que pelo meu trabalho, que é uma pequena contribuição, eu possa fazer desse país que eu amo um país melhor, sobretudo para as gerações que ainda virão.

– Quantas capas de disco você já fez?

– Bom, minha filha, na edição desse último livro, tinha contado 460, mas tem mais porque ela tinha contado LPs e eu continuei fazendo os CDs. Enfim...

– E isso é uma pequena contribuição?

– Não. Eu sou um brasileiro atuante em várias áreas. Eu faço o *Almanaque Brasil* de cultura popular há doze anos, não é? É uma publicação voltada para a recuperação e a preservação da memória e da boa história brasileira. Meu avô Juca, lá no interior, no meio do mato, era vidrado no *Almanaque* anual e os tios que sabiam ler liam as coisinhas pra gente. Aliás, aquela história do saci eu vou contar aqui porque a gente fica falando coisa muito séria e precisa se divertir.

– O saci está nessa capa do *Almanaque*! – Sócrates disse, se referindo a um exemplar trazido por Elifas.

– Sim, lembrei por isso. Estávamos voltando da roça um dia, numa tardinha, e a gente molequinho com medo de tudo, até de mula sem cabeça, porque os adultos assustavam a gente; a doutrina naquela época era pelo medo, pelo pavor, pelo chicote; a gente apanhava pra caramba. Aí, um dia, eu estava chegando da roça e encontrei minha avó Maria consternada na varanda e de preto. Nós estranhamos aquilo e ela disse: "Getúlio matou-se a si". Eu fiquei numa alegria! Rapaz, alguém matou o saci! Isso para mim era a glória! Falei: "Do saci eu me livrei!"

Rindo, Sócrates pediu:
– Repete isso! "Getúlio matou-se a si."
Rindo, Elifas também continuou.
– Rapaz, ela era portuguesa, com sotaque. Imagine a notícia para mim? Eu fiquei contente, mataram o saci. Mas cara, depois veio a decepção. O Getúlio tinha cometido suicídio e eu nem sabia quem era Getúlio, eu nem sabia de nada, fiquei alegre por um tempo curtinho e não adiantou nada... E outra coisa: a minha vocação é o Brasil, eu não consigo fazer nada que não tenha uma relação direta ou indireta com o meu desejo sincero de estar todos os dias contribuindo para melhorar o país. Essa é a tarefa que eu me dei e eu faço todos os dias isso. Eu penso no país todos os dias, eu sempre penso nas crianças, eu sempre penso no futuro e aqui eu tenho certeza de que nós chegaremos à construção de uma pátria mais justa com seus filhos, e eu sou um sobrevivente. Eu sou um menino pobre que veio do interior do Paraná como filho mais velho de uma família de miseráveis lavradores e tive a responsabilidade de criar os irmãos mais novos. Eu tinha tudo para dar errado, cara.

– Tudo?
– Cem por cento de delinquência, não tinha nenhuma perspectiva. No entanto, eu nunca perdi. E é gozado isso, porque eu às vezes converso com minha mãe hoje, Dona Alzira, que tem oitenta e sete anos e está lúcida, uma guerreira, e graças a ela a gente conseguiu sobreviver. Toda vez que me lembro disso eu penso naquelas pessoas, desde os marginais que me afastaram da droga na adolescência até a minha alfabetização aos quinze anos num curso para adultos numa fábrica.

Sócrates o interrompeu.

– Espera aí, Elifas: os marginais te afastaram das drogas?

– Porque eu tinha chance. Eu desenhava.

– Como foi isso?

– Eu jogava futebol na várzea e trabalhava numa fábrica. Passei a decorar o refeitório, que se tornou um salão de bailes aos sábados, cuja renda também era revertida para os funcionários. Era uma fábrica de fósforos. E eu comecei já do contra: eu desenhava no extenso, um sistema primitivo de reprodução, que na clandestinidade eu usava para fazer o jornal *Libertação da Ação Popular* com Carlos Azevedo e também o livro negro da ditadura militar que quase me custou a vida. E no extenso eu também fazia charges lá na fábrica – contra os patrões, é claro.

– Já começou bem! – disse Amore rindo.

– Eu comecei do contra e praticamente ignorante, analfabeto. A história é engraçada porque ficaram procurando o desenhista do jornal e os mecânicos no departamento onde eu trabalhava – estava trabalhando numa oficina de aprendizes como torneiro mecânico – me esconderam porque achavam que eu ia ser demitido. Na verdade, ele me procurava para que eu pudesse decorar o baile aos sábados. Eu deixei de ser mecânico e sem saber nada de coisa nenhuma de desenho, de pintura, fui fazer os painéis. Eu estava ainda me alfabetizando e aí vou voltar aos marginais. Esses marginais com os quais eu jogava futebol, eles já conheciam minhas coisas pintadas, então o Caipirinha, o Ganem, o Passarinho – todos mortos pelo Esquadrão da Morte – diziam: "Poxa, com esse aí droga não, esse tem alguma chance, deixa o cara em paz", e aí encontrei pelo caminho muita gente boa que me protegeu, me deu oportunidade, acreditou em mim . Agora, quando você nasce pobre, você não perde as chances que a vida lhe dá, você tem que aproveitá-las e eu felizmente consegui; mesmo na santa ignorância em que eu vivia, eu tive o discernimento de assim que as oportunidades aparecessem, pegar firme e me dedicar muito. Quando a fábrica fez cinquenta anos, os ingleses vieram para cá e descobriram que aquele cenário interessantíssimo e muito criativo tinha sido feito por um garoto de quinze anos. Eles pediram para me indenizar e para eu estudar arte, como se houvesse escola de arte no Brasil. Eles achavam que existia. E meu pai bebeu todo o dinheiro. Meu pai era alcoólatra, eu também e acabei herdando isso dele. Passei muito tempo tentando viabilizar esse meu ofício até entrar na Abril em 1967, como estagiário.

– Como você chegou à Abril?

– Eu cheguei porque estava trabalhando numa pequena agência no centro da cidade e fiz um outdoor para a rádio Piratininga quando o Hélio Ribeiro era o grande locutor brasileiro da época. Ele tinha uma audiência formidável e eu trabalhava numa agência e fiz uma campanha para eles. O Atílio Basquera, que era diretor de arte da Abril e que está por aí até hoje trabalhando com design de moda, entre outras coisas, viu o outdoor que eu tinha desenhado, procurou saber quem tinha feito e pediu a um assistente que me procurasse. De lá eu fui para as grandes redações e aprendi tudo com eles. Minha formação se deu ali, com grandes jornalistas, e foi ali também, Magrão, que descobri o Brasil. O Brasil oprimido, o Brasil amordaçado, com toda a barbaridade cometida pelo regime militar naquele período. Foi curioso porque quando tomei conhecimento desse Brasil, eu disse: "Esse eu não quero, nesse eu não embarco".

Sócrates não o interrompia, ouvindo-o atento, e nós, equipe nos bastidores, também. Ele continuou:

– Eu fiz uma carreira rápida. Entrei em 1967 e em 1969, sem sacanear ninguém, só ralando muito, eu já era chefe de arte de um grupo de fascículos que na época vendia muito. Em 1972, fui fazer o jornal *Opinião* no Rio. Fui fazer o que eu achava que tinha que fazer para que o país se libertasse do jogo dos militares. E eu não era uma pessoa letrada. O único diploma que tenho na vida é de alfabetizado naquele curso para adultos; o resto aprendi sozinho e cheguei a ser professor da principal universidade do Brasil, que é a USP.

Naquele momento nós demos um tempo, que corresponderia ao tempo de *break* do programa, para que eles cumprimentassem o jornalista José Trajano que havia chegado naquele momento. Ele era nosso próximo entrevistado. Eles se abraçaram e pedi para que se posicionassem para prosseguirmos. Câmeras ligadas. Foi quando Elifas começou a falar sobre alcoolismo:

– No meu período de bebedeiras e de porres, eu estava me destruindo mesmo.

Sócrates interviu.

– E foi "brabo" isso mesmo?

– Foi. Foi, sim. Eu não sei se a proximidade do fim, se a finitude de repente começou a mexer comigo, eu não sei... Eu bebo, bebi há muitos anos, mas nos últimos quinze anos eu bebi muito e chegou a um ponto em que eu estava jogando tudo fora, cara. Foi um processo de autodestruição que primeiro me fazia tremer, depois eu tinha apagões, depois isso me levou a não dar nenhum valor ao que eu tinha conquistado e então um dia eu disse: "Não!". Eu tenho duas netinhas começando a viver, são as gêmeas do Bento, enfim decidi que eu quero viver um pouco mais e pensei: "Eu não posso me entregar dessa maneira". Comecei a considerar: vai ser difícil? Vai! Mas eu enfrentei tantas dificuldades antes, por que é que eu não vou enfrentar o álcool agora? E dali eu fui para os Alcoólicos Anônimos e deixei de beber.

– Como funcionou esse processo para você? Onde você encontrou forças?

– É o apoio. Você encontra lá de tudo e ao mesmo tempo você tem espelhos e todas as histórias são muito parecidas; ali você tem empregada doméstica, motorista de caminhão, médicos, advogados, juiz, jornalistas, artistas, enfim...

– Não se escolhe classe social...

– E é muito simples e barato, não custa nada, não é? E o que funciona primeiro é a tua decisão. É fundamental que você decida, pois o AA não te obriga a fazer coisa nenhuma, nem a parar de beber, mas é um programa muito simples que te dá um baita apoio e o apoio tem um período em que você vai fazendo uma espécie de autoanálise compartilhada até o momento em que você decide que é doente e que, como qualquer doença, ela é para sempre e letal; porque considerei na decisão que tomei de parar de beber aquilo que eu ainda posso fazer, estou com 65 anos e eu me lembrei que quando nasceram meus filhos meu pai era alcoólatra e eu disse a ele: "Pai, agora você tem uma motivação, veja crescer seus netos, me ajude nessa tarefa, você foi tão ausente na minha vida, eu acabei assumindo as suas responsabilidades, eu acabei criando seus filhos". Enfim, ele me disse que não, que nada mais interessava, que ele só se interessava mesmo pelo prazer que ele tinha em estar do jeito que estava. E morreu assim.

– Morreu jovem? - perguntou rapidamente Sócrates.

– Com a minha idade, jovem. Eu me considero jovem.

– Somos jovens! Mas se tem uma coisa que a gente tem que conviver a partir de certa idade é com a dor, não é? – disse Sócrates mudando completamente de assunto.

– Eu tenho uma frase que ouvi de uma senhora com a cabeça muito boa: "Toda vez que eu acordo sem dor eu penso que morri". E teve outra ocasião em que resolvi procurar um médico para resolver meu problema de calvície. Cheguei ao consultório e o médico era completamente careca. Ele me disse que não teria jeito de resolver o meu problema. Imagine, vou fazer o quê? Voltei para casa desanimado, mas depois pensei: "Vai cair tudo, paciência" – contou Elifas provocando boa gargalhada.

– Você sabe que tenho um irmão que ficou careca não sei por quê; não há traço genético e sempre brinco dizendo que ele é o que teve mais problemas. Ele fez implante e até que ficou bom.

– Ah, não, é horrível – afirmou imediatamente Elifas provocando novos risos. – Implante é um horror, parece horta malcuidada. Tá louco? Eu não consigo olhar para essas pessoas quando encontro e converso. Fico tentando não olhar para a careca dele, mas não consigo, fico atrapalhado e aí eu digo: "Ah, eu estou bem assim; está caindo tudo, mas tá bom."

Amore, ainda rindo com a maneira engraçada com a qual o amigo se posicionava, voltou para o assunto da trajetória profissional, perguntando quais foram os passos pós-Editora Abril.

– Em 1970, fui chamado para fazer o projeto da revista *Placar*, mas me desentendi com a equipe e o número zero de *Placar* eu fiz como freelancer, pois já tinha me demitido. Fui para a Cultural tirar da gaveta um projeto que tinha deixado, o *História da Música Popular Brasileira,* em que fiz o projeto gráfico para época revolucionário e metido que era...

– Era?

– Sou ainda, mas fazer a história da música popular brasileira era uma paixão. Vocês precisam saber o seguinte: em 1970, os velhinhos já eram esquecidos, ninguém mais falava de Lupicínio, de Assis Valente, de Cartola, de Nelson Cavaquinho. E foi esse trabalho que me aproximou dos velhinhos. E o trabalho repercutiu tanto que toda vez que eu participava de uma entrevista, claro, eu tinha a tarefa de pegar o acervo para fazer a diagramação, a paginação do fascículo, e aí fui conhecer a turma e fiquei amigo...

– Bom, então para finalizar, mostra pra gente o poema que escolheu para recitar.

– Eu vou ler uma parte desse poema.

– Eu gostaria que você lesse por inteiro.

– É mesmo? E nosso tempo, compadre?

– Depois nós podemos escolher um trecho que achemos melhor, o que vai ser difícil.

– É... escolher o que é melhor aqui? Difícil...

E então Elifas, pausada e emocionadamente, iniciou a leitura do poema "O Haver" de Vinicius de Moraes: "Resta, acima de tudo, essa capacidade de ternura/Essa intimidade perfeita com o silêncio/Resta essa voz íntima pedindo perdão por tudo/Perdoai-os! Porque eles não têm culpa de ter nascido..." (15/4/1962)

E Sócrates finalizou agradecendo:

– Resta agradecer a você, Vinicius, e a você, Elifas.

Na sequência gravamos com o jornalista José Trajano, um dos grandes amigos de Sócrates, fundador da Emissora ESPN no Brasil, e aproveitamos o trio numa pequena participação de Elifas.

Uma conversa deliciosa entre eles nos trouxe recordações das trajetórias e dos momentos íntimos vividos entre os amigos no Brasil e na Itália.

Trajano encerrou a entrevista relembrando as festas e os momentos difíceis enfrentados por Sócrates na passagem por Firenze. Houve uma história engraçada contada por Amore de que Trajano foi visitá-lo na Itália e ficou morando com ele por seis meses. Eles relembraram aquele momento rindo muito.

Elifas nunca mais viu Sócrates. Trajano ainda nos encontrou depois disso, durante a festa de seu aniversário em São Paulo promovida pelos colegas da ESPN. Lá estávamos com o ator e amigo Otávio Augusto e com o jornalista Juca Kfouri, que também concedeu entrevista para nosso programa nos recebendo em seu apartamento em São Paulo. Depois disso Trajano foi nos reencontrar no hospital – assim como Juca.

CAPÍTULO 9 · **AINDA AS ENTREVISTAS**

Seguíamos gravando e a cada etapa preciosidades apareciam, pois os convidados eram todos seus amigos, com imensa saudade porque a maioria deles Amore não via há anos realmente.

Lembro-me de quando recebemos o cineasta brasileiro Ugo Giorgetti em nossa casa. Antes de iniciarmos a gravação, eles falaram por horas sobre cinema, música e projetos sociais. Havíamos encontrado Ugo um tempo antes numa palestra em que Sócrates fez um pingue-pongue com ele para o Sesc Campinas. Durante a gravação relembraram a época de filmagem em que Ugo dirigiu Sócrates como ator no filme *Boleiros*. Recordo-me do diretor dizendo que ao chegar para a filmagem, Sócrates e outros amigos que participavam no roteiro se encontravam no restaurante do set tomando muitas cervejas. Ele relatou que chegou a pensar que jamais Sócrates conseguiria filmar depois daquelas dezenas de garrafas, mas que se surpreendeu ao vê-lo completamente concentrado e representando muito bem o seu papel.

Tornaram-se amigos daquele momento profissional em diante. Ugo finalizou a gravação recitando "A Máquina do Mundo" de Carlos Drummond de Andrade. Encerrada a gravação, conversamos pela primeira vez sobre o filme de Sócrates. Amore tinha o objetivo de participar na criação de seu próprio documentário e ficção. Discutimos algumas ideias com Giorgetti naquela tarde e levamos adiante, eu e Sócrates, esse plano de filmagem negociando com o Canal Brasil os direitos de produção e comercialização ao nosso lado usufruindo também do arquivo de imagens da TV Cultura com quem nos reunimos para negociação ainda em vida.

O publicitário e grande amigo de Sócrates desde a juventude, Washington Olivetto, nos recebeu na sede de sua agência de publicidade em São Paulo.

Antes de gravarmos, com ele também discutimos a vontade de Sócrates na criação do personagem Doutorzinho. Olivetto nos revelou sua análise e nos apoiou no que viríamos concretizar. Saímos de sua sala e nos dirigimos a um local externo ainda nas dependências da sua empresa para gravarmos. O cumprimento entre eles abriu o papo com a frase: "A aventura pode ser louca se o aventureiro for lúcido" e discorreram sobre as criações e lideranças de Washington, falaram sobre democracia e sobre o Corinthians, relataram desafios pessoais do publicitário e empresário como o seu sequestro que mobilizou e comoveu o país e encerraram com ele citando um livro depois de nos contar que lê feito um maluco.

– Eu acabei de ler um livro que já tinha lido em inglês, mal, e retomei com uma tradução recente publicada. Eu recomendo a leitura. Chama-se *O Triunfo da Música*. Esse livro tem uma coisa muito linda de se analisar, é um livro de um professor de Cambridge, um estudioso, um teórico de diversas áreas, mas bom crítico musical e ele escreve um livro onde ele vai fazendo analogias desde quando a música começa a ser percebida com prestígio até onde ela está hoje e ele vai disso desde os clássicos até as relações com o pop, as coisas do Bob Dylan. Tem grandes momentos nesse livro, por exemplo, como a história interessantíssima de 1953 quando Elvis Presley já cantava, mas cantava para os amigos e para a família – e o Elvis, diz a lenda, era um Édipo total, alucinado pela mãe – que no dia das mães foi para uma pequena gravadora que existia na cidade onde morava, com os amigos para tocarem enquanto ele cantava para mãe. A gravadora era de um cara chamado Sam, que não estava lá, mas a secretária dele, quando ouviu aquilo, ficou muito impressionada e fez uma cópia para mostrar para o dono da gravadora porque ela lembrou de uma frase que ele tinha falado: "Olha, os EUA estão mudando, movimentos sociais, tem isso e aquilo, o dia em que eu achar um branco que tenha o ritmo e cante como um negro eu vou ganhar um bilhão de dólares", ela lembrou disso e levou Elvis para ele e ele lançou Elvis Presley. *O Triunfo da Música*. Recomendo a leitura.

Nós nos despedimos dele. Foi a última vez que se viram.

MARCELINHO RUBENS PAIVA

Há dias tentávamos trazer o escritor e amigo Marcelo Rubens Paiva à nossa casa. Na primeira tentativa ele desmarcou o encontro. Na segunda esteve conosco mesmo depois de ter se perdido no caminho de chegada, já que moramos num distrito ao lado de São Paulo que apesar de próximo exige percurso pela rodovia pedagiada, dificultando um pouco para os marinheiros de primeira viagem. Era noite e ele jantaria conosco assistindo a uma partida de futebol pelo campeonato da época. O cumprimento entre os dois foi em meio aos comentários futebolísticos até que Sócrates perguntou sobre sua infância.

– Você me falou que veio para cá nos anos 1970.
– Eu nasci em São Paulo e fui para o Rio com seis anos.
– Tudo por causa do velho? – Sócrates perguntou se referindo a seu pai, Rubens Paiva, desaparecido durante o regime militar brasileiro, em 1971.
– Sim, tudo por causa do velho. Aí o velho morreu em 71.
– Morreu?
– É, é a forma que a gente tem de contar paras pessoas que não sabem muito bem da história.
– Você tinha quantos anos?
– Tinha doze.
– Te incomoda descrever como aconteceu na tua visão?
– Não... não me incomoda em nada.
– O que você viu?
– Eu não vi nada porque eu estava dormindo. Minha casa foi invadida. Meu pai participava de alguma forma que a gente não sabia muito bem qual era – porque ele não falava nem para minha mãe – de situações para esconder pessoas que estavam sendo perseguidas pelo regime militar. Com o objetivo de protegê-las, escondê-las, tirá-las do Brasil, dar a elas dinheiro. Na minha casa às vezes dormiam algumas pessoas que a gente não sabia quem era porque era comum, não era só meu pai que fazia isso não, muita gente fazia. Mas aí o nome dele dançou lá com os militares e minha casa foi invadida em janeiro de 1971. Levaram meu pai e não soltaram mais e a gente não sabia se estava vivo, se

estava morto, se iriam soltar ou não. Foi passando o tempo e foi caindo a ficha da minha mãe que talvez alguma coisa de grave tivesse acontecido na cadeia.

– E você? – perguntou Sócrates.

– Eu não entendia, tinha doze anos.

– Eu quero saber qual foi o seu sentimento.

– Meu sentimento? Foi desesperador. Durante treze dias prenderam meu pai e minha mãe. Durante esses treze dias eu vivi um buraco negro, não sabia se eu tinha mais pai e mãe. Estava escondido num sítio porque os amigos da minha família viram que a barra estava pesada, que eles estavam prendendo meus pais e prenderam minha irmã de quinze anos que ficou um dia na cadeia, no DOI-CODI do Rio de Janeiro, que era uma máquina de tortura, não é? Ainda bem que minha mãe e minha irmã não foram torturadas, mas meu pai foi. E aí me levaram para um sítio escondido porque naquela época, naquela fase da ditadura, a barra já estava muito pesada, torturava-se pai na frente de filho, marido na frente de mulher, e eu fiquei nesse sítio durante quinze dias como num pesadelo, sozinho, apenas com o caseiro. Quando minha mãe foi solta me trouxeram de volta para o Rio de Janeiro e foi uma loucura. Lembro que fiquei abraçado com minha mãe horas. Minha mãe estava um caco, não comia e depois de um tempo a gente resolveu mudar do Rio de Janeiro e ir para Santos porque a família do meu pai e da minha mãe é de Santos.

– Basicamente por esse episódio vocês voltaram.

– Por causa desse episódio.

– Como uma forma de fugir da tragédia?

– Fugir do foco, da tragédia, por falta de grana, não tínhamos dinheiro porque imagina se você desaparece como é que a sua mulher consegue saber onde é que está guardado o seu dinheiro, o seu seguro saúde não paga porque não há um corpo, um atestado de óbito, ninguém consegue mexer nas suas contas bancárias.

– Naquela época menos ainda, não é? Além de sequestrarem o indivíduo, sequestraram tudo dele.

– Só a partir de 1996, quando deram o atestado de óbito, 25 anos depois, foi que a gente conseguiu mexer com os negócios do meu pai. Tinha coisa parada, depois de passar por várias moedas, desvalorizações. Foi por causa de grana que a gente precisou mesmo voltar para Santos. Meu avô tinha uma casa grande, moramos com ele um tempo; depois minha mãe entrou para a faculdade de direito, minha irmã mais velha foi para a USP fazer psicologia...

— Qual era a tua sensação nesse momento? Impotência?

— Eu perdi o pai na hora que eu ia mais precisar dele. A sensação que eu tinha era essa, a época da adolescência, o momento que eu mais precisaria dos conselhos dele. Meu pai viajava muito, ele não gostava muito de futebol, a gente só foi duas ou três vezes ao Maracanã, mas eu ia para o estádio com os pais dos meus amigos, meus tios e meus primos, mas acho que naquela idade em que eu estava ele talvez começasse a curtir mais futebol até porque era um ano glorioso para gostar de futebol, eram os anos 1970.

— Marcelo, você é um cara que precisa de espaço para se locomover. Como é que você consegue andar em São Paulo?

— Não dá. Eu viro carro, vou pela rua olhando para cima, para baixo e para os lados.

— E em estádio de futebol?

— Melhorou, mas mesmo assim eu tenho que parar o carro na rua e ir pela rua. Olha a coisa mais maluca que acontece, por exemplo, no Pacaembu. Quando tem jogo no Pacaembu, não interrompem o trânsito, acaba o jogo e trinta mil pessoas saem, carros e caminhões passando ao mesmo tempo.

— Eles não conseguem isolar a área?

— Não, é incrível. Por dentro o estádio do Pacaembu para o cadeirante é ótimo, aliás, o nosso local é um dos melhores. O Morumbi era muito bom, mas construíram um camarote em cima do local onde ficavam os cadeirantes e agora não sei mais onde é até porque nunca mais voltei ao Morumbi porque meu time não joga mais lá. O do Palmeiras era bom, entrou uma lei em vigor em 1996 de acesso urbano, acesso para deficiente, banheiro, rampas etc., e a gente fez uma ONG e comunicou à prefeitura que a gente poderia processar todo mundo a partir daquele momento e a prefeitura propôs uma ação conjunta e nós fizemos. Fizemos blitz e o pessoal começou a adaptar quando surgiram as multas.

— Como foi sua reação ao acidente? Seu livro é claro, mas como é que foi a merda, como aconteceu?

– A merda foi que eu estava de fogo num churrasco de fim de ano com meus amigos e fui dar um mergulho no lago que não era um lago – era uma represinha que tem até hoje na Bandeirantes indo para o interior. Aliás, é incrível: uma vez meu carro fundiu o motor quando eu estava indo para São Carlos e quando olho para o lado era o mesmo local. Não é possível, primeiro fundi o corpo e depois o motor! Então, fui dar um mergulho e bati a cabeça. Eu não sabia de nada do que havia acontecido, estava de repente no hospital e acordando no hospital achei que não fosse nada grave.

– Você não lembra de nada depois de ter batido a cabeça?

– Lembro. Eu bati a cabeça e estava completamente lúcido, quase me afogando. Não conseguia me movimentar e aí um professor me desvirou e eu disse que não conseguia me movimentar. Achei que fosse algum reflexo da bebedeira, alguma coisa assim. Me colocaram numa Kombi e me levaram. Eu acordei no dia seguinte no hospital com a minha mãe e todo mundo sabia que era muito grave menos eu. Até porque não dá para você chegar para um cara e dizer: "Olha, você ficou paraplégico, tetraplégico" porque os caras não sabem, pode ser que volte, tem que esperar que a medula desinche, precisa ver como foi a lesão, se foi uma lesão completa.

– Você chegou a estudar isso?

– Poxa, eu sou o médico da minha família...

– É porque eu me lembro do meu pai. Ele teve Parkinson e quando ele descobriu ele virou um leitor voraz do assunto, absolutamente chato e me cobrava o tempo todo tudo o que ele lia só que ele lia tudo que era leigo e eu dizia que não era bem assim, mas era difícil explicar e acho natural isso.

– Sim, é natural, tanto que virei o médico da minha família. Virei hipocondríaco, lógico, conheço todas as doenças. Virei um especialista e discuto com meus médicos; por isso tenho dificuldade até para encontrar bons médicos.

Sócrates não tinha muito mais tempo nas câmeras e precisou encerrar pedindo a Marcelo que recitasse um poema.

– Eu tenho um. É uma sabedoria popular.

– Ótimo! Domínio público.

– Depois que sofri meu acidente, que eu vi que eu poderia ter morrido no acidente, que acabei não morrendo e tive que começar do zero, para mim esse ditado é óbvio: "A vida é uma só". Todo dia acordo pela manhã e falo: "A vida é uma só e eu vou viver esse dia intensamente, vou fazer o que tenho que fazer hoje e não vou adiar para amanhã". Não sei se é uma citação bonita, mas para mim a vida é uma só.

    Então eles se despediram para a câmera, mas não para nós. Continuamos juntos para o jantar. Comemos uma pizza saborosa e conversamos sobre Casagrande e seu projeto de escrever um livro e filmar sua autobiografia também. Falamos sobre música e literatura e ainda discutimos um pouco de neurociência. Despedimo-nos e já abríamos madrugada. Foi a última vez que se viram.

O POETA XICO SÁ, GRANDE COMPANHEIRO DOS ÚLTIMOS ANOS

    Xico trabalhava com Sócrates comentando futebol e fazendo poesia num programa esportivo da TV Cultura. Eles se conheceram por lá e se aproximaram de tal forma que respeito e amizade surgiram fortalecidos. Víamos Xico semanalmente. Inesquecíveis eram para mim aqueles momentos de fim de noite, depois das gravações, quando íamos jantar todos juntos: Xico, Amore e eu, o jornalista e apresentador Vladir Lemos, o jornalista Vitor Birner. Eu digo que aquelas duas ou três horas que passávamos juntos valiam por três ou quatro programas de TV. Eles discutiam de tudo e deliciosamente. Discordavam uns dos outros e isso tornava o momento ainda mais brilhante. Ambos inteligentíssimos, divertidíssimos e geniais, cada um em sua área de atuação e paixão na vida. Acredito que a minha saudade daquelas noites também seja a deles, que ainda vivem. Nós nunca mais nos falamos. Lembro bem do momento em que Amore me disse que queria abrir o nosso programa de TV com a entrevista de Xico Sá. Assim fizemos. Um papo entre eles riquíssimo trazendo a história de vida do amigo que em vez de fechar o conteúdo, o iniciou com poesia.

    – Poesia é tirar de onde não tem e botar onde não cabe – recitou ele.

    – Xico Sá! Meu irmão! Mais um louco, só louco vai sentar nesse sofá! – apresentou Sócrates.

– Eu achei que ia ter um colega de trabalho e acabei também entrando no DNA do acaso e tendo um novo irmão que é você e obrigado pela parte que me toca porque me chamar de louco digamos que é o elogio que eu mais persigo nessa vida. Eu me esforço muito para que me chamem de louco.

– E quem não te chama de louco?

– Tem um bocado de gente que quer me ofender e me chama de...

Rindo Sócrates interferiu.

– Remediado?

– Não, se tem uma coisa que eu não me esforço é para ser doido.

– Xicão, como é que um cara que nasceu no Cariri vem cair em São Paulo, sem ser retirante?

– Na minha família eu sou o migrante de luxo, digamos assim.

– O que você quer dizer com isso?

– Que de toda minha família o destino natural era São Paulo. Veio quase todo mundo trabalhar na indústria metalúrgica do ABC. De 1969 para frente chegaram todos os meus tios, todos os primos, o clã dos Sá inteiro.

– Todos foram pupilos do Lula então?

–Todos numa história parecida. E eu fiquei lá no Cariri e dei a sorte, que ao mesmo tempo era uma sacanagem com os outros irmãos pelo fato de eu ser o mais velho...

Sócrates o interrompeu:

– Na minha casa é o contrário, você sabia? Eu nasci antes, o mais velho é o Raí. Ele ficou muito mais velho, aquela coisa conservadora, aquele período na Europa deixou ele muito mais velho do que eu.

– É o velho mundo! Ele pegou aquela antiguidade toda...

– É, ele vestiu a camisa – disse e riram um bocado. Sócrates adorava usar o exemplo do irmão para esses momentos de descontração. Fazia isso com frequência. Prosseguiram.

– E lá em casa, meu pai era um pequeno agricultor do Cariri...

– O que é um pequeno agricultor do Cariri que não tem água?

– É aquele que herda do pai um pedacinho de terra. O Cariri em relação ao sertãozão do Ceará é a terra mais privilegiada, mas não tem água, é o ano inteiro naquele sacrifício, aquela velha adivinhação, uma imagem que nunca me sai da cabeça com meu pai o tempo inteiro olhando para o céu para ver se vem ou não vem água. Meu pai sempre tinha, até por proteção, um bom humor e gostava de fazer muita piada com o fato de esperar chuva.

— Xico, a proposta desse programa é mostrar o Brasilzão mesmo e quem somos. Muita gente não tem noção da importância, por exemplo, da transposição do São Francisco para quem está para cima. Para quem está do lado é mais fácil porque você irriga, puxa do rio, mas é importante dizer que lá em cima não há água. É só água de chuva; se não chover, não tem água, não tem de onde tirar. No Cariri também é assim?

— Sim. A transposição envolve uma baita polêmica, os ecologistas estão em cima. O Rio São Francisco está meio baqueado, mas acho importantíssimo, é uma democratização das águas como se Deus dissesse: "Vamos distribuir melhor esse negócio aqui".

— É menos de 5% de água do São Francisco. Ele está degradado, vilipendiado digamos.

— O bom da história, Magrão, é que ele vai encontrar o rio Jaguaribe, que é na nossa megalomania, no nosso orgulho até das coisas boas e das coisas ruins, que é considerado o maior rio seco do mundo. O cearense se orgulha um pouco disso dizendo: "Olha, vocês podem ter a maior fartura da Babilônia, mas nós temos o maior rio seco do mundo". Mas como eu estava dizendo que até meus irmãos foram meio sacaneados num certo momento nessa história porque com os poucos recursos de meus pais, eu era o mais velho e parti na frente estudando, queria muito estudar.

— Por que essa curiosidade para estudar? Por que nem todo mundo estuda numa situação de penúria como essa.

— Vendo ao longe agora eu consigo entender um pouco. Eu tive um professor chamado Geraldo que hoje mora no Mato Grosso que também era um migrante. Foi o cara que me deu o primeiro livro, o cara que disse: "Olha, é por aqui", mais do que meus pais. Para meus pais era: "Vou dar para ele aquilo que eu não tive", aquela honra.

— Igual aos meus pais, mas sem poder endereçar muito.

— Sim, são histórias de brasileiros que não tiveram a chance, foram da roça e de um Brasil arcaico e que concluíam que os filhos vão fazer o que eu não fiz, vão ter a chance que eu não tive. Como eu despertei para isso, também fui escolhido para estudar, tanto que eu sou o único que chega à faculdade, que vai para o Recife. O Cariri tinha na minha geração muito mais a ligação com Recife do que com Fortaleza, embora a capital do Ceará seja, obviamente, Fortaleza. No Cariri, a ligação era muito forte com Pernambuco. O Cariri é a terra de muitos cearenses que migraram para Pernambuco, como Miguel Arraes e Dom Hélder. Eu sempre tive certa culpa, por conta da formação católica, e pensava: "Poxa, meus irmãos não podem ir nesse mesmo embalo e ficaram na roça", eu fui meio vagabundo e fugi da roça para estudar. Na roça mesmo eu só espantei uns passarinhos e caí fora. Eu era um ouvinte de rádio maluco, ficava sintonizando BBC e tudo o que era rádio de fora e sempre tinha a história de correr para o mundo, de cair fora dali. Até tem uma história que fui tirar a limpo com minha mãe muito tempo depois. Eu era puto com minha mãe porque ela não chorou quando eu saí. Por que minha mãe não chorou? Todo mundo chora quando alguém vai embora, u inclusive chorei quando o ônibus da Princesa do Agreste saiu dali rumo ao Recife. Veja só, Magrão, aquela imagem de minha mãe dura, sem chorar... Muito tempo depois, já sendo jornalista, já atuando em redações no Recife, eu tinha aquela coisa na minha cabeça e fui perguntar à minha mãe e ela falou: "Imagina se eu caio no choro ali? Tu não vai embora e eu queria que tu ganhasse a vida, que tu fosse para o mundo e eu não podia amolecer naquela hora para não te amolecer também, então segurei aquele choro de todas as formas possíveis; o ônibus saiu eu desabei no choro, mas tu não estava vendo mais".

– Isso sim é inteligência emocional.

– É uma coisa fabulosa e eu tinha comigo que não era amado pela minha mãe. Mas era uma puta história dela, cara. Essa história não esqueço nunca mais.

– Cara, você acaba comigo, eu estou emocionado – disse Amore em lágrimas.

– E depois nas cartas. Nos correspondíamos mais por cartas, eu dizia que não sabia se ficaria ali, reclamava que a pensão só tinha vagabundo no Recife, não se comia direito, aquelas queixas de saudade da mãe imensa e ainda mais por ela não ter chorado, aí é que ficou um amor maior, uma paixão exagerada. Aí ela mandou uma frase que eu nunca esqueço: "Filho, saudade não põe panela no fogo; vai trabalhar, vai estudar porque saudade não bota feijão para cozinhar".

— E você seguiu?

— Sim, quando cheguei à cidade, quando sai do ambiente rural para o ambiente urbano, vi aquela placa: "Cuidado, Escola!" Eu digo: "Cuidado?"

Xico provocou risos em todos nesse momento e continuou.

— Só que era para os carros e eu entendia que era para mim também.

— Mas tem umas coisas mesmo. Você já viu aquelas placas dizendo "não pise na grama?" Poxa, grama é pra pisar, não tem coisa melhor.

E Xico foi rápido e divertidíssimo na resposta.

— Você não tinha ganhado a vida se não pudesse pisar na grama, não é?

— E como é que você saiu do Recife e chegou aqui?

— Eu tinha muito a história de São Paulo na cabeça. A primeira imagem que eu tinha de São Paulo que ficou no juízo para sempre era a imagem do tatuzão escavando o metrô de São Paulo. Falava "tatuzão" e eu tinha ideia do meu pai caçando tatu. Era a coisa da grandiosidade de São Paulo e acho que inconscientemente eu estava vindo para São Paulo já através daquelas histórias. Mas primeiro eu passei por Brasília. Nove meses foi o que aguentei.

— Por quê?

— Porque eu fui cobrir a Constituinte de 1988 e acho que já tinha muito de São Paulo na cabeça e Brasília era mesmo um entreposto, não me dei bem com a cidade, fiz amigos, mas uma coisa que eu gosto muito que é a tal da mulher. Em Brasília eu acho que me dei mal.

— Como se deu mal? Você ficou nove meses sem mulher lá?

— As que eu tinha... tinha que importar do Recife.

— Não, espera aí, Xicão! Isso custa, cara!

— E na época era mais caro ainda porque era Varig com talheres de verdade. Era infinitamente mais caro, Magrão.

— Você estava apaixonado então?

— Não sei se era apaixonado, eu estava necessitado. E naquele tempo eu não batia com as mulheres de Brasília, elas eram jornalistas demais, objetivas demais e eu vinha de um mundo mais poético do Recife, gostava de outro tipo de conversa, só sei que não bateu e eu tinha que importar. Eu já tinha deixado umas coisas malfeitas lá no Recife.

– O que é malfeita?

– Amor sem acabar direito, um bocado de confusão. Obras inacabadas.

– Tu foi trabalhar com política?

– Com política. Fui direto para a sucursal da Editora Abril, na revista *Veja*.

– Não teve conflito?

– Puta conflito. No Recife eu era metido a poeta, gostava de literatura e na Abril teve tanto conflito que fui demitido nove meses depois. Graças a Deus, porque eu amo demissões e pé na bunda porque sou um sujeito às vezes covarde para mudar de situação e se me dão um pé na bunda, uma demissão, eu normalmente melhoro de vida porque você se reorienta e vai pra outro canto da existência.

– Mas você sabe que todos nós homens somos assim, fracos para tomar decisões?

– Sim, somos fracos para botar ponto final. Mas minha vida é uma viagem: Ceará, Sítio das Cobras, Nova Olinda, Crato, Juazeiro, Recife, Brasília, São Paulo. Brasil mais brasileiro possível nesse sentido.

– Aí chegou a São Paulo.

– Cheguei cumprindo uma missão familiar, histórica e ao mesmo tempo caio primeiramente no *Estadão* e depois na *Folha de S.Paulo*, vivendo num outro mundo. E tem mais uma coisa que às vezes era muito conflituoso e mexia muito com minha cabeça: essa coisa dos dois mundos, o cara que ao mesmo tempo está no sítio das cobras, no mundo daquele imaginário rural e com os primos que vieram de uma migração natural de pegar qualquer serviço e topar qualquer coisa, e eu vindo numa certa condição privilegiada, já formado. Não que fosse mais fácil, porque muitas vezes era mais fácil emprego para eles na construção civil do que para mim no jornalismo. E eu convivendo com certa frescura ou digamos com uma modernidade paulistana no dia a dia e eles em outro mundo e ao mesmo tempo... digamos dois Brasis numa mesma quitinete. Na Europa você vai numa pista de dança, vai ao bar da moda, e você é um jornalista, é um intelectual como você e você tem essas pessoas muito juntas no mesmo ambiente. Aqui não, há um elitismo, há diferença, a universidade já dá uma separada, é tudo muito diferente.

— Eu me lembro da primeira vez em que fui à casa de meu avô, pai de meu pai em Messejana. Não tinha água encanada e nem luz elétrica, eu garotão com nove ou dez anos, era inimaginável que alguém pudesse viver sem essas duas situações dentro de casa. Quem mora em São Paulo não tem ideia do que seja isso. Meu avô tinha água no quintal, mas não tinha encanada e nem luz elétrica. Foi o maior aprendizado da minha vida passar por lá.

— É fácil você estar numa metrópole como São Paulo e ser cínico pra cacete em relação ao resto ou achar que tudo é populismo, tudo é caridade quando você não sabe a formação dessas famílias que estão em São Paulo, qual foi o histórico e a trajetória. E a gente é muito pouco generoso em tentar entender o Brasil a partir das histórias dessas famílias, que é a nossa história e a de milhares de brasileiros.

A conversa entre os dois se encerrou em reflexão a todos que estavam naquela sala. Enquanto a equipe desmontava os equipamentos e Xico e Sócrates degustavam um vinho, fui à cozinha preparar o almoço. Comemos todos juntos uma deliciosa carne assada naquele dia. Meses depois, Amore deixou algo escrito para Xico em nosso diário:

"MEU AMIGO, IRMÃO, PARCEIRO DE SENTIMENTOS,
DECLAMO UMA POESIA, VAMOS VER O QUE SAI
XICO
XICO CANGACEIRO
QUANDO CHEGA NO TERREIRO
TODO MUNDO FAZ PENSAR
XICO SERESTEIRO
DE BOLEROS E CANTEIROS
SÓ ME FAZ EMOCIONAR
XICO FESTEIRO
TÃO SACANEIRO
AS DONZELAS FAZ ENCANTAR
XICO BANDOLEIRO
CUJA ALMA BRASILEIRA

INCOMODA E FAZ CRIAR
XICO ALTANEIRO
QUE LÁ DE JUAZEIRO
VEIO AQUI ETERNIZAR
SEU CANTO, SEU CHORO, SEU COLO
XICO SUA PENA NOS PROVOCA
NA ALMA SUSPIROS DE CALMA
SORRISOS E SABOR DE LUAR
XICO SUA PRESENÇA NOS FASCINA
ENCANTA E ILUMINA
POR FAVOR. NUNCA PARE DE CANTAR"

CAPÍTULO 10 · A ANGÚSTIA DAS MADRUGADAS E O INÍCIO DA DOENÇA

Desde quando o conheci, algo bastante especial acontecia com ele, diferente de tudo o que eu já havia conhecido. Na primeira vez em que presenciei esse "fenômeno", digamos assim, estávamos no sítio em Ribeirão Preto. Uma angústia profunda tomava conta dele e esses episódios duravam horas. Ele chorava como se estivesse sentindo uma dor forte e, ao mesmo tempo ficava enjoado, sentia náuseas. Quando ele participava de grandes eventos ou reuniões com muitas pessoas num mesmo ambiente, a volta era sempre angustiante para ele e para mim, que não sabia como reagir. Nas primeiras noites em que isso aconteceu eu o abracei e chorei junto com ele tamanha dor me provocava vê-lo daquela forma. Ele adormecia no meu colo, invariavelmente. Na manhã seguinte, ele acordava muito bem, como se não tivesse sentido nada, mas sempre manifestava a recordação daqueles episódios que o deixavam cansado demais fisicamente.

Quando começamos a conversar sobre o assunto, ele me contou que desde a juventude sentia essa angústia e que desde que havia morado em São Paulo pela primeira vez recebia bilhetes anônimos na porta do prédio pedindo que procurasse um local para receber proteção espiritual. Ele havia concluído que as angústias tinham uma relação espiritual, mas resistia a frequentar igrejas ou centros espirituais. Nós, juntos, tínhamos o hábito da oração pelas noites e pelas manhãs. Só conseguimos amenizar os episódios de angústias com o tempo e com um ritual: no primeiro minuto que ele identificava a sensação, se aproximava de mim, pegava em minhas mãos ou deitava em meu colo dependendo do local onde estávamos, mas sempre necessitava de algum contato físico comigo. Quando isso acontecia no carro, a caminho do trabalho, ele apertava forte minhas mãos e em pensamento iniciávamos nossas orações. Por causa disso também ele já não conseguia ficar distante fisicamente um momento sequer do dia: para o banho ou para a leitura, para os exercícios físicos e para as gravações estávamos sempre juntos. E assim foi até o seu último minuto em vida.

O DOM DA CURA PELAS MÃOS

Não serei capaz também de me esquecer daquela tarde. Voltávamos de uma das minhas gravações. Eu estava sentindo uma forte dor no abdômen e contei a ele logo que chegamos. Fui para o banho e ele me chamou para deitar ao seu lado por uns minutos. A dor aumentou quando relaxei e resmunguei aproximando minhas mãos do local dolorido. Ele me olhou por alguns segundos fixamente e pediu para tirar as minhas mãos do local. Tirei. Ele aproximou uma de suas mãos sobre o meu abdômen mas não o tocou; pediu para que eu o ajudasse fazendo uma oração. Fiz uma oração. Senti um calor sobre a minha pele e olhei de volta para ele surpresa. Ele não mudou o seu semblante e permaneceu ali imóvel e concentrado. Minha dor foi amenizando e em pouco menos de dez minutos eu não sentia mais incômodo algum. Ele adormeceu logo depois, por uma hora mais ou menos, e eu permaneci acordada olhando para ele e pensando sobe o que tinha acontecido ali.

Fui educada numa família muito espiritualizada e a minha fé transpõe qualquer barreira religiosa para explicar o que aconteceu naquela tarde. Eu já tinha conhecimento de inúmeros casos de cura espiritual, mas nunca havia presenciado um. Ele realmente curou aquela minha dor. Quando despertou Sócrates me olhou e sorriu perguntando:

– E sua dor, princesa?

– Você sabe que ela passou. O que você fez?

– Linda... eu não sei, mas sei que posso fazer isso. Acho que não sou eu. Mas que bom que a minha princesa não sente mais dor.

Levantou-se cantarolando uma música qualquer e não falamos mais sobre o assunto. Não falamos até que outras dores ou problemas apareceram. Um dia foi com meu pé, outro com minha coluna. Comigo e com vizinhos, ele sempre tentava resolver, mas não gostava de falar sobre isso com outras pessoas, na realidade ele também tinha muitas dúvidas e nunca procurou desenvolver a sua espiritualidade ou seus dons fora de casa. Comprei muitos livros e juntos passamos a estudar o assunto. Aos poucos encontrávamos respostas e nos fortalecíamos espiritualmente.

Foi naquele período que ele passou a conversar mais comigo sobre o ideal de diagnosticar em praça pública atendendo aos necessitados e comunidades de pouca renda. Dizia que terminaria a vida por aqui fazendo este trabalho.

O PRIMEIRO SANGRAMENTO NA MADRUGADA

Final de outono do ano de 2010. Jantamos algo leve naquela noite, nos dedicamos à leitura por algumas horas e subimos para nosso quarto. Deitamos e cochilamos. Era meia-noite. De repente acordei com as mãos dele apertando as minhas e apenas ouvi sua voz fraca me chamando. Levantei da cama e ele já estava sentado. Levantou-se rapidamente em direção ao banheiro, mas uma queda de pressão o derrubou em cima de mim, levando ambos abraçados ao chão. Quando caímos ele estava de frente para mim e sem que eu pudesse dizer "calma" ele vomitou uma rajada de muito sangue em meu colo. Paralisei. Um susto imenso, pois jamais havia visto aquela cena antes. O mais próximo daquele momento foi a cena do filme *Noel Rosa* onde retrataram as crises de vômito de sangue quando da doença que o levou a óbito. Eu disse:

– Calma meu amor, vai ficar tudo bem. – Eu o levantei com muita dificuldade, pois não havia mais alguém em casa como sempre e o levei ao banheiro quando entre um passo e outro ele implorou a Deus:

– Por favor, agora não! Não agora que eu a conheci. Eu imploro que não me leve agora...

Aquelas palavras dele me deixaram apavorada e ainda mais comovida. Como médico que era, compreendia muito bem o que estava acontecendo ali. Mas aquelas foram as suas únicas palavras, pois o sangue em grande quantidade ainda vinha em sequências de vômito. Ele me abraçou e me pedia para não deixá-lo só. Chorava e vomitava sangue. Foram alguns bons minutos de terror até que eu pudesse chegar ao celular e chamar os vizinhos amigos para me ajudarem a descer as escadas com ele e o acomodar no carro, a caminho do hospital. Conforme íamos nos apoiando nas paredes do quarto e banheiro, deixamos marcas e poças de sangue pelo ambiente. Eu apenas tive tempo de trocar a camisola ensanguentada por uma malha qualquer. Em poucos minutos, a partir dali estávamos no hospital.

Madrugada. Marginal Pinheiros em São Paulo completamente vazia e silenciosa. Do pronto-socorro à UTI, em minutos naquela ambulância meu coração parecia dilacerado. Eu pedia ajuda a Nossa Senhora Aparecida para que através de Jesus o curasse. Eu implorei ajuda a Jesus. Vê-lo naquele estado foi muito doloroso para mim e certamente ainda mais para ele. Num procedimento imediato, já na UTI foi dado encaminhamento para uma endoscopia a fim de que fosse descoberta a causa do sangramento.

Mas o exame de endoscopia somente poderia ser realizado com o paciente em jejum. Foi preciso esperar até às seis horas da manhã para o procedimento. Ele permanecia consciente e vomitando sangue. Exigiu que eu ficasse a seu lado e os médicos permitiram. Enfermeiros me entregaram um saco plástico para que eu o segurasse a fim de que ele vomitasse o sangue lá dentro... Eu segurei e fui eu quem, na UTI, por dezenas de vezes em quatro horas inesquecíveis, o viu despejar naqueles sacos litros de sangue, algumas vezes já em pedaços coagulados. Quando havia um intervalo maior entre um vômito e outro, ele arriscava brincar com os enfermeiros, sempre com a mão apertando forte a minha naquele leito.

Naquele momento um amigo já havia avisado a família, mas aquele corredor gelado de UTI só amparava nós dois. Os primeiros avisados só chegaram na manhã seguinte.

SEIS DA MANHÃ E O DIAGNÓSTICO

Como única responsável por ele, assinei todas as autorizações e despesas e permaneci no corredor bem em frente à porta de procedimento em oração. Saí dali por exatos cinco minutos, fui ao banheiro e me ajoelhei pedindo à

Nossa Senhora Aparecida e aos nossos anjos protetores compaixão e cura. Voltei para o corredor. Angustiantes noventa minutos depois Dr. Pedro veio em minha direção e pediu para conversar comigo na sala de espera daquele andar. Não havia mais alguém ali exceto um amigo de Sócrates que avisei e se dirigiu imediatamente para lá.

– Kátia, você precisa ser forte...

A angústia aumentou, mas permaneci serena. Nenhuma lágrima havia derramado até aquele momento.

– Sim, Doutor. O que ele tem?

– Kátia, o quanto ele bebe de álcool por dia?

Eu respondi que ele tomava algumas taças de vinho. O Dr. Pedro continuou:

– Sente-se aqui, vou te explicar com calma porque só você vai poder me ajudar a salvá-lo a partir de agora. O fígado de qualquer um de nós saudável se assemelha à consistência de uma gelatina, você sabe não é?

– Sim, Dr. Pedro.

Ele prosseguiu me explicando que o fígado de Sócrates estava semelhante a uma borracha e o sangue não encontrava passagem para o seu fluxo natural; por isso voltava provocando os vômitos. Varizes esofágicas já de grosso calibre precisaram ser imediatamente cauterizadas para conter o sangramento. As primeiras e únicas lágrimas caíram de meus olhos naquele momento e não voltaram nunca mais em público enquanto estivemos juntos em vida. Perguntei, decidida a procurar a cura, o que deveria ser feito a partir daquele momento. O médico disse:

– Kátia, a sua participação na vida dele a partir de agora é fundamental. Sozinho ele não vai conseguir. Ele não poderá beber sequer uma gota de álcool daqui para frente e se tivermos sorte poderemos fazer um transplante de fígado em breve.

– Um transplante? – perguntei assustada e recebi apenas um gesto de confirmação.

– O diagnóstico é de cirrose. – Não haveria palavra mais feia do que aquela que gelava ainda mais a manhã aterrorizante. Guardei aquela frase e pedi para vê-lo. O Dr. Pedro me disse que em vinte minutos estaria ao lado dele e que o sangramento havia sido contido, ele estava bem e quase consciente novamente. O médico voltou ao trabalho e eu me dirigi ao quarto que receberia Amore. Cheguei antes dele e por alguns momentos ali refleti sobre o que estaria por vir.

Ele chegou de maca, ainda sujo de sangue e sorrindo levemente para mim.

– Estou dando trabalho pra você, né, princesa?

– Meu príncipe, meu capitão e meu amor. O que me importa é que está tudo bem com você e vai ficar melhor. Estamos juntos! Lembra?

– Sempre juntos, minha linda! – ele respondeu.

Recebemos as orientações do Dr. Pedro e as próximas quarenta e oito horas seriam de repouso absoluto. Dei o primeiro banho nele. O primeiro de muitos num hospital, mas nós nem imaginávamos. Ele adormeceu e logo algum de seus irmãos chegou para vê-lo. Depois um ou outro filho e alta finalmente.

Obviamente estávamos ainda muito assustados. De volta a Alphaville, Marisa nos recepcionou com a casa impecavelmente limpa. Ela me chamou até a cozinha sem ele e me disse que esteve muito preocupada, pois chamou a segurança do condomínio quando chegou e viu o quarto todo cheio de sangue, tendo deduzido que se tratava de um assalto ou sequestro. Ela não parava de falar, estava aflita. Eu a interrompi e a tranquilizei. Disse que precisaria dela a partir de agora mais do que antes. Pedi que recolhesse todas as garrafas de vinho da adega. Nós não tínhamos outras bebidas a não ser vinho e disse a ela para ter cautela ao comprar cigarros. Também havia uma orientação médica para isso. E assim foi um dia após o outro com ele se recuperando plenamente.

Eu não encontrava momento e maneira exatos para falar com ele sobre a sua dependência. Nós nos olhávamos e ele me dizia através daquele olhar fixo e parado: "Não diga, não me faça falar sobre isso, eu vou enfrentar, mas não me faça falar sobre isso...". E eu recuava, o abraçava e recebia um abraço forte de volta. Como já disse antes, ele não tinha alteração de comportamento quando bebia e por isso a quantidade era sempre maior do que outras pessoas. Ele gostava, mas obviamente que havia uma causa para a dependência e ele, claro, sabia muito sobre isso. A dor que ele tentava amenizar com a bebida, no caso dele, não era pouca. E desde a adolescência. Mas não foi naquele dia que falamos sobre o assunto. Ele se recuperou muito bem nos dias seguintes e voltamos à rotina normal. Não contamos publicamente o que havíamos passado, estávamos confiantes de que o episódio não se repetiria. Ele não bebeu mais álcool. Passou a se dedicar mais à pintura e à música, continuou compondo e escrevendo. Sua autobiografia estava indo muito bem e ele aproveitou para se dedicar mais a ela. Ele nitidamente ainda estava assustado.

Foi naquela mesma semana que Sócrates recebeu um telefonema de Brasília. Era uma pessoa ligada ao consulado cubano. Ele propunha um encontro a fim de discutir um convite para que Amore treinasse a seleção de futebol de Cuba. Na época nós já tínhamos uma viagem agendada para Havana em lua de mel para dali dois meses. Ele queria me apresentar a ilha e os cubanos. Combinamos que faríamos inseminação artificial por lá para ter as nossas gêmeas. Ele queria que elas nascessem lá e vivessem aqui no Brasil. Nós nos programamos para passar dez dias na ilha durante o aniversário de Fidel Castro, que conheceria Sócrates. Esse encontro foi muito esperado por todos nós. Ao comentarmos com um jornalista amigo sobre o telefonema, uma publicação soltou a notícia sobre a possibilidade de Amore treinar o time cubano, mas não havia de fato nenhuma proposta oficial.

Ao ler a matéria sobre o convite cubano, o embaixador da Venezuela no Brasil nos contatou agendando um almoço em São Paulo. Reunimo-nos num aconchegante restaurante no bairro de Higienópolis. Por lá permanecemos durante três horas discutindo de que forma as ideias de Sócrates poderiam ser implantadas na Venezuela ao lado do governo. Falamos sobre socialização através do esporte, falamos sobre medicina e arte. Aceitamos o convite para estar com o presidente Hugo Chávez e acertamos uma viagem a Caracas antes de irmos a Cuba. A data da viagem seria dali vinte dias aproximadamente e pré-agendamos uma entrevista exclusiva com Chávez para o nosso programa de TV. Sócrates o entrevistaria.

"O ÁLCOOL NÃO CURA TODAS AS FERIDAS ASSIM COMO BAND-AID NÃO CURA FERIMENTO A BALA."

Uma quarta-feira qualquer pouco tempo depois. Jantamos e nos deitamos. Ele se sentiu enjoado. Levantei e fui com ele até o banheiro. Ele se apoiou na pia sentindo uma repentina tontura. Cuspiu sangue.

Imediatamente o coloquei no carro em direção ao hospital com a ajuda do amigo vizinho Felipe e todo o processo anterior voltou a acontecer, passo a passo. Muitos vômitos de sangue novamente colhidos por mim naqueles sacos plásticos inesquecíveis. Novamente o medo, a angústia, a dor e o cansaço. Permanecemos sempre juntos e sempre somente nós dois. Avisamos a família que dessa vez estava reunida em Ribeirão Preto para o casamento de um dos filhos de Sócrates, Marcelo. Foram quatro dias de internação, o primeiro na UTI para conter o sangramento e os outros na semi-UTI em recuperação e observação. Eu jamais saí do lado dele. Tivemos alta.

Em casa ele se recuperou e um mês e meio depois embarcamos para Havana em lua de mel.

Reduzimos a viagem de quinze para cinco dias prevendo o acompanhamento médico no Brasil. Não conseguimos ir a Caracas como pretendíamos antes da viagem a Cuba, por causa da última internação, mas soubemos que Chávez estaria nos mesmos dias que nós em Cuba para tratamento do câncer. Combinamos um encontro por lá entre Hugo Chávez, Fidel Castro e Sócrates. Amore estava se sentindo muito bem e entusiasmado com a viagem. Há anos ele não voltava à ilha e por ela guardava carinho especial. Amava o povo cubano como amava o seu povo brasileiro. E por eles desejava ser útil. Para mim, conhecer a ilha era um desejo antigo. Eu precisava e queria compreender o que aquele povo viveu de fato e como vivia atualmente. Não bastava ler, eu queria ver. Entender de que forma superavam o passado e se preparavam para a transição no presente. Permanecer em bloqueio econômico era inconcebível. Eu tenho o hábito de ler o blog de Fidel semanalmente e ter a chance de estar com ele e Sócrates ao mesmo tempo era realmente sedutor e um privilégio. Mas o que me emocionava muito também nessa viagem era ele ter decidido que prepararíamos as gêmeas por lá para o nascimento.

Depois da primeira internação e da descoberta da doença que enfrentaríamos, ele começou a falar muito mais sobre as gêmeas. Escolheu os nomes Serena e Korine e me pediu para que as aceitasse. Ele dizia que uma viria para fazer a revolução e a outra para financiá-la. Ele sonhava educar as meninas para tê-las sempre com ele, o que dizia não ter conseguido com os meninos. Era nítido o quanto ele sentia a falta dos filhos. Eu estava muito feliz com tudo e desejei demais as nossas filhas assim como ele, mas não posso deixar de dizer aqui, embora não tenha nunca dito a ele, que estava preocupada com a doença que enfrentaríamos e ser mãe de primeira viagem de gêmeas precisando cuidar dele vinte e quatro horas – porque jamais seria diferente – era algo desconhecido demais para mim. E se eu não conseguisse? Eu não suportaria fracassar sendo mãe de gêmeas recém-nascidas e esposa cuidadosa de um marido genial e adoentado. Eu não poderia falhar, por isso permanecia feliz, mas reflexiva.

Noite de terça-feira, data do embarque. Viajaríamos na deliciosa companhia do casal de amigos e vizinhos Ane Lise e Felipe, de quem compramos a nossa nova casa. Eles chegaram primeiro ao aeroporto, pois às terças-feiras Sócrates apresentava o programa da TV Cultura, o *Cartão Verde*, ao vivo. Da emissora partimos às pressas para o aeroporto. Nós nos encontramos com eles na sala de embarque e ali demos início a uma surpreendente e inesquecível viagem.

Escolhi um hotel tradicional chamado Santa Isabel, no centro de Havana. Sócrates fazia questão de se hospedar na parte velha da ilha. Ao desembarcar fomos direcionados para as entrevistas individuais e quando o funcionário perguntou se desejaria o carimbo no passaporte ele respondeu:

– *Mas es evidente que si.*

Eu os observava. O funcionário iniciou a explicação de que se constasse em seu passaporte o carimbo cubano ele poderia ter dificuldades ao entrar nos Estados Unidos. Sócrates respondeu que a última coisa que faria seria viajar para os EUA e brincou dizendo que se quisesse carimbar duas vezes poderia sem nenhum problema. Foi liberado e me aguardou do outro lado. Pegamos um táxi até o hotel num trajeto de aproximadamente trinta minutos. O táxi era uma van, o som era música cubana e o motorista estava acompanhado de outro cubano que nos entretinha contando histórias de cada lugar pelo qual íamos passando. Descemos na Praça Central ao lado de onde nos hospedaríamos e, caminhando, chegamos ao hotel. Fazia muito calor. Logo ao entrar no saguão fomos abordados por um dos funcionários do bar do hotel que reconhecendo Amore iniciou uma longa prosa. Ficamos por ali mesmo depois de pegarmos a chave do apartamento. Ofereceram a ele uma cerveja fabricada na ilha. Ele aceitou provar e meu corpo estremeceu. Eu o olhei e ele fez um gesto afirmativo com a cabeça. Eu o abracei e em seu ouvido disse para não experimentar. Ele respondeu:

– Só um pouquinho, linda! Não me fará mal.

Realmente naquela tarde foi só uma taça. Subimos para descansar e nos reencontramos no jantar. Tomamos um vinho em quatro pessoas no jantar. Eu não soube agir e não soube contestar. Eu o olhava e ele me respondia que estava tudo bem. A escolha era sempre dele, tinha que ser assim porque não acredito em imposições e nem gosto delas, o livre-arbítrio sempre foi respeitado entre nós.

Caminhamos um pouco na volta e ele se sentiu cansado. No dia seguinte, combinávamos de nos encontrar com Chávez numa visita que faríamos ao hospital onde ele estava internado para a cirurgia agendada para aquela semana. Antes de dormirmos assistimos um pouco de Campeonato de Golfe pela TV e ao Canal Venezuelano que transmitia discursos de Chávez e notícias do país.

A TV Cubana reproduzia naquela noite discursos de Fidel Castro e os preparativos para a festa de aniversário do ex-presidente que se aproximava em poucos dias. Combinamos ainda de ir a um dos hospitais cubanos para conhecer os avanços da medicina na ilha e nos informar sobre reprodução humana e o planejamento que seguiríamos para inseminar as bebês. Acordamos tarde e Felipe e Ane Lise já haviam viajado para a região para conhecerem as praias cubanas. Tomamos um delicioso café na calçada do hotel de frente para a praça que abrigava uma exposição literária ao ar livre. Dali partimos para nosso destino. Ao telefonarmos para o cônsul venezuelano, recebemos a informação de que Chávez não estava bem e se submeteria às pressas a uma cirurgia, o que impossibilitou nosso encontro. Fomos então conhecer o hospital e a população. Foi uma tarde inusitada acompanhando Sócrates em longas conversas com pessoas simples em rotina de trabalho nas ruas estreitas da ilha ou com médicos conceituados dentro de uma estrutura hospitalar impecável e avançada. Eu me sentia cada vez mais segura, mas resolvi fazer um pedido a ele. Não poderia engravidar naquele momento antes que pudéssemos ter certeza de como a doença que enfrentávamos poderia nos afetar nos próximos meses.

O médico no Brasil havia me alertado que era muito grave o que estávamos enfrentando. Poderíamos caminhar para um transplante. Pedi a Amore com muito amor que esperasse mais alguns meses e ele concordou, mas disse que deixaria tudo preparado de acordo com as orientações e devidamente providenciado de acordo com as indicações médicas na clínica de reprodução. E assim fez. Continuamos nossa viagem pela ilha em outros quatro dias que nos surpreenderam. Cuba é, de fato, envolvente e linda. Seu povo é carismático e sofrido, mas plenamente assistido pelo governo na saúde, na educação e no esporte. Sócrates dizia que voltar a Cuba é banhar-se em humanidade.

Mas algo fora do previsto por ele aconteceu. Passeávamos pelas ruas do centro de Havana quando nos encontramos com um funcionário público que se dirigiu a nós e iniciou uma conversa que levou horas. Essa conversa foi um desastre para Amore.

A conversa começou com um cumprimento e aquele senhor logo reconheceu Sócrates e disse estar muito feliz com a presença dele na cidade. Foi quando Amore disse que feliz estava ele em desembarcar e logo perguntou por Fidel Castro. O homem mudou completamente a feição e pediu para conversarmos mais adiante, pois ali havia câmeras o monitorando. Enquanto dávamos alguns passos Sócrates disse contente:

– *Tengo um hijo llamado Fidel. Fidel Brasileiro.*

O homem o olhou desapontado e nos espantou com a reação dizendo:

– *Aqui ninguno de nosotros puso el nombre de Fidel en nuestros hijos. Fidel ya no es um motivo de orgulho para los cubanos.*

E prosseguiu nos contando qual era a realidade atual da ilha e a relação do governo com a população. Ele nos explicou que se quiséssemos investir na ilha e no profissional cubano, precisaríamos estabelecer contrato com o governo e ele por sua vez se responsabilizaria pela relação trabalhista com o empregado. Era de meu interesse estabelecer uma filial da minha produtora no país e ali entendi perfeitamente como proceder. Sócrates adorou a ideia e fomos até o fim do assunto quando aceitamos seu convite para conhecer a cervejaria e a loja de charutos. Passamos pela cervejaria, conhecemos sua história e não houve degustação. Quando o homem nos disse que nos levaria para comprar charutos num local secreto, Amore desconfiado me puxou pela mão e disse:

– Linda, nós esperamos aqui nesta esquina. – Enquanto isso o homem levou nossos amigos ao local da venda de charutos. Da esquina onde estávamos avistei uma igreja e pedi a ele para me acompanhar. Ele topou, pois tínhamos o hábito de entrar nas igrejas quando elas estavam vazias para fazermos nossas orações em silêncio. Eu sempre fui assim, desde pequena, e ele também.

Uma grande escadaria toda branca, uma rua chamada Santa Clara, uma tarde caindo, um sol se despedindo, subimos. O ambiente interno da capela era todo branco com as imagens em dourado e o rosto de Santa Clara nos acolheu no instante em que nos aproximamos do altar. Ele tocou minha mão, e me colocou a sua frente de costas para ele, ambos de frente para o altar. Abraçou-me muito forte e as palavras que me disse jamais esquecerei:

– Amor, obrigada por me devolver a vida. Eu te amo eternamente, meu único amor. Não me deixe nunca. – E olhou fixo novamente para Jesus de braços abertos para nós já não mais sofrendo numa cruz.

Aproveitamos a noite para passar no bar tradicional da ilha, local conhecido pelas reuniões de importantes nomes da literatura mundial e cubana além dos revolucionários da ilha e anônimos turistas que deixam ao longo dos anos suas mensagens assinadas nas paredes do restaurante. Preferimos escolher outro restaurante para jantar e nos surpreendemos ao passarmos por um espaço ao ar livre reservado por um restaurante para a comunidade do Uruguai. No grupo de aproximadamente quarenta pessoas estavam o presidente do país e alguns de seus ministros. Cantores cubanos apresentavam-se para o grupo numa cerimônia emocionante. Decidimos ficar por ali e jantar no mesmo restaurante que os servia, porém no andar de cima, numa varanda que fazia frente à cerimônia na lateral de uma belíssima igreja. De onde estávamos acompanhamos o evento e nos emocionamos quando um dos ministros uruguaios se dirigiu ao microfone e cantou a canção "Comandante Che Guevara". Sócrates o acompanhou a distância compondo segunda voz para a canção. Eternizamos esse momento em nós. Tomávamos um vinho.

Na manhã seguinte, mais conversas com a população local, que já não admirava como antes o governo. Opinião esta que se dividia entre os mais jovens e os mais velhos, naturalmente. Mas para Sócrates, de alguma forma, a passagem pela ilha causava certo desconforto ao se deparar com belíssimos resorts e campos de golfe, além de casas sofisticadas exibidas para nós nas redondezas de Havana enquanto a maior parte dos cidadãos cubanos vivia em cômodos pequenos dividindo o mesmo espaço entre quatro ou cinco pessoas. Grandes construções hoteleiras também nasciam na capital a nossa vista. Uma Cuba socialista bloqueada economicamente pela imposição dos Estados Unidos impedindo o crescimento e desenvolvimento da maioria, mas simultaneamente uma Cuba que já abria as portas ao capitalismo através do turismo.

A atual realidade confundiu e decepcionou Sócrates, salvo em setores considerados intocáveis por lá como educação e saúde. Paramos a nossa conversa no café Cubita ao lado do hotel onde estávamos hospedados, Santa Isabel. Ali o revolucionário Che Guevara se reunia nos tempos de revolução. Ali, naquele momento provando do café, Amore cantou para mim novamente – já havia feito isso em um dos nossos momentos nas ruazinhas cubanas – a canção que ouvíamos muito quando ainda morávamos no apartamento em Campinas e que ele adorava, *Yolanda* de Pablo Milanés. Ele me pediu antes de iniciar a canção que não explorássemos mais a ilha em sua redondeza como se estivesse se recusando a presenciar aqueles contrastes econômicos. Eu ainda tomava o café quando olhei para ele e disse:

– Amore, tudo bem. Nada seria igual para sempre. Vamos ficar aqui e ver arte, vamos ficar por aqui como quiser.

Ele iniciou:

"Esto no puede ser no mas que una canción
Quisiera fuera una declaración de amor
Romantica sin reparar en formas tales
Que pongan freno a lo que siento ahora a raudales
Te amo
Te amo
Eternamente te amo
Si me faltaras no voy a morirme
Si he de morir quiero que sea contigo
Mi soledad se siente acompañada
Por eso a veces se que necesito
Tu mano
Tu mano

Eternamente tu mano
Cuando te vi sabia que era cierto
Este temor de hallarme descubierto
Tu me desnudas con siete razones
Me abres el pecho siempre que me colmas
De amores
De amores
Eternamente de amores
Si alguna vez me siento derrotado
Renuncio a ver el sol cada mañana
Rezando el credo que me has enseñado
Miro tu cara y digo en la ventana
Princesa, Princesa Eternamente Princesa"

CAPÍTULO 11 · DE VOLTA A SÃO PAULO

Noite de uma inesquecível segunda-feira. Despedimo-nos da ilha de Cuba, programando a volta para maio de 2012, quando eu deveria engravidar das gêmeas. Deixamos aquele lugar com uma vontade imensa de ficar mais um pouco. Ele era um apaixonado por Cuba e Cuba por ele...

A viagem foi tranquila, mas ele reclamou de muita dor nas pernas. Estavam bem inchadas. Tomou vinho durante o trajeto e eu fiquei tensa com isso, mas difícil para mim era intervir em palavras, fazia isso docemente pelo olhar. Ele compreendia todos os meus olhares e os correspondia mesmo sendo difícil para ele. Vivíamos dias de muita expectativa em relação à doença que se apresentava ainda, na maioria dos dias, de forma silenciosa. Óbvio que estávamos preocupados e reflexivos, mas não conseguíamos falar sobre isso. Pensávamos, mas não falávamos.

Desembarcamos em São Paulo por volta das seis da manhã. Passamos no free shop para comprarmos o perfume predileto dele, um Givenchy. Ele não se importava muito com quase nada em relação à estética. Eu cuidava de tudo em relação a isso, comprava as suas roupas e as escolhia no dia a dia. Também dava um jeito em seu rosto com esfoliações semanais em casa e cremes diariamente. Ele adorava me ver fazendo isso e aos poucos foi ficando mais vaidoso. Algumas pessoas imaginam que ele não ligava muito para nada nesse sentido e já ouvi um amigo dele me perguntar se ele lavava a cabeça com sabonete sem marca. Imagina! Sócrates cuidava daquele cabelo lindo e comprido direitinho. O que lhe faltava era paciência, mas quando nos conhecemos a paciência também ficou sob minha responsabilidade. Lembro-me do dia em que eu disse a ele que precisava ir ao salão de cabeleireiro para clarear os meus cabelos. Ele disse:

– Não, linda, fique aqui comigo. Eu pinto teus cabelos.

Arrepiei! Como ele poderia pintar meus cabelos?

– Princesa, não confia em mim? Eu vou fazer isso para você. – Pegou a chave do carro, me levou ao salão, comprou a tinta correspondente, recebeu algumas explicações e voltou para casa decidido. Só não sei até hoje se decidido a fazer um bom trabalho nos meus cabelos ou a não me deixar fora de casa por algumas horas sem ele. Pintou direitinho, embora isso tenha me custado quase uma gastrite nervosa. Ele pintava e cantava como se soubesse fazer aquilo.

Tudo para ele em nosso dia a dia era descontração, até mesmo o trabalho para conscientização nacional de que precisamos lutar para mudar as coisas no país, uma dedicação para explicar à população que era preciso união para batalhar pelos direitos para a maioria privada de muito, mas pareceu que o destino resolveu mudar isso naquele momento de nossas vidas. Chegamos em casa bem cedinho e ganhamos pães franceses dos vizinhos para o café da manhã depois da viagem. Tomamos café, um banho, fiz compressas na perna dele que ainda estava inchada e dormimos um pouco. Ele acordou, se trocou e fomos para a TV Cultura, para a apresentação do programa *Cartão Verde*. Ele ainda estava reflexivo e frustrado com a realidade com a qual nos deparamos em Cuba, como se fosse o fracasso do sistema que ele tanto defendia. Falou um pouco sobre isso com os amigos do trabalho, participou do programa e voltamos para casa. Ele preferiu voltar imediatamente em vez de jantarmos com os amigos; estava nitidamente cansado.

Como de costume, depois do banho nos deitamos e lemos um pouco até que um forte enjoo tomou conta dele. Foi o tempo de me avisar sobre a sensação e se levantar em direção à pia do nosso banheiro. Cuspiu. Sangue.

Corri descendo as escadas com ele se apoiando em minhas costas. Ele era muito pesado e muito alto, mas eu consegui descer com ele depois de tê-lo vestido. Ele estava pálido, somente nós dois em casa, já era madrugada. Sempre acontecia nas madrugadas daquela época do ano gelada. Eu mal tinha tempo de colocar um casaco, muitas vezes por cima da camisola mesmo. Hospital.

Foi o tempo de descermos do carro no pronto-socorro – até que um leito na UTI fosse liberado – e os vômitos começaram. Muito, mas muito sangue em cada vez que vomitava. Rasgamos a camiseta dele para encontrar as veias para que fossem administrados o soro e os medicamentos. Entregaram-me um pedaço de pano esfarelado, completamente ensanguentado. Uma imagem como num filme me recordou o dia em que compramos aquela camiseta cinza numa das poucas vezes que saíamos para comprar roupas. Ele a vestiu no corredor de uma loja e sorrindo me pediu uma de cada cor no mesmo modelo, gritando "linda, é boa, bonita e barata", conservando aquele semblante descontraído e feliz. Eu ainda olhava para ele e já não era o mesmo homem. Tenso e medroso, vomitou novamente em cima de mim, segurando minhas mãos e me pedindo para não sair dali.

Um enfermeiro se aproximou, me pediu calma e me entregou uns sacos plásticos transparentes que me apavoravam, pois eles simbolizavam que mais sangue estava por vir. Sócrates vomitou outra vez e agora dentro do saco enquanto eu segurava. Vomitou de novo e eu gritei por ajuda temendo que perdesse muito mais sangue. Foi quando o enfermeiro me pediu para calcular a quantidade de sangue e ir informando, pois não podia passar de três litros. Como eu poderia fazer isso? Fiz. Passei a calcular seus batimentos e a quantidade de sangue, passei a temer o pior fingindo estar tranquila. Ele não soltava a minha mão. Vomitou sangue novamente. Foi quando nos levaram para outro ambiente, onde ele deveria passar imediatamente por uma endoscopia para cauterizar as varizes esofágicas e estancar o sangramento. Passávamos pelo mesmo problema da espera para completar as seis horas de jejum. Era quase seis da manhã e ainda não podiam iniciar o procedimento. Ele continuou vomitando sangue naquele saco em minhas mãos. O líquido vinha acompanhado de pedaços de sangue coagulados. Eu estava com medo. Quanto mais sangue, mais nos olhávamos nos olhos fixamente. Eu rezava naquele olhar. Rezava muito em pensamento e ele certamente também. O momento da endoscopia chegou, assinei as autorizações e naquele momento ele pediu à equipe médica que eu fosse a única responsável por ele e por qualquer intermediação com a imprensa e familiares enquanto estivesse inconsciente. Ele não queria que seus filhos ou colegas o vissem naquele estado e me fez prometer que não o veriam. Me fez assinar. Assinei e fui afastada da sala de procedimento.

QUANDO EU NÃO TIVE NINGUÉM, EXCETO DEUS

Aquele foi o primeiro momento em minha vida em que eu realmente conheci o significado da palavra solidão. Achei que já era íntima dela pelos anos de vida até ali e frente às inúmeras dificuldades por que passei, mas eu estava definitivamente enganada. Estava com muito frio, com muito medo. Entrei num banheiro no mesmo corredor e me pus de joelhos implorando a Deus e a Nossa Senhora que assumissem o comando das mãos daqueles médicos e o salvassem. Eu chorei muito ali naquele chão gelado sozinha, trancada no banheiro. Chorava e rezava. Saí do banheiro e sentei num banco à espera de notícias.

Não havia muita gente naquele hospital, ainda era muito cedo, e certo silêncio pairava no ar.

FINAL DE JOGO E VITORIOSO

A cena me impressionou. O Dr. Breno estava ensopado de suor. Toda a sua roupa verde estava molhada. Ele estava suando. Exausto. Chegou até mim andando muito rápido, me olhou com a mesma segurança daquela sala vazia de espera na madrugada e disse:

– Foi difícil, mas o trouxemos de volta! Em algum momento eu acreditei que fosse perdê-lo, mas alguém lá em cima o mandou de volta para nós.

Aquilo foi fantástico. Eu não podia conter minha felicidade, lhe dei um abraço em gratidão e pedi a ele que fosse descansar, pois estava ali em procedimento há mais de 12 horas. Ele falou sobre os efeitos que o contraste poderia apresentar a partir dali no organismo de Sócrates, mas me tranquilizou informando que os medicamentos nos dias atuais são menos ofensivos do que antigamente e que por isso não previa grandes problemas. Pediu que eu permanecesse ao lado dele com minhas orações.

Com todo o processo e com tamanho sangramento outro problema ocorreu. Seu estômago começou a sangrar também e para conter esse sangramento inseriram um balão cirúrgico usado em situações extremas como única alternativa para salvá-lo. Parecia inacreditável uma artéria rompida no momento da endoscopia e depois de horas tentando localizá-la com sucesso, seu estômago apresentava um grave problema... um desafio atrás do outro mas ainda existia vida. E se ele ainda estava ali eu também estaria da maneira que me cabia, cuidando dele e rezando por sua recuperação.

Entrei no leito. Tinham acabado de trazê-lo de volta. Olhei para ele, era o meu menino, pálido e entubado. Na internação anterior algo extraordinário havia acontecido e o fato nos uniu ainda mais. De todas as vozes entre enfermeiros, médicos e um ou dois filhos que entraram no leito durante o coma anterior, ele apenas se lembrou da minha voz. Ao voltarmos para casa ele me contou tudo o que havia dito para ele enquanto esteve inconsciente e por causa disso me pedia sempre para não deixá-lo sozinho nem um segundo naquela cama de hospital estivesse ele consciente ou não. Lembrei-me disso e passei a conversar com ele ainda mais. Dias difíceis vieram, mas os rins permaneceram em ótimo funcionamento, ao contrário do que as primeiras conversas com a equipe médica previram. Mas ele ainda sangrava. Eu acompanhava o sangramento por intermédio de uma mangueirinha colocada dentro dele pela boca e direcionada a uma bolsa na lateral do leito. Era essa bolsa e essa mangueira que nos informavam sobre as chances de vida de Sócrates. Quando nenhuma gota mais descesse ali poderíamos comemorar, sinal de que o sangramento havia parado e de que ele poderia ser extubado.

Mas essa não foi a realidade dos seis dias seguintes. Dias extremamente difíceis para mim e para ele. Continuei tomando meus banhos de caneca às seis da manhã. A imprensa foi informada e se posicionou na porta do hospital. Os jornalistas revezavam-se dia e noite enfrentando o frio e a chuva para dar notícias à população. Ninguém da família quis se pronunciar ou intermediar essa comunicação, e os médicos também se recusavam a falar a não ser através de boletim medico.

Sócrates havia me feito prometer que enquanto estivesse inconsciente eu responderia por ele e não deixaria seu povo sem notícias, não queria seus familiares no hospital e nem seus amigos, ele os queria em casa quando voltasse. Eu estava exausta, mas confiante de que sairíamos dali novamente. Fiz o que ele me pediu e fui atender pela primeira vez a imprensa na porta do hospital. Ao chegar, vi os jornalistas sentados esperando há horas por qualquer tipo de informação. Falamos sobre o estado de saúde dele naquele momento, sobre o álcool em sua vida e sobre o que nós faríamos da nossa vida se saíssemos salvos de lá.

De tudo o que foi dito e divulgado, uma de minhas frases parece ter sido mal interpretada, recebi uma ligação da Raí, que havia acabado de chegar ao hospital, disse que queria falar comigo naquele exato momento e me encontraria no restaurante. Ao me dirigir para lá, nos encontramos no elevador e seguimos juntos ao restaurante, sentamos e pedimos um café. Ele disse então que eu estava falando muito com a imprensa, que ele me agradecia por tudo que eu havia feito, mas preferia cuidar das coisas dali em diante, que seria melhor para todos que ele e as mães dos filhos de Sócrates assumissem a partir daquele momento.

Respondi que não estava acreditando no que ele me dizia, justamente quando eu mais precisava de força para seguir ao lado de meu marido. Finalizei aquela conversa dizendo que desligaria o celular e que se algum deles precisasse de notícias que passasse a dormir nas cadeiras dos corredores do hospital assim como eu. Não consegui terminar o café, pedi licença e me afastei. Sinceramente não entendi até hoje esse comportamento e fiquei realmente muito chateada com tudo aquilo.

Subi o elevador aos prantos. Foi a única vez em público que eu não consegui me manter equilibrada. Doía demais. Não fui direto ao leito de Amore; lembrei que ele conseguia ouvir minha voz mesmo em coma e se entrasse daquela forma ali chorando e nervosa como estava poderia ser muito mais difícil para ele se recuperar. Desci do elevador um andar antes, sentei no primeiro sofá que encontrei e chorei por uma hora, até cansar e liberar aquele sentimento ruim. Um médico saiu à minha procura. Encontrou-me e soube o que havia se passado. Sentou ao meu lado e me pediu para ser ainda mais forte, para não ir embora jamais como havia pedido aquele irmão e me disse que todas as minhas atitudes e meu comportamento até ali eram nobres e amorosos, ao contrário do restante das visitas. Lembrou-me da promessa que havia feito a Sócrates e me encheu de esperança. Pediu-me para voltar ao leito porque meu marido precisava de mim, pediu que eu continuasse com minhas orações, pois elas eram fortes e necessárias. Ele me disse, ainda, que não entendia como eu conseguia, mas que aquilo era fundamental para a recuperação, que permanecesse com a mesma minha fé. Fui ao banheiro, lavei o rosto e subi de volta à UTI.

O dia já estava indo embora e aquela noite que entrava me traria nova surpresa, dessa vez muito boa. As gotas de sangue daquela mangueirinha vindas de seu estômago e esôfago foram diminuindo até que cessaram. Sim! Cessaram e definitivamente ele voltaria a viver normalmente. Mas antes que eu recebesse essa notícia foi na metade daquela madrugada que algo inusitado aconteceu.

Eu estava bem cansada, mas acordada olhando para ele. Luzes apagadas, eu apenas ouvia os monitores dispararem nos leitos vizinhos. Um enfermeiro se aproximou e disse que um médico me esperava no corredor, precisando muito falar comigo. Fiquei um pouco tensa e perguntei sobre o que seria essa conversa. Ele me disse que não sabia, mas era importante e particular. Fui até ele bastante apreensiva, pois poderia ser uma má noticia. Quando olhei para o corredor não reconheci o médico, não fazia parte da nossa equipe. Ele trazia um livro nas mãos, me entregou e me disse: "Leia agora, leia tudo e faça exatamente o que está no livro; fui eu quem escreveu depois de anos nessa UTI". Abraçou-me. Agradeci. Li o livro em três horas, antes que o dia clareasse. Emprestei logo pela manhã para outra pessoa na UTI que também sofria. Não me lembro do nome do livro, pois não o trouxe de volta para casa, mas ele me ensinou como influenciar através dos meus pensamentos e da minha energia a recuperação de Amore. Passo a passo cumpri o que li. Na tarde daquele dia que amanheceu recebemos uma visita: dois dos irmãos de Sócrates, o mais novo que havia conversado comigo no dia anterior, e o mais velho. O mais novo chegou perto de mim, me cumprimentou sorrindo, me entregou várias revistas de arquitetura – minhas preferidas –, um pacote de biscoito de chocolate e uma boneca de porcelana embrulhada para presente. Estávamos todos ao lado do leito. Aquela atitude me deixou ainda mais confusa, talvez significasse um pedido de desculpas pela conversa do dia anterior, não sei. Agradeci, aceitei todos aqueles presentes e até lembro que comi os biscoitos, pois estava realmente com muita fome, há dias me alimentando de café sem conseguir sair do lado do leito.

Não conversamos mais. Eu não consegui. Não havia o que dizer. Naquele exato segundo após receber os presentes, comecei a entender o quão complicada era aquela família e o quanto havia em histórias entre eles por trás daquelas atitudes.

O REENCONTRO COM CASAGRANDE

Assim que a imprensa divulgou a gravidade do estado de saúde de Amore, ainda durante a luta para estancar o sangramento, Walter Casagrande, ex-jogador do Corinthians e da Seleção Brasileira, amigo íntimo de Sócrates durante a Democracia Corinthiana e o amigo que mais estava distante nos últimos 10 anos, foi o primeiro a chegar ao hospital.

Jamais me esquecerei daquela cena e da sequência dela. Ele estava suando, entrou muito aflito e acompanhado de uma amiga. Foi a primeira vez que o vi. Ele ficou parado na minha frente, pois não me conhecia também. Quando eu disse boa noite e me apresentei, ele disse que tinham saído para comer uma pizza e que pelo rádio do carro ouviram a notícia sobre a internação. Desviaram o caminho para seguir imediatamente para o hospital. Ele precisava ver Amore, mas eu não podia permitir. Sócrates havia acabado de chegar ao leito, estava muito debilitado por conta dos sangramentos e eu pedi a ele gentilmente que voltasse pela manhã. Assim aconteceu e ele foi o primeiro a chegar pela manhã e entrou para ver Amore. Foi emocionante. Parou primeiro na frente da cama e, por minutos, permaneceu imóvel. Chorou. Eu os deixei um tempo sozinhos. Era admirável aquele momento e muito difícil para mim também, mas era o momento deles, eu não podia participar. Dias depois, até que Sócrates voltasse para nós, ele passou a visitá-lo naquele hospital.

Conforme a imprensa divulgava notícias à população, mais força recebíamos para suportar aqueles momentos difíceis. Foram milhares de cartas e e-mails. Pessoas anônimas doando seus órgãos para a recuperação dele se fosse necessário, mulheres brasileiras que passavam exatamente pelo mesmo processo com seus maridos me escreviam ora me desejando força, ora me pedindo força para permanecer ao lado dele. Pessoas públicas que o conheciam, artistas e escritores que não o viam há tempos escreveram para nós também. Corintianos apaixonados se declaravam e choravam na porta do hospital em orações. Eu li todas as mensagens para ele, sem exceção, enquanto ainda estava em coma e quando voltamos para casa. Lembro-me dele emocionado com as cartas das pessoas desconhecidas e distantes, com uma em especial do amigo Fausto Silva, que discorreu sobre o tempo em que viveram em São Paulo. Ele riu com uma passagem onde o jornalista recordava um Fiat verde que ele tinha logo quando chegou a São Paulo e as matérias da TV onde a população o homenageava. Ele assistiu tudo pelo meu notebook. Lembrei-me do dia em que ele escreveu em nosso diário sobre essa comoção e solidariedade popular. Ele disse:

"Mas tive que me preparar para o final. A realidade é dura para quem pratica qualquer tipo de esporte: um dia devemos nos afastar e temos que estar preparados para isto. Quando, há algum tempo, Maradona passou por delicados problemas de saúde, pudemos acompanhar milhares de manifestações de solidariedade para com ele. Flores, recados, poemas, solidariedade, choros, velas, orações e respeito. Um povo se comovendo com a sua luta contra a morte e a fragilidade física e emocional colocou-se na frente de batalha para ajudá-lo a reerguer-se. É interessante perceber que essas demonstrações de puro encantamento sejam tão raras aqui no Brasil. Com poucas exceções – e sempre relacionadas com tragédias inesperadas, como na morte de Ayrton Senna e de outras figuras que em determinado momento representavam a possibilidade de realização de sonhos comuns, como o primeiro presidente civil após a derrocada do regime militar, Tancredo Neves, que faleceu antes da posse – não percebemos a mesma cumplicidade para com nossos ídolos. Pelé é um bom exemplo de quão distantes estamos daqueles que nos representam. Na verdade, não possuímos a paixão por essas figuras populares. Só mesmo em caso de um acidente de proporções gigantescas é que nos mobilizamos para cultuá-los. Ou, quando é o caso, se o personagem é realmente representativo do que esperamos deles. Aí, sim, nos sentimos próximos e existe

uma identidade a nos aproximar. Mas geralmente de maneira humana e realista e quase nada de veneração. Porém, se tivéssemos essas características em nosso genoma, teríamos muitas dificuldades para expressar toda a nossa dor quando ídolos do nosso futebol passassem por dificuldades. É que esse fato é tão presente e corriqueiro em nosso cotidiano que não possuiríamos tempo, velas ou lágrimas para cuidar deles todos. Felizmente nossos conterrâneos são muito mais resistentes às agressões que sofrem em suas trôpegas vidas. Talvez porque sejamos mais pobres e menos protegidos – mesmo que isso tenha se tornado algo mais presente em outras sociedades mais tradicionais nos últimos anos."

Nos dias seguintes, a equipe médica se preparou para extubá-lo. Estávamos todos ansiosos. Participei daquele momento, em paz. Permaneci auxiliando os médicos e enfermeiros. Como foram dez dias em coma, ele estava muito debilitado. Fui informada de que ele teria dificuldade para voltar a respirar e que não retornaria à consciência tão rapidamente. Ele estava com feridas na cabeça por conta do tempo prolongado com um cordão que servia de suporte para os tubos. Pelo corpo também já apareciam algumas feridas, então ele precisava reagir para sair logo daquela cama. Ao perguntar como poderia ajudá-lo, a médica me orientou quanto aos exercícios de respiração e fixei minha atenção neles. Ele foi extubado. Mais uma grande vitória.

CAPÍTULO 12 · A PRIMEIRA NOITE DEPOIS DO COMA

Apesar de não respirar mais com os aparelhos, Sócrates não abriu os olhos. Permaneci por mais de oito horas ensinando ele a respirar novamente dizendo:

— Inspira, amor, devagar... e solta; inspira e solta, outra vez...

E assim por horas até que ele pudesse respirar sozinho. Mas os olhos ele não abriu e aquela madrugada nos surpreendeu, a mim e ao Carlão, um enfermeiro generoso, corintiano apaixonado, que me acompanhou nos momentos mais difíceis daquela escuridão diária que parecia não ter fim. Durante a madrugada toda, de olhos fechados Sócrates conversou, brigou e deu gargalhadas... a cada uma hora uma história e um local diferentes. Ele só ouvia a minha voz respondendo a ele. Em alguns momentos foi divertido, confesso, em outros, bastante aflitivo. Ele começou sorrindo, eu perguntei onde estava ele, pois parecia delirar. Ele respondeu:

— Amore, estamos na Itália. Olha só, voltamos. Venha, venha linda. Eles estão ali nos esperando!

Depois de alguns minutos ele disse que estávamos num trem e que viajávamos de um lugar a outro; minutos depois estávamos em outro local e ele gritava aflito:

— Entra, amore, entra, estão matando nossos jovens. Dilma, Dilma o que vocês estão fazendo? Estão matando nossos jovens, meu Deus alguém me ajude a acabar com isso...

Ele começou a chorar, sempre de olhos completamente fechados. Ele gritava, chorava e conversava muito, em todas as ocasiões por onde passava naquela viagem mental. Para nós, Carlão e eu, aquela madrugada foi exaustiva, mas inesquecível. Até mesmo um filme ele gravou, relatando as cenas uma a uma em diálogos com o diretor de cinema Walter Salles.

– Waltinho, eu entro agora? Nesse carro? Os meus olhos já estão vermelhos, posso entrar? Ação?

O dia amanheceu. Permaneci ao lado dele e horas depois, aos poucos, ele foi abrindo os olhos. Emocionante aquele momento. Eu jamais havia irradiado tamanha felicidade ao ver alguém simplesmente abrir os olhos. Comemoramos. Ele sorria. Ao contrário do previsto pela equipe médica, ele não sofreu as consequências da encefalopatia. Permaneceu lúcido e se recordou de todas as viagens relatadas por ele na madrugada incluindo a gravação do filme. Chegou a me dizer:

– Linda, liga para o Waltinho agora, quero contar pra ele. Quero dizer a ele o nome do filme.

Estava eufórico. Passamos o resto do dia falando sobre aquelas cenas. Contei tudo o que havia acontecido. Pedi que o Dr. Breno e sua equipe, que haviam salvado sua vida, conversassem com ele explicando tecnicamente o que havia acontecido naqueles dez dias em coma. Tínhamos um combinado de que ele saberia de tudo. Contei para ele o episódio com Raí no restaurante do hospital. Ele sorriu de forma irônica e disse:

– Eu estou aqui, amore mio, ninguém vai ter coragem de lhe fazer mal agora. Eu estou aqui. Pensaram o quê? Que eu iria embora? Não vou ainda. Não fique triste, isso é comigo e não com você. Venha cá, me dê um beijo, estava com saudade do seu beijo.

Ele me viu chorar enquanto o beijava. Mas fiquei mais forte do que antes ouvindo o meu menino me proteger, mesmo tão debilitado fisicamente. Sócrates iria trocar de leito no dia seguinte, ainda na UTI, mas teríamos acesso a um quarto privado com um banheiro. Lá ele poderia se isolar para uma melhor recuperação, teríamos mais conforto para receber visitas e principalmente eu ganharia um sofazinho para dormir um pouco, já que passara todas as noites naquela cadeira e agora teria um banheiro para acabar com os banhos de caneca.

E assim foi. Ele melhorou e nos transferimos de quarto, ainda no mesmo andar do anterior, sob os olhares atentos da mesma equipe médica. Foi naquela tarde da transferência que algo nos marcou.

Eu tomava um café e ele havia acabado de tomar um banho. Preparava-se para a sessão de fisioterapia e fomos surpreendidos por dois dos médicos da equipe. A Dra. Maria Paula e o Dr. Ben Hur se acomodaram de maneira que nos deu a entender que a conversa seria longa. Ficamos assustados, claro. Eles começaram explicando os índices de estabilidade do fígado em relação à doença que enfrentávamos. Os índices eram ruins. Passaram a explicar quando se fazia necessário um transplante de fígado para um paciente com aqueles resultados. Sócrates permanecia calado, atento e extremamente sério. Eu permanecia ao lado dele, atenta. Foi quando ele interrompeu a conversa e expressou duas vontades:

– Eu não aceito me passarem na frente de nenhum outro paciente à espera de um órgão; quero voltar a clinicar na equipe de vocês assim que estiver recuperado do transplante.

Aquilo foi um choque para mim. A maneira que ele encontrou para enfrentar aquela situação terrível que aqueles médicos nos informavam foi incrível e inteligente. Passamos a falar então sobre quando poderia clinicar novamente e sobre a importância da doação de órgãos. Ele foi excepcional ao me pedir algo quando os médicos saíram.

– Linda, ligue para o Peters, quero falar com meu povo.

Eu disse:

– Amor, você acabou de sair de um coma, não pode descer, ainda não está andando, o que quer que eu diga ao jornalista?

– Quero uma câmera aqui. Vou falar daqui. Ligue para ele, linda.

Renato Peters, jornalista de uma importante emissora de televisão que vinha nos apoiando desde a primeira internação. Peters esteve ao nosso lado nos momentos que mais precisamos e sempre a postos ele acabou tornando-se uma pessoa muito querida em nossa família.

Liguei para ele naquele mesmo instante e Renato se prontificou imediatamente a gravar a mensagem, mas tínhamos um grande problema pela frente. Era proibida a entrada de jornalistas na UTI. E para evitar tumultos pelo grande número de profissionais que permanecia na porta de entrada do hospital, seguranças impediam que qualquer pessoa subisse ao andar, mesmo nos horários de visita. Levando o cenário em consideração, o jornalista sugeriu que eu mesma fizesse as imagens, me entregando uma câmera no hall do prédio. Sócrates não quis que eu descesse para buscar o equipamento e então um amigo dele nos trouxe a câmera. Eu estava nervosa, preocupada com a possibilidade de um dos médicos chegar ao quarto e não consegui preparar o equipamento para a gravação. Foi quando Amore me pediu para autorizar a subida de Renato Peters. Liguei para ele e numa operação secreta gravamos a mensagem de Sócrates que foi ao ar no mesmo dia em rede nacional durante o jornal surpreendendo a todos com a imagem dele sorrindo ao falar, mas ainda com equipamentos hospitalares ligados e medicamentos administrados na veia. Ele dizia:

– Não tenho nada contra transplante cardíaco, de rim, de pâncreas, de fígado ou qualquer outro. Só que é o seguinte: eu tenho de estar na lista. Se eu não estiver na lista, eu não furo fila não. E eu não estou em nenhuma lista dessas. Eu acho que até o fim da semana já estou em casa. Na verdade ninguém ainda entendeu por que estou aqui. Eu estou arrumando emprego. Já trabalhei como médico.

No dia seguinte ele apresentou uma boa melhora, amanheceu animado e com muita vontade de fumar. Pois bem, fumar estava completamente proibido, mas para ele nada era proibido nessa vida. Pediu para que eu descesse e comprasse cigarros. Eu disse não e chamei o médico para conversar com ele.

– É melhor não, Magrão, isso pode fazer mais mal. Você sabe disso.

– Eu fumo só um e fumo aqui no banheiro.

– Não. No banheiro, não. Vamos ver o que é possível fazer.

E se retirou. Em pouco tempo um grupo de enfermeiros chegou com a chefe de enfermagem. Com eles dois homens com terços nas mãos, os mesmos que eu e minha mãe havíamos feito como lembrança do nosso casamento e que eu havia presenteado alguns funcionários do hospital, na última internação. Eram seguranças. Uma cadeira de rodas, equipamentos médicos e até um desfribilador. Eles nos disseram:

– Doutor, recebemos ordens para levá-lo escondido até o terraço para um passeio. Vamos?

Ele olhou para mim e começou a rir perguntando:

– Cadê o cigarro, linda?

Eu olhei para ele em resposta e inútil era me manter séria. Ele era terrível e ninguém conseguia dizer não a ele. Eu disse que não tinha um cigarro, mas imediatamente um apareceu nas mãos do segurança. "Operação 008" foi o que ele encontrou para definir o momento. Atravessamos os corredores daquele hospital e subimos para o terraço onde ele, tranquilamente, fumou seu cigarro.

Antes que pudéssemos voltar, uma cena engraçada. De onde estávamos víamos o prédio ao lado da maternidade. Ouvimos um assovio vindo de uma das janelas e um grito de "fala, Doutor". Olhamos e as janelas estavam repletas de pessoas acenando para ele. Fomos descobertos. Foi emocionante. Acenamos também e voltamos para o leito, onde ele descansou antes da primeira fisioterapia que o faria voltar a andar depois de treze dias na cama. Sua primeira caminhada foi emocionante; ele estava agitado e com muita dificuldade para caminhar, mas conseguiu fazer todos os exercícios oferecidos pelos fisioterapeutas e foi aplaudido por funcionários e pacientes.

A BREVE CONVERSA COM LULA

Recebemos muitas visitas naqueles dias que se seguiram e uma delas realmente não esperávamos. Primeiro chegaram dois seguranças, depois o presidente do hospital acompanhado de José Dirceu. O ex-ministro conhecia Sócrates desde a adolescência e durante a visita compartilhou com Amore o momento que estava enfrentando em relação ao julgamento no processo do Mensalão brasileiro. Ele também trazia um abraço do ex-presidente Lula e foi quando Sócrates fez um pedido:

– Zé, ligue para ele, quero falar com o Barba!

Zé Dirceu telefonou imediatamente e passou o celular para Sócrates. Ficamos todos ali apenas com as palavras de Amore, sem ouvir o que respondia Lula.

– Barba, que história é essa de proteger Ricardo Teixeira? Sei. Estou te esperando lá em casa então, quero saber dessa história. Eu estou ótimo! Obrigada!

Foi só. Desligou, se despediu de José Dirceu e, quando todos saíram, me disse:

– Amore, Lula terá um almoço com Ricardo Teixeira e Orlando Silva e me convidou para participar. Disse que precisa de mim. O Barba não é mais o mesmo.

Eu apenas o beijei e disse baixinho:

– Que bom que sabe disso...

Nesse instante a fisioterapeuta chegou. Nunca mais falamos sobre o assunto.

A FUGA DO HOSPITAL NA MADRUGADA

Ele apresentou melhoras consideráveis em seu quadro nos dias que se seguiram, mas a equipe médica, mesmo sem administrar qualquer tipo de medicação, não o liberou para alta. Isso o deixou irritado.

– Amore, eu não vou mais ficar aqui. Vou acabar pegando uma infecção exposto sem necessidade. Faça sua mala agora e vamos para casa.

– Mas amor, não temos alta médica, não podemos sair assim.

Liguei para o médico, mas ele não passou para dar a alta e sim para explicar a Sócrates o quanto estavam apreensivos de liberá-lo. Amore ouviu atento, mas não questionou. O médico saiu e no minuto seguinte ele ordenou:

– Deixe tudo pronto, vamos embora na madrugada. Me prometa!

Prometi.

Quatro horas da manhã de uma madrugada conturbada, pois ele não dormia de maneira alguma e estava muito irritado. Levantou da cama várias vezes. Enfermeiros administraram vários e fortes calmantes que de nada adiantaram e sua irritação só aumentou. Eu, exausta com a situação e empenhada cem por cento na atenção a ele a fim de acalmá-lo, cochilei num instante em que estávamos apenas nós dois no quarto. Acordei com quatro enfermeiros o trazendo de volta da recepção do hospital; ele estava de meias e de moletom indo embora daquele local. Quando me viu ao entrar no quarto disse:

– Fui te procurar lá fora, você me prometeu que iríamos embora. Eu não aguento mais isso, minha linda. Me ajuda?

Era desesperadora aquela cena. Ele estava alterado e delirando por causa da medicação que em vez de fazê-lo descansar o deixou ainda mais agitado. Ele não conseguia controlar a urina há dois dias e acabou molhando toda a roupa. Eu o troquei e o abracei. Eu também estava cansada como ele, eu o compreendia perfeitamente. Prometi a mim mesma em pensamento que iríamos para casa assim que amanhecesse.

A SAÍDA DO HOSPITAL

O dia raiou e estávamos prontos para voltar para casa. Com alta ou sem alta médica nós sairíamos daquele hospital. Eu o deixei com os enfermeiros e desci para comprar uns chocolates em agradecimento aos médicos e enfermeiros que nos atenderam; para minha surpresa, quando cheguei, encontrei alguns dos filhos de Sócrates e o chefe de segurança discutindo com Amore, pois queriam que ele deixasse o hospital pela porta dos fundos driblando a imprensa. Quando entrei, Sócrates me chamou para mais perto e disse que eu resolveria a situação e me contou o que o chefe da segurança pretendia. Enquanto explicava, o próprio funcionário se posicionou da seguinte forma:

– Eu preparei tudo com a diretoria do hospital e o Doutor sairá pelas portas dos fundos para sua própria segurança, como fizemos com a apresentadora Hebe Camargo em internação por aqui há pouco tempo. Está tudo pronto e os filhos aqui presentes concordam.

Fiquei pasma, mas imediatamente reagi, pois minha personalidade me permite e sempre permitirá tal posicionamento.

– Não! Ele vai sair pela porta da frente, como entrou e saiu das outras vezes. Não vai se esconder de ninguém, principalmente do seu povo que nos apoiou desde o início. Ele precisa da cadeira de rodas, mas vai sair pela porta da frente e se quiser atenderá a imprensa que o espera há dias. A não ser que você não queira, meu amor.

E Sócrates, contrariando a todos, respondeu:

– Eu vou sair pela porta da frente; desço na cadeira de rodas, mas quero sair caminhando. Você me ajuda, princesa?

– Eu te amo. Então vamos? Tudo pronto! – respondi recebendo dele um sorriso gostoso.

E assim foi. Ele acenou e trocou poucas palavras com uma dezena de jornalistas que o esperavam em plena organização e respeito. Eram os porta-vozes daquele que seria o último momento em vida saindo de um hospital; pediu em rede nacional eleições diretas para a presidência da CBF (Confederação Brasileira de Futebol). Foi sensacional e admirável. Era o homem ídolo vencendo mais uma das maiores partidas em sua vida.

Voltamos para nosso lar e os dias que se seguiram foram de recuperação total. O organismo dele respondeu rapidamente. Fazia fisioterapia em casa diariamente. Em duas semanas estávamos fazendo até nosso cooper de antigamente pelas ruas e parque do condomínio onde morávamos.

Admiráveis foram o humor e a dedicação dele durante todo aquele mês. Recebemos amigos em casa, continuamos em pleno tratamento espiritual às segundas-feiras, também em casa na companhia de Wladimir e esposa, além de meus pais e de um dos meus cunhados, Sóstenes, que foi o único irmão que nos acolheu na dor e na alegria da recuperação; foi a pessoa, entre todas, mais presente em nossa vida e nossa história. Serei eternamente grata a Sóstenes, pois ele se comportou muito decentemente, deixando no irmão a felicidade de ser aceito e compreendido por sua própria família. Quando Tenes se despedia nas vezes em que esteve em nossa casa, Amore se alegrava em dizer:

– É maravilhoso o Tenes vir aqui em casa, ficar perto. Obrigada por me ajudar com isso, linda!

Além deles, recebemos em nossa casa numa tarde deliciosa dois amigos muito próximos durante anos: Zeca Baleiro e Raimundo Fagner, juntos. Foi especial e emocionante aquela visita. Nós estávamos almoçando na casa de nossos vizinhos, Felipe e Ane Lise, quando eles chegaram. Nós os recepcionamos ainda ali, na casa dos vizinhos, e depois fomos para nossa casa onde na varanda nos reunimos e eles fizeram música, falaram dos anos juntos, ouviram composições inéditas de Sócrates e combinaram concretizar um desejo comum: percorrer o país na véspera da Copa do Mundo com um show que teria o título: *Os Amigos do Doutor*, em que Sócrates reuniria no palco canções inéditas interpretadas pelos seus melhores amigos da música nacional. Zeca e Fagner seriam os produtores e isso viraria um DVD mais tarde. A responsabilidade comercial ficou para mim. Despedimo-nos para nos reencontrarmos em breve, o que nunca aconteceu.

UMA VISITA E UMA CONVERSA INUSITADA

Recebemos um telefonema do amigo e jornalista Juca Kfouri. Ele propunha uma visita no domingo que se aproximava e sugeriu nos acompanhar em caminhada nos exercícios de rotina no condomínio. Ele nos fez feliz com a notícia e o esperamos. Embora ele tenha aparecido ainda pela manhã, a caminhada não aconteceu e nos reunimos na varanda de casa. Ali conversamos sobre muitas coisas, falamos sobre o livro que Amore vinha escrevendo quando

Juca – que havia se comprometido a escrever uma biografia – disse que estava desistindo de escrever sobre Sócrates porque escrever sobre alguém em vida não era algo simples ou confortável e que acreditava morrer antes dele. Foi nesse momento que Amore revelou:

– Juquinha, eu estou escrevendo com a ajuda da minha mulher. Deixa isso pra lá.

E para nossa surpresa, o amigo respondeu:

– Você escrevendo sobre você? Mas Magrão, não pode deixar de contar o que aconteceu naquela época, sua saída do Brasil, sua história com ela por quem se apaixonou...

E antes de terminar a frase foi interrompido.

– Juquinha, para com isso, faz muito tempo.

Eu olhei para Sócrates. Ele estava apreensivo. Juca continuou:

– Magrão, você precisa escrever sobre aquele sentimento, sua paixão por ela...

Foi novamente interrompido.

– Que é isso, Juquinha?

– Magro, você precisa abrir o coração se vai falar sobre você. Você precisa contar aquela história...

O clima ficou tenso. Sócrates não estava confortável e tinha algo naquela conversa que eu não sabia. Juca continuou insistindo na história, o que, confesso, foi muito indelicado. Até que eu perguntei a Sócrates:

– Sobre quem estão falando? Quem é essa pessoa?

Na época a que se referia Juca, Amore estava casado com sua primeira esposa e completamente envolvido com a questão política no Brasil; por isso o comentário de Juca se fazia indelicado e impróprio para aquele momento. Ele seguramente se referia a uma terceira pessoa. Desde que nos conhecemos Sócrates foi um homem muito ciumento; ao contrário da fama que perdura como liberal até hoje, ele era extremamente conservador no aspecto emocional. Tínhamos uma vida juntos conservadora e ele era severo na maioria das vezes, evitando receber muitas pessoas em nossa casa. Ele contestava situações de bigamia entre os parentes e amigos e a postura que adotava ao presenciar uma mulher ou um homem se insinuando para nós – o que acontecia muitas vezes – era rude e ofensiva. Levando o que conhecia dele em consideração, compreendi o quanto ele estava incomodado com o amigo. Resolvi acabar logo com aquilo fazendo a aparente vontade de Juca:

– Diga, amor, de quem estão falando?

– A cantora.

– Qual cantora?

Antes que ele pudesse prosseguir com a conversa, eu disse:

– Acredito não ser saudável tocar nesse assunto, Juca, principalmente publicamente. Amore estava casado na época, sua separação anos mais tarde reflete até hoje no mau relacionamento com os filhos e isso só vai maltratar ainda mais esses meninos e a mãe deles envolvida nesse processo que não deve ter sido de pequenas proporções, já que você faz questão de falar sobre isso aqui.

Sócrates me pegou pela mão, me deu um beijo, Juca se levantou e levamos a conversa até a porta de saída, quando Juca se despediu. Entramos juntos e enquanto ele trazia as louças do café para a cozinha, eu me antecipei, pois ainda estava tensa com a conversa, e comecei a lavar algumas xícaras quando, com as mãos ensaboadas, fui interrompida por ele, que me tirou para dançar no meio da cozinha numa cena que me recordou uma das nossas primeiras. Ele disse:

– Você é A mulher, a mulher perfeita, por isso te procurei em todas as outras mulheres. Errar me fez chegar aqui em teus braços, amore mio.

Eu só dei uma risadinha, numa reação natural ao ouvir aquela frase muito bem colocada por ele, e lhe disse apenas uma frase.

– Quem nunca cometeu um erro e magoou pessoas querendo acertar que atire a primeira pedra...

Jamais quis saber quem era essa cantora. Eram coisas do passado, que ele mesmo já havia resolvido. O dia terminou de maneira ótima e em seu livro nenhuma história de traição, paixão desmedida e desejos da juventude se fez presente por um motivo muito simples que ele insistia em lembrar: havia muitas outras palavras realmente importantes para a humanidade a serem ditas por ele. Assim o fez.

O ÚLTIMO ENCONTRO COM A MÃE EM VIDA

Algo me inquietou por um bom tempo. Entender exatamente por que o relacionamento dele com a família era tão complicado e tenso. Pouco dessa história familiar ele me contou, mas algumas situações que presenciei entre eles ainda estão sem respostas para mim como naquela última tarde em nossa casa quando recebemos de surpresa a visita da mãe dele e de um dos irmãos.

Ela não ficou muito tempo conosco e lembro-me do episódio como se fosse hoje. Sentamos na sala e servi um café. Eu estava ao lado dele, de frente para sua mãe. Em pouco tempo de conversa, senti que o ambiente estava começando a ficar pesado. Afastei-me e não sei ao certo sobre o que exatamente conversaram, a mãe dele fazia algumas cobranças relacionadas a responsabilidades familiares, coisas típicas de mãe. Não sei qual o verdadeiro teor das questões levantadas por ela, lembro apenas de ter ficado bastante intrigada, pois Sócrates sempre deu suporte financeiro aos filhos, também ajudou um dos irmãos a se recolocar profissionalmente quando estava em dificuldades e ainda financiava os estudos da filha de uma de suas funcionárias.

Sócrates ainda estava convalescente, tossia bastante e não disse muita coisa, talvez para não prolongar aquela discussão. Ainda propus que almoçássemos todos juntos pensando em esfriar os ânimos, mas tinham outros compromissos. Seguimos para a biblioteca para apreciar o livro que havia acabado de chegar em comemoração ao centenário do Corinthians, uma edição especial que pesa cerca de trinta quilos, nos despedimos lá mesmo. Naquela noite Sócrates chorou muito, estava realmente muito triste e reflexivo. Foi a última vez que viu sua mama em vida.

A NOITE EM QUE ELE QUASE SE FOI

Era uma quarta-feira, a noite estava fria. Minha mãe estava em nossa casa para me auxiliar com os cuidados especiais naquele dia. Ele estava se recuperando muito bem, mas naquela semana havia tido uma recaída. Já estávamos prontos para dormir por volta das vinte e duas horas quando ele se sentou na beira da cama e me chamou para perto dele. Começou a chorar e disse:

– Chame seu pai, chame sua mãe, vamos rezar, eu preciso de mais um pouco de tempo, eu estou indo embora, linda, me ajuda, me ajuda...

Fiquei apavorada. Saí pela casa gritando por minha mãe, liguei para meu pai que estava num grupo de estudos num centro espírita numa cidade do interior, a oitenta quilômetros dali, e pedi que viesse imediatamente. Minha mãe entrou em nosso quarto e começamos a rezar junto com Sócrates. Ele nos pediu para abraçá-lo. Abraçamos e rezamos enquanto ele chorava muito se dizendo angustiado e fraco. Aquela cena aflitiva durou quase duas horas. Estávamos todos exaustos. Não se tratava naquele momento de levá-lo ao médico, não ao médico do corpo físico. O que estava acontecendo ali era espiritual. Num determinado momento ele conseguiu acompanhar em voz alta a oração ao nosso lado e foi se acalmando até cair em sono profundo. Ele suava muito. Nós o deixamos dormir e eu comecei a chorar ao lado dele na cama aliviada. Meu pai chegou, aplicou um passe mediúnico nele e ele despertou agradecendo. Estava bem. Passamos o restante da noite de maneira tranquila. No dia seguinte, ao acordar ele me disse:

– Eu ganhei mais um tempo; preciso saber o que fazer com ele.

Uma semana se passou e cumpríamos a rotina de gravações para a TV. Dali a exatamente uma semana ele não estaria mais entre nós. Saímos de casa e ele foi o último a trancar a porta como sempre fazíamos, eu com os nossos agasalhos em mãos e ele conferindo as fechaduras e portas da casa. Naquela noite eu me aproximei do carro e por minutos me virei olhando para trás com os casacos nas mãos. Ele estava parado exatamente em minha frente a alguns metros de distância. Por um ou dois minutos permanecemos ali nos olhando parados como se estivéssemos conversando pelo tempo de toda uma vida. Ali eu o vi indo embora e sei que ele também sabia que estava indo. Impotente, saí correndo feito uma criança e ele igual. Nós sentimos o mesmo. Algo que nos tocou e nos moveu em direção um ao outro. Agarramo-nos num abraço forte e demorado. Não havia desespero, mas saudade. Naquele momento em silêncio nos agradecemos por tudo o que aprendemos um com o outro e nos entregamos à vontade divina porque nada mais a nós cabia nessa vida.

O TIME DOS SONHOS

Naquela época, Sócrates foi convidado a uma entrevista com um jornalista holandês chamado Ernest que se tornou um grande amigo depois de nos conhecer. Ele, amore, estava muito cansado, mas preferiu agendar a entrevista num restaurante do bairro onde moramos. Por volta das vinte horas estávamos todos lá. A conversa rendeu até a meia-noite e nenhum tema escapou dela como de costume quando alguém se dispunha a ouvi-lo. Antes que Ernest pudesse encerrar com uma foto, pediu a Sócrates que lhe entregasse a escalação do time perfeito para ele. Sem demora, iniciou:

```
                NIETZSCHE

          MARADONA    PELÉ
    PLATÃO                  KARL MARX
            ADEMIR DA GUIA


             CRUYFF
                        ZIDANE

                 ZICO
        GARRINCHA            MESSI
```

— Então é isso — continuou Sócrates. — Essa equipe vai jogar um futebol bonito e jogar como deveria, com a arte! Defensores eu não preciso, porque se você está sempre em posse, você não defende. Goleiros são loucos ou gays. Nietzsche foi um brilhante filósofo alemão. Ele também fazia parte de um clube pequeno de gays — brincou. — Por isso, ele é extremamente adequado para o gol. Laterais devem saber qual é a verdade no campo. Para isso é necessária a inteligência. E quem era mais inteligente do que Platão? Então nós colocamos ele à direita, enquanto, por outro lado, um pensador de esquerda deve ficar de pé. Bem, sem dúvida que deve ser a inspiração comunista Karl Marx. No centro da defesa são Maradona e Pelé, para ver que o edifício está bem bastaria olhar para trás. Ademir da Guia é o único controlador na equipe. Que era um jogador inteligente, que era o caminho, o jogador de futebol brasileiro mais subestimado dos anos 1970. Cruyff é o cérebro, com Zidane como o lado esquerdo do cérebro de Johan. Na frente o brilhante driblador Garrincha, Zico e Messi. Nosso campo de treinamento é na Acrópole, em Atenas, por isso temos a filosofia de futebol, pelo menos em pé de igualdade. Ah, sim, o deus grego Zeus, o fisioterapeuta. Então, pelo menos todo mundo se encaixa!

O garçom se aproximou com a conta. Éramos os únicos clientes restantes no restaurante. Já passava da meia-noite. Foi uma noite fascinante. Sócrates parecia cansado. Despedimo-nos e voltamos para casa.

Pouco tempo depois, outra crise nos obrigou a voltar para o hospital. Foi a última internação.

A DOR DA SAUDADE

Consegui superar a noite de Natal que chegou logo depois da partida dele, em casa. Wladimir foi o único amigo que passou por lá. Washington Olivetto me ligou e ao telefone me consolou. Mino Carta da mesma forma. Eu estava sozinha. Preferi não sair de casa enquanto meus pais viajavam. A situação e o sofrimento haviam desgastado a todos, eles precisavam descansar. Eu não. Eu ainda precisava de respostas, precisava reencontrar a minha paz e ela demorou a chegar. A nossa cama já não era a mesma, o cheiro do café e a voz dele cantarolando pela manhã desapareceram dando espaço a um silêncio cruel, as telas em branco no meio da sala que sobraram da última arte que ele ousou pintar ainda estavam ali só para me lembrar de que acabou. Os olhares dos vizinhos eram de pesar, em vez de radiantes bons dias; meu banho não tinha mais o olhar admirado dele, até a lista de supermercado ficou menor sem os doces e queijos que ele adorava. Eu não tinha mais apetite e nem coragem para ligar a televisão.

Passei dias chorando, olhando para o espelho e tentando encontrá-lo em mim. Resolvi rever fotos, textos e abraçar as roupas que ele havia usado e ainda traziam o perfume de seu suor. Em um desses momentos fui até nosso diário.

Eu nunca antes havia aberto o diário para ler e sim apenas escrever, pois havíamos combinado de ler juntos e para as nossas filhas gêmeas.

Tremia um pouco naquele instante, estava bem fraca, mas quando abri o caderno caí aos prantos lendo cada uma de suas palavras, de seus poemas e de seus desabafos. Um deles diz:

"Amore mio!
Deixo com você muito de mim.
Parto com saudade de ti e alegre por nós dois.
Beijos mil."

Outro diz:

"Temos filhos!
Por que, para quê?
Nos dão um trabalho danado.
Nos tiram o sono, nos cansam, nos esgotam. Que temos em troca?
Suaves saudades do que os filhos poderiam nos proporcionar."

E belíssimas poesias como esta, escrita em Ilhabela, São Paulo:
"Nesta cidade todo mundo é
homem, menino, menina mulher
Toda gente irradia magia
Presente na água doce
Presente na água salgada
E toda cidade brilha
Seja servente ou filha de pesca
Ou importante desembargador
A força que mora n'água
Não faz distinção de cor"
E algo que me emociona sempre que volto a ler:
"Resigna-te ao amor
Não tenhas medo
Não sintas temor

> *Te entregue a esta maravilha*
> *Te deite em sua esteira*
> *Espreguice-te na sua rede*
> *Resigna-te ao amor*
> *Ele é doce como a paz*
> *Seguro como o leito onde descansamos*
> *Ardente como o fogo*
> *E carinhoso como os braços da amada*
> *Resigna-te ao amor*
> *Só ele nos faz viver*
> *Só ele nos faz sentir*
> *Só ele nos enche*
> *de um sentimento único e incomparável*
> *A felicidade*
> *Para quem não sabe, eu digo*
> *Ela existe!*
> *Como sempre sonhamos"*
> 7/7/2010, São Paulo

A paz que procurei depois dessa imensa descoberta estava longe. Ela só chegou há poucos dias, um ano e meio depois. Naqueles meses que insistiram em me trazer as mais dolorosas e alegres recordações tudo pareceu insuportável para meu corpo e para meu coração. Enfrentei um silêncio absoluto por parte dos meus cunhados e filhos de Sócrates, o que me feriu feito navalha por muito tempo. Esperei a cada amanhecer e a cada anoitecer um abraço de qualquer uma das pessoas que eram parte dele. Jamais compreendi a indiferença com a qual fui tratada, pois nenhum motivo antecedeu de minha parte esse contexto. Mas os dias completamente sozinha me fizeram reagir. Os sonhos que tive com ele também me ajudaram a não mais buscar explicações. Foram vários sonhos ao longo do ano. Em um deles ele estava grisalho, todo vestido de branco e deitado em uma maca gritando alegre por mim. Ele dizia:

– Amore mio, amore mio, onde você estava? Eu já posso voltar para casa e você não estava aqui. Me dê um abraço! Que saudade eu estava de você! Quanto tempo!

E me abraçava me pedindo pra levá-lo para casa. Ele sorria. Eu estava confusa. Depois desse sonho ele apareceu outra vez logo após uma audiência dilacerante para mim, entre filhos, ex-mulheres e um de seus melhores amigos, todos discutindo uma herança material provocando um conflito desnecessário. Lembro-me que viajei quatrocentos quilômetros para essa audiência acompanhada dos meus advogados e ao retornar exausta dormi profundamente.

Ele apareceu em meu sonho rindo muito, me abraçando e me agradecendo. Por muito tempo passei sem compreender o significado de todos os sonhos, mas de alguma forma ele esteve por perto.

A situação financeira me deixou ainda mais frágil e vulnerável, pois eram muitos os compromissos e as nossas contas bancárias inacessíveis até que o inventário pudesse ser resolvido. Os projetos da minha empresa não puderam seguir e a minha reconstrução partiu literalmente do marco zero com pouquíssimos amigos por perto em apoio emocional.

Nossa empregada, a Marisa, que presenciou todo o meu sofrimento nesse período, era a única presença em nossa casa além da minha. Um ano e quatro meses depois Marisa, ainda muito jovem, foi surpreendida com um derrame cerebral e nos deixou também. Minha casa estava vazia novamente e eu estava sozinha outra vez.

Passei a não me sentir muito bem e às pressas fui hospitalizada. Duas semanas de exames laboratoriais que não diagnosticaram nenhum problema físico. Mas eu vinha sentindo muitos enjoos, dores de cabeça fortes e um cansaço físico inexplicável. Tinha muito sono, embora me recusasse a permanecer na cama. Foi um longo período em que lutei comigo mesma e com meus fantasmas. Enfim, retomei o trabalho, decidi escrever este livro e passei a palestrar sobre dependência química, suas causas e consequências. Recebi milhares de mensagens eletrônicas do mundo todo relatando casos parecidos com o que enfrentamos, pessoas apenas desejando compartilhar suas dores ou implorando ajuda.

Meu reencontro comigo mesma tem ocorrido aos poucos, depois de um tempo longe dos amigos em comum e em alguns dias fora de casa, pois por um tempo nela eu não conseguia adormecer.

SÓCRATES ME LEVOU AO SEU ENTERRO

Uma semana após a sua partida, sonhei com ele pela primeira de muitas vezes.

No sonho, nítido dentro de mim, ele me pegava pela mão e me levava ao seu próprio enterro. Eu chorava demais e ele me acalmava dizendo:

– Olha lá, eu estou aqui com você. Lá só tem um corpo. Não vale nada.

É de arrepiar sempre que conto sobre esse sonho.

Meses depois voltei à cidade de Ribeirão Preto e a convite de nossa caseira do sítio onde passávamos alguns finais de semana depois de casados, fui ao cemitério. Fiquei impressionada com duas situações.

O local, que eu não conhecia por nunca ter ido até lá e por não ter assistido às matérias sobre o sepultamento de Sócrates na TV, era exatamente o local do sonho. E algo ainda partiu meu coração. Ao me aproximar da entrada do cemitério, uma jovem senhora e seu marido que trabalhavam ali vieram ao meu encontro dizendo:

– Nós vimos e rezamos pela senhora e pelo Doutor pela televisão. Nós não vimos a senhora aqui no enterro, mas sabíamos que viria. Queremos pedir para a senhora colocar a plaquinha com o nome dele no túmulo, pois ninguém se importou de colocar.

Fiquei bastante chateada com aquela situação, não entendi sinceramente a falta de consideração e paguei imediatamente pela placa. Um ídolo mundial como Sócrates não podia ficar sem identidade, era o mínimo que eu poderia fazer pela sua dignidade.

Voltei para casa aos prantos e com muita saudade.

Ele estava em paz e ainda bem cuidado por mim e pelos que verdadeiramente o amaram acima do que conquistou materialmente.

Afinal, como ele mesmo desejou nos anos 1980, partiu num domingo com o Corinthians campeão e plenamente feliz por ter conhecido o amor verdadeiro e incondicional.

CAPÍTULO 13 · **CASOS DO DOUTOR. UM POUQUINHO MAIS DE SÓCRATES**

Sócrates deixou as histórias a seguir escritas em nosso *Diário*. Muitas ele não cansava de contar repetidas vezes nas rodas de nossos amigos. São tantas e tão preciosas que resolvi registrá-las aqui, para que o que viveu esse homem tão especial ficasse gravado para sempre na memória daqueles que o amaram, assim como eu.

MINHA CHEGADA À ITÁLIA

A viagem não foi das melhores. A ansiedade em relação ao que me esperava não me deixou dormir, muito menos acalmar-me. Passar um ano em um país distante do meu, enfrentar uma cultura que por certo era muito diferente da minha me dava medo senão pavor. Sempre tive dificuldade com o novo. Talvez porque tenha saído tarde de casa, onde encontrava proteção até em demasia. É por isso que é tão confortável a casa da mãe. Além e principalmente por causa da realidade que vivia naquele momento: absolutamente envolvido com as coisas que ocorriam com meu povo e meu país.

De qualquer forma, a opção foi minha e eu tinha que aproveitar da melhor maneira possível aquela experiência que tanta insegurança provocava naquele instante. Desembarquei no Fiumicino, o aeroporto internacional de Roma, e me aguardava um motorista para lá de bem arrumado em seu terno impecável, gravata retilínea e sapatos cuidadosamente engraxados. Tenho certeza de que depois de uma viagem como a que ele fez estaria totalmente amarrotado da cabeça aos pés. Infelizmente não me lembro de seu nome, mas que era uma pessoa especial se via logo de cara. Um senhor fino, educado, que me recebeu muito bem. Subi no Mercedes que ele dirigia e pegamos o caminho de Florença, a famosa autoestrada A1. Na estrada começamos a nos comunicar com dificuldades, pois eu não falava nada de italiano. Lembro-me quando escapou um "permanecer" da minha boca e ele imediatamente me falou: "Isso, é isso, você já se comunica em italiano" – pelo menos foi assim que entendi. Fiquei feliz e muito mais animado a partir dali, para não dizer comovido com a tentativa dele de me deixar à vontade.

Enquanto tentávamos nos comunicar, prestava atenção por onde passava, mas antes disso algo me impressionou: a velocidade que os veículos imprimiam. Algo sempre em torno ou quase 200 km por hora. Para mim, uma loucura. Porém, o piso era tão uniforme e as indicações tão claras que deveriam evitar muitos acidentes que no caso poderiam ser de grandes proporções. As placas às vezes me enviavam para localidades que me pareciam íntimas como Assis de São Francisco, Arezzo ou Viterbo que me lembrava da vizinha de Ribeirão Preto Santa Rosa, enquanto outras me entretinham como Cortona, que prometi conhecer um dia. Depois de pouco mais de duas horas nos aproximamos daquela que seria minha casa nos tempos vindouros.

Entramos em Firenze, que continuava se chamando Florença em meu consciente, pelo pedágio onde muitas vezes mais eu passaria e muito perto daquele que seria meu lar nos doze meses seguintes. Imediatamente ele me comunicou que iríamos diretamente para o Estádio Comunale, onde a cidade me receberia. Chamou-me a atenção a arquitetura, as lambretinhas que muitos jovens utilizavam para o transporte e principalmente o cuidado com os afrescos que insistiam em surgir a cada prédio que se avizinhava. Finalmente chegamos e ali me esperavam a direção do clube, muitos jornalistas e algumas centenas de torcedores que, mesmo fora do estádio, estavam para saudar-me e dar-me as boas-vindas. Depois das apresentações, fui levado a um pequeno auditório para o primeiro contrato com a imprensa.

Nesse exato instante percebi que teria problemas de entendimento, porém nesse instante percebi a presença de um personagem para lá de interessante. Quando da negociação, ele tinha aparecido para, segundo ele, auxiliar no que fosse necessário. Se não me engano ele possuía alguma relação com companhias aéreas ou algo assim. Entendi como uma tentativa de se aproveitar de alguma maneira da situação e o dispensei achando que teria me livrado dele. Qual não foi minha surpresa quando percebi sua presença naquela coletiva de imprensa se apresentando para fazer a tradução. Como me encontrava em desvantagem, já que a maioria dos jornalistas ali presentes aquiesceu à sugestão, me mantive calado, mas atento até demais. No entanto, em determinado momento entendi que ele não traduzia exatamente o que eu queria dizer e se manifestava como queria, sem respeitar a minha postura e as minhas convicções. Aí, decidi – e tornei isso claro – que estava abrindo mão daquele "intérprete".

Foi o primeiro choque entre as minhas posições e o interesse dos italianos. Talvez tenham se chocado, mas não havia como aceitar o que estava acontecendo. A surpresa provocou estupor e interrompeu por algum tempo o debate até que outra figura, essa da melhor qualidade e que se tornou um grande amigo, Gianlucca Segatto, um rapaz que estudara e aprendera um pouco de português, se colocou à disposição para nos auxiliar, o que foi prontamente aceito. Assim, pudemos dar sequência aos questionamentos até que, enfim, todos ficassem satisfeitos.

Interiormente, eu estava em frangalhos: cansado ao extremo e irritado com a petulância do "aviador". Sonhava com uma boa e silenciosa cama para descansar; entretanto, me levariam para comer logo depois de me apresentarem aos "tifosi", que é como são chamados os torcedores. O lugar era magnífico. Magnífico não: esplendoroso. Um parque bem no meio da cidade com vista para os principais monumentos como a ponte Vecchio e a catedral e que se alcança através de uma via sinuosa subindo uma colina e chegando a uma praça onde predomina uma cópia em tamanho real da célebre imagem do David de Michelangelo. Uma brochura incomparável bem em frente ao restaurante onde desembarcamos para o almoço. Senti-me levemente constrangido, pois o local me pareceu extremamente chique para quem estava de camiseta, jeans e tênis contra toda a formalidade dos italianos de terno e gravata...

COMO NÃO ENGANAR UM PAI

Era ainda um juvenil e estava prestes a fazer vestibular para a faculdade de medicina em 1971. Como não tinha tempo de treinar por causa dos estudos, eu me apresentava para os jogos sempre aos domingos e os mais importantes, sem dúvida, eram aqueles jogados contra o Comercial. Naquele domingo estava em uma enrascada; tinha o clássico e um simulado no cursinho no mesmo horário e teria que optar. O Vieirão, meu grande pai, me marcava sob pressão para que não faltasse ao exame e foi a solução que encontrei e que lhe prometi, mas ao acordar naquele dia, bem cedo pois a prova se iniciava às 7 da matina, já havia mudado de ideia, até porque me encontrava bem preparado, sabia que ingressaria na faculdade e aquele exame simulado em nada me faria falta. Caí na besteira de tentar enganá-lo pela primeira e única vez na vida e me dei mal. Ele me deixou na porta do cursinho, ali na Américo Brasiliense, e se foi. Caminhei dali até o estádio do Botafogo, onde deveríamos nos preparar para a partida, quase que correndo para poder participar do clássico. Jogamos bem, ganhamos e eu fiz dois gols. Tudo perfeito? Que nada! Havia me esquecido que à tarde teríamos o jogo entre os profissionais e o grande assunto era a minha exibição pela manhã. Nunca mais me esquecerei do sermão que recebi. Mas foi por uma bela causa, vocês não acham?

QUANDO A PALAVRA NÃO VALE MAIS NADA

Resolvi voltar ao meu país depois de minha experiência italiana, quando recebi um convite de um famoso locutor de TV, que havia se associado à Ponte Preta de Campinas. Nossas conversas foram poucas e por telefone. Fechamos o acordo por uma soma que acreditava seria difícil de ser conseguida naqueles tempos em que a realidade de nosso futebol era bem diferente dos dias de hoje, mas mesmo assim resolvi arriscar, pois me encontrava extremamente infeliz fora de meu país. A única condição que coloquei foi a de que ele me garantisse uma determinava soma que correspondia a 10% do total do pretenso contrato de dois anos. Assinei a rescisão confiando na palavra de que aquela quantia se encontrava em seu cofre particular. Qual foi meu espanto quando, em meio às discussões de pequenos detalhes do contrato, fiquei sabendo que aquele dinheiro não existia. Imediatamente encerrei as conversas e voltei para a Itália, pois para mim é inadmissível que alguém possa ser tão inconsequente e inescrupuloso a ponto de mentir em uma situação como aquela. Não é à toa que a seleção de Masters se afastou desse indivíduo.

LIRAS A MAIS

Em razão da denúncia, depois negada, do jogador Tuta, brasileiro que atua no futebol italiano, de que seus companheiros pediram para que ele se acomodasse no final de uma partida contra o Bari, para que o empate se mantivesse, contarei um episódio do qual fui protagonista, no mesmo campeonato italiano em 1985. Era final de temporada e a Fiorentina e o adversário já não aspiravam a coisa nenhuma na competição. No vestiário, antes da partida, a palavra de ordem entre os jogadores era a de que o jogo deveria terminar empatado. Reagi, dizendo que não compactuava com aquilo e que jogaria para vencer. O que aconteceu em campo foi inacreditável; o jogo parecia normal, apesar da pouca combatividade das duas equipes; eu passei meio tempo me deslocando, gritando, pedindo (até parece poesia do Gonzaguinha) e nada da bola chegar até a mim. Durante aqueles intermináveis 45 minutos não recebi um único passe e as poucas vezes em que toquei na bola foram por ter roubado alguma do adversário. No intervalo, me neguei a voltar a campo e fui embora para casa indignado pela situação jamais vivida. Ah! O jogo? Terminou em um esperado 0x0. E dizem que são mais profissionais que os outros. Só se for nas receitas, nem sempre limpas.

DA GALERA PARA O CAMPO DE JOGO

No meu tempo de Botafogo, minha vida era uma correria só para poder conciliar o curso de medicina e o futebol. Nem sempre podia viajar junto com meus companheiros e às vezes chegava em cima da hora do jogo. A história que vou descrever aconteceu em minha primeira partida no Pacaembu. Saí do hospital das Clínicas lá pelas cinco horas da tarde para viajar até São Paulo. Chovia na capital, o trânsito estava muito ruim e por isso chegamos a poucos minutos do início da partida. Como não sabia onde ficavam os vestiários e apressado como estava, resolvi entrar pela frente do estádio, pela Praça Charles Miller. Para isso tive que comprar um ingresso e correndo me dirigi a um torcedor para saber dos vestiários. Como eram do outro lado, fui o mais rápido que pude. Ao chamar o senhor que controlava os portões para pedir-lhe que me permitisse passar alegando que era atleta e que iria jogar, ele quase morreu de rir e negou-se a principio. Depois de muita insistência e com a chegada de um dos nossos, pude entrar em campo, trocando de roupa na boca do túnel. E os vestiários, até o intervalo, se mantiveram desconhecidos para mim. Felizmente nunca mais foi necessário passar por aquela situação inusitada.

SERÁ QUE FOI UM SONHO AQUELA DERROTA DE 1982?

Realmente é de admirar pessoas que apresentam em suas personalidades características que as definem como espirituosas. Uma das mais próximas de mim, até hoje, é o ex-zagueiro Juninho, que iniciou na Ponte Preta e comigo jogou no Corinthians e na seleção e atualmente é técnico de Juniores da Lusa paulista. Com ele vivi momentos marcantes de minha vida e aprendi a vê-la de forma mais alegre. Duas de suas passagens mais engraçadas foram na seleção de Telê. Em sua primeira convocação, ao nos dirigirmos ao estádio Castelão de Fortaleza, lá do fundo do ônibus gritou: "Vou te dar uns óculos, Telê. Quem tem que jogar sou eu, não o Oscar!". Foi uma gargalhada só. Ainda mais partindo de um calouro, geralmente tímido. A outra ocorreu logo após a derrota para a Itália na Copa de 1982. Estávamos esperando a saída de nosso ônibus para voltarmos tristemente ao hotel, com vários companheiros lacrimejando ou, no mínimo, absolutamente calados, em um ambiente de funeral, quando ele saiu com a seguinte pérola: "Foi um sonho, galera; o jogo é amanhã". Não conseguiu nos fazer rir, mas disse exatamente o que todos nós gostaríamos que estivesse acontecendo.

CUIDADOS COLETIVOS QUE DEVEMOS MANTER

Todos até hoje tentam encontrar uma explicação para a derrota da seleção de 1982, na partida contra a Itália, classificatória para as semifinais daquela competição. Obviamente que como estamos avaliando um jogo, nem sempre lógico, o resultado até que foi normal para uma partida equilibrada, mas um episódio ocorrido alguns dias antes me fez sentir algo que me levou a, pela única vez naquela campanha, imaginar que poderíamos perder o título. Jogávamos contra a Nova Zelândia e o resultado já estava definido, quando roubamos uma bola no meio do campo e nos encontrávamos com cinco jogadores contra apenas dois do adversário. Inexplicavelmente o companheiro que estava de posse da bola, em vez de fazer a jogada correta, tentou o tiro a gol, da intermediária. Isso me fez acreditar que a repercussão de nossas apresentações estava provocando um surto de individualismo naquele colega e que isso deveria sofrer uma ação concreta. Como era o capitão, e me mantinha atento a essas particularidades, expus a situação ao comando técnico, particularmente ao Gilberto Tim, nosso preparador físico, para que a ação partisse de cima. Parece que não deu muito resultado, pois uma situação idêntica ocorreu novamente contra os italianos quando ainda estávamos empatando em 2x2, e acabamos perdendo a oportunidade de definirmos o resultado a nosso favor. Esse é o maior problema a ser administrado quando se alcança a notoriedade: manter os pés no chão e o espírito coletivo.

BANHEIRO OBSCENO

O encontro com novas tecnologias é uma realidade em nosso país nos dias de hoje após a abertura econômica que dizimou grande parte de nosso parque produtivo, pela falta de cuidados com que foi conduzida. Mas, duas décadas atrás, o convívio com determinadas tecnologias geralmente ocorria quando viajávamos ao exterior. O caso que vou relatar aconteceu na Basileia, Suíça, na excursão de 1983 já citada aqui. Depois da partida, estávamos no lobby do hotel jogando conversa fora e relembrando os lances da partida, ansiosos por voltar ao nosso país depois de duas semanas na Europa, quando um de nossos companheiros voltou assustado do banheiro afirmando: "Gente! A descarga funciona com um simples toque em qualquer dos azulejos". Todos começaram a rir porque o que na verdade tinha acontecido era que ela funcionava por fibra ótica e como o amigo encontrava-se um pouco "alto", digamos, eventualmente ao balançar o corpo para a frente, saía do raio de ação da fibra e a descarga do vaso detonava seu mecanismo. Ficamos sabendo depois que ele passara quase meia hora para tentar entender o processo, sem ter conseguido. O desconhecimento e a ignorância sempre nos colocam em situações difíceis.

DO BEISEBOL AO FUTEBOL

Uma das maiores surpresas que tive na vida foi a mudança ocorrida na cultura esportiva japonesa nas últimas décadas. Em determinado momento passaram a investir maciçamente em futebol, um esporte que não fazia parte das tradições orientais, sem muita razão de ser, a meu ver. Estive pela primeira vez em território japonês em 1983 para realizar algumas partidas contra a seleção daquele país, em pleno inverno. Jogamos sempre à tarde e com a presença predominante de crianças. Isso me chamou a atenção e comecei a procurar entender o porquê. Depois de anos de estudos e indagações, descobri que aquele era um processo que não tinha interesses econômicos diretos como se poderia esperar, pois o futebol é um esporte mais globalizado e popular que o beisebol, até então o principal esporte do país. O que na verdade se buscava era a retomada do espírito comunitário que imperou na cultura japonesa por séculos e que levou sua economia a se recuperar e crescer de forma impressionante após a Segunda Guerra Mundial. Toda estrutura de produção das empresas daquele país está baseada na formação de células, onde um determinado número de trabalhadores divide as funções. Esses núcleos praticamente não se alteram por toda a vida produtiva desses indivíduos. Com o crescimento da economia, os interesses pessoais passaram a ter um peso maior e essa estrutura se encontrava em situação de risco. A saída foi investir em um projeto institucional e ideológico, onde a base era o futebol, que é o esporte mais democrático e coletivo que conhecemos. Resulta que hoje, na maioria dos campos esportivos das escolas, trocou-se as bases de beisebol por traves de futebol e o futebol japonês receberá a Copa do mundo de 2002. Isso sim é que é um projeto bem-sucedido.

AH, SE ESSE MEU POVO SOUBESSE A SUA FORÇA!

Uma das maiores emoções de minha vida – e, sem dúvida, uma das maiores manifestações de cidadania de nosso povo – aconteceu em 1984, no último comício em São Paulo que, partindo da Sé até o Anhangabaú, arrastou uma multidão sedenta em fazer a história de seu país. Foi o ponto culminante da maravilhosa campanha pela redemocratização de nosso país e tivemos a honra de participar, representando a Democracia Corintiana, junto a vários de nossos companheiros. Sob o comando de Osmar Santos, aquilo se transformou em uma grande festa por uma causa mais que justa. Ali realizei a grande aposta de minha vida, respondendo aos anseios de toda nossa população. Ao afirmar que não iria de forma nenhuma para longe de meu país se a emenda Dante de Oliveira passasse na Câmara e no Senado, voltando assim ao estado de direito democrático, quis colocar de forma absolutamente visível a paixão que sinto por essa nossa nação que, depois de anos de mordaça, estava buscando mudar sua história de forma honesta e pela via menos agressiva. Infelizmente teríamos de esperar ainda alguns anos para alcançarmos nossos objetivos, mas a convivência com todo aquele povo, naquele momento, foi de uma energia assustadora que jamais sairá de minha lembrança.

O PESO EM MINHAS COSTAS

Jogava há algum tempo no Botafogo, ainda juvenil, e as pressões para me tornar profissional aumentavam a cada dia. Como me encontrava no primeiro ano da faculdade e meu tempo era todo tomado por minhas atividades em Monte Alegre, era extremamente complicado assumir esse compromisso, apesar de sentir certa atração pelo fato. Nas férias do final daquele ano de 1973, depois de ter participado de uma excursão ao Mato Grosso em julho, resolvi aquiescer aos apelos, aproveitando minha folga escolar, e assim rumei para o estádio para meu primeiro treino. Esperava participar de algum coletivo ou coisa parecida, mas me colocaram à margem do campo para uma série de exercícios com pesos. Aguentei por pouco tempo, pois era muito magro e jamais fizera qualquer atividade parecida. Aproveitando que estava sozinho, abandonei aquela atividade desgastante e sumi, literalmente sumi até o ano seguinte, quando começou minha epopeia futebolística. Quase que um simples treino derruba uma história de vida.

PALPITE MAIS QUE FELIZ

Corria o início do ano, entre 1976 e 1978, e o grande clássico da cidade fora determinado para o sábado imediatamente após o Carnaval. Na última noite de folia, estava vagando pelos salões da Recreativa quando avistei um grupo de amigos, em bloco, com a camisa do Comercial. Entre eles se encontravam o Jorginho Bistane e o Doutor José Bernardes, que apesar de ter jogado no Botafogo, sempre foi "bafudo". Aparentemente estavam comemorando, além do Carnaval, a vitória antecipada no jogo que se avizinhava e se aproximaram com o objetivo de tirar "umas" com a minha cara. No meio da brincadeira, deixei escapar que meu palpite era de vitória para nossas cores, com a agravante de que o gol seria meu e sairia no último minuto, para que o sofrimento deles fosse maior. E não é que aconteceu exatamente como previra? Aos 46 do segundo tempo, com o árbitro prestes a encerrar a partida que se mantivera sem gols, a bola se encontrava nas mãos do goleiro deles. Eu estava pouco à frente da linha de meio campo e só observava a troca de bolas que ocorria entre o goleiro e o zagueiro Gonçalves, se não me engano. Na terceira vez que repetiram a jogada, dei um pique só para assustá-los, pois me encontrava muito distante e parecia impossível que pudesse pretender alguma coisa. No momento que me aproximava, realmente o zagueiro se assustou e tocou erradamente para o goleiro, fazendo com que a bola o ultrapassasse. Como teve que se virar e correr de encontro à pelota, tive tempo de chegar primeiro e com um carrinho mortal concluir para o gol. Foi uma festa imensa, pois todos que estavam no Palma Travassos já se haviam conformado com o empate. Ainda tive tempo de procurar Jorginho para devolver-lhe a gozação do Carnaval, mas a tristeza estampada em seu rosto me impediu de sacrificá-lo um pouco mais. Talvez tenha sido a mais gostosa vitória de que participei na história desse clássico, por culpa do inesperado e da "previsão" que havia feito.

FÓSFOROS MOLHADOS

Na Copa do Mundo de 1986, ficamos alojados no centro de treinamento da equipe da Universidade de Guadalajara. Fomos alocados em trios, pois os quartos eram imensos. Junto comigo permaneceram o Júlio César, negrão de fino trato e extremamente inteligente, e outro companheiro, também defensor, que chegava pela primeira vez à seleção. Seguíamos nossa intensa preparação para o torneio e só tínhamos tempo para treinar e descansar nos momentos de folga. Um dia tivemos uma desagradável surpresa ao voltarmos ao nosso alojamento: encontramos a pia do banheiro completamente entupida; imediatamente procuramos solucionar o problema e qual não foi nossa estupefação quando encontramos uma caixa de fósforos caprichosamente colocada naqueles quatro pequenos vãos que permitem o escoamento da água. Depois de muito pensar para descobrir o autor da façanha, chegamos ao terceiro hóspede daquele quarto. Quando lhe perguntamos o porquê, ele nos respondeu: "Não achei lugar melhor para eliminá-la". Só podíamos morrer de rir, porque para quem tinha uma lixeira em cada cômodo, nos era impossível pensar em outra solução, mas para ele foi a saída encontrada. Isso bem demonstra a importância da boa educação para todos nós. Creio que depois daquela experiência, nosso companheiro muito deve ter aprendido.

O MAIOR ESPETÁCULO DA TERRA

Estávamos em 1986 e eu passava meu primeiro Carnaval no Rio de Janeiro. Às vésperas do desfile, chegávamos de uma excursão ao Oriente Médio, onde jogamos em Bagdá e no Bahrein, além de uma partida em Firenze contra meu ex-clube. Nem bem pisei em solo carioca, fui questionado se aceitaria o convite para ser jurado no desfile das escolas de samba. Como ainda não havia recebido oficialmente qualquer convite, resolvi dizer que caso isso ocorresse, aceitaria com prazer, colocando somente um senão: declinaria do suposto convite se fosse para avaliar os sambas de enredo pois já tinha um conceito préformado pelo samba da escola Império Serrano, que acreditava fosse o melhor. À tarde, ao tomar contato com a comissão organizadora, descobri que haviam modificado a escala por culpa dessa minha afirmação, pois havia sido escolhido para avaliar exatamente os sambas. Acabei como jurado de bateria, coisa que pouco conheço. Mas não me apertei; seguindo a máxima de que quem está com o povo está com Deus, dei todas as minhas notas a partir das reações populares, inclusive um 9 para a Mocidade Independente que me causou uma pequena dura de Castor de Andrade, o mecenas dessa escola. Participar desse evento provocou em mim sensações extremas de euforia porque realmente é o maior espetáculo do qual pude participar em toda minha vida.

AVENTURAS DE UM TÍTULO

Vários episódios inesquecíveis vividos em plena Democracia Corinthiana aconteceram na semifinal do Campeonato Paulista de 1983 contra o Palmeiras. Jogávamos por dois empates e na primeira partida o técnico Rubens Minelli colocou Márcio, um zagueiro, para me acompanhar por todos os lados do campo, limitando minha atuação individual. Faltavam pouco mais de dez minutos para o término do jogo e tínhamos a chance de empatar com um pênalti. Coloquei a bola debaixo do braço e percebi que um imenso silêncio corria nas arquibancadas do Morumbi. Corintianos com medo de que eu perdesse e palmeirenses prevendo o pior. Aquilo me deu um frio na espinha e me voltei para meus companheiros. Percebi que era o mais calmo de todos, pois não havia nenhum olhando para mim: todos estavam de costas para o gol. Bati, fiz o gol, sem antes a bola tocar na trave, extraindo um suspiro de nossa torcida. Após a partida, questionaram-me o porquê de ter aceitado a marcação palmeirense de forma até cômoda. Respondi que aquela era uma decisão em 180 minutos e que estivessem atentos para o que iria aprontar no segundo jogo, pois quem necessitava da vitória era o adversário e, mantendo a mesma estratégia, eles perderiam uma substituição que poderia ser fundamental. E foi exatamente isso que aconteceu na partida seguinte, realizada em uma quarta-feira à noite. Logo de cara fiz um gol e o Minelli teve que trocar o Márcio por um atacante. Antes disso, aprontei uma boa para ele: a bola estava parada para a cobrança de um escanteio. Eu me encontrava no meio do campo e ele sempre ao meu lado. Inesperadamente dei um pique até a lateral onde se encontrava a torcida corintiana e ele distraidamente me acompanhou. Foi uma vaia só, que serviu para diminuir ainda mais a confiança dele e de sua equipe. Acabamos vencendo o jogo e o campeonato. Nessa última partida ocorreu um fato interessante: saímos do hotel para nos dirigirmos ao estádio, mas o trânsito estava pior do que de costume e não conseguiríamos chegar ao Morumbi a tempo para o jogo. A cerca de 200 metros descemos do ônibus com todo o material nas costas e enfrentamos aquela imensa massa de torcedores que se avizinhava do campo. Correndo como podíamos, chegamos em cima da hora e mal trocamos de roupa para entrar em campo. Quase perdemos um campeonato por WO, por culpa do excesso de público.

O DIA EM QUE CHICO BUARQUE ACABOU COM O JOGO

Reinaldo – grande REI!, aquele que jogou, e muito, no Atlético Mineiro e na seleção – resolveu fazer uma partida beneficente em Belo Horizonte e convidou uma série de atletas e de músicos para participar. A divisão das equipes provocou uma série de reclamações, principalmente do Fagner, porque aparentemente o time deles era mais forte. Estava composto por Cerezzo, Paulo Isidoro, o próprio Reinaldo e muitos mais, além do Chico Buarque e outras feras de nossa música. Do nosso lado havia mais barrigas que atletas e meu ponta-esquerda era o Wagner Tiso, para vocês terem uma ideia. Depois de alguma contestação, começou a peleja, acompanhada por mais de 10 mil pessoas que riam mais do que vibravam com a partida. Fagner foi o melhor em campo, fazendo dois gols e desequilibrando, mas o xodó da galera era o Chico Buarque, que recebia todos os incentivos possíveis e imagináveis. No meio do segundo tempo finalmente ele consegue concluir uma jogada em gol e o estádio veio abaixo, literalmente: todo o público presente ao estádio Independência de BH não resistiu e invadiu o campo de jogo, terminando assim aquele espetáculo.

JÁ VIRAM ALGUÉM JOGAR DE SANDÁLIAS?

Uma grande festa foi preparada em Fortaleza para a entrega de uma série de discos de ouro para o Fagner, por sua gravadora. Convidados ilustres vieram de todo o país para uma partida de futebol que serviria para congraçar os presentes. Vários atletas da seleção brasileira e muitos artistas conviveram por vários dias com a hospitalidade cearense e particularmente da família do magro. Antes do jogo fomos para uma feijoada na casa de Zé Ramalho e Amelinha que quase faz adiar a partida. Com um atraso de quase uma hora e com o Castelão recebendo um grande público, começou o jogo. Nesse dia eu exagerei: entrei e joguei de sandálias Havaianas, com o número da camisa no peito e ao contrário. Além disso, bati um pênalti, para delírio da torcida, de calcanhar com a bola explodindo na trave. No final, tivemos mais de quinze gols e a certeza de que reuniões como essa são definitivamente inesquecíveis.

PRESENTE DE GÊNIOS E DOS SONHOS

Aniversário sempre é uma ocasião especial e na qual um dos hábitos mais presentes é o de se dar alguma lembrança. Nunca fui muito afeito a este tipo de comportamento e muitas vezes sou até um pouco displicente para com meus amigos e familiares, mas em uma ocasião especialíssima, recebi um presente muitíssimo carinhoso e inesquecível. Estávamos em 1987 e eu me encontrava extremamente triste naquele 19 de fevereiro. Havia desistido de qualquer comemoração e pretendia passar em branco aquele dia quando recebo um telefonema de minha amiga Nana, filha do grande Dorival Caymmi. Lembrando-se daquela data, me perguntou se iria fazer alguma festa. Disse-lhe como estava meu ânimo e então ela me perguntou se poderia me dar um presente. Respondi que não só poderia como deveria. Ela disse: "Tu tens uísque em casa?". Respondi: "Claro!". E ela: "Então me espere logo mais à noite". Mais tarde chegam à minha casa: Nana, Moraes Moreira e Marília, sua esposa, com um violão debaixo do braço e imensos sorrisos nos lábios. Resultado: passei a noite toda à luz de uma imensa lua cheia, com os pés na piscina e ouvindo o violão de Moraes e a voz de Nana. É mole? Foi demais! Além disso, mandou para longe a tristeza que estava internada em meu peito. Põe especial nisso!

FINALMENTE O JUCA KFOURI DESCOBRIU UM EXCELENTE MÉDICO

No começo dos anos 1980, em pleno processo de redemocratização de nosso país e no auge da Democracia Corinthiana, fomos convidados a fazer parte de um fórum na Câmara dos Deputados que tinha como objetivo formular novas diretrizes para o esporte nacional e do qual várias propostas foram finalmente colocadas em lei na recente mudança da legislação. Convite aceito, tomamos um avião com destino a Brasília acompanhados de Juca Kfouri e Adilson Monteiro Alves. Sentamos em uma fileira do meio, sendo que eu estava em um corredor e o Juca no outro, com o Adilson no meio. Durante a viagem, enquanto tomava tranquilamente uma cervejinha, aconteceu de um dos passageiros sentado exatamente à frente do Juca começar a passar mal. Gritou-se: "Um médico, por favor!". Imediatamente o Juquinha me apontou e disse: "Aqui", e se mandou para os fundos da aeronave. Saltei por cima do Adilson para me aproximar e tentar entender os fatos, quando me deparei com uma crise convulsiva em fase final, semelhante àquela vivida por Ronaldinho na Copa de 1998. Peguei um guardanapo para proteger a língua do paciente, firmei sua cabeça e esperei o término da crise. Após poucos minutos tudo voltou ao normal e voltei tranquilamente ao meu assento. Enquanto isso o Juca ainda permanecia lá atrás, sem saber exatamente o que havia ocorrido. Quando percebeu que tudo tinha se resolvido, veio bem devagar se aproximando novamente de sua posição, como que assustado com tudo aquilo, e me disse com o olhar para lá de arregalado: "Magrão, você salvou o cara!". Eu lhe disse que não havia feito nada e que era apenas uma crise; tudo que fizera fora procedimento de rotina. Talvez porque estava há muito afastado da vida médica, ele não tenha se dado conta de minhas capacidades e passou o resto da noite a me admirar, impedindo que no jantar eu pudesse comer naturalmente. Até hoje ele acredita realmente que salvei a vida daquele passageiro.

PAGODE NO RIO E AMIGOS DO SAMBA CHEGANDO EM UMA BRASÍLIA

Eu morava no Rio de Janeiro, na Barra, mas mantinha contato e tinha muitos amigos por quase toda cidade. Invariavelmente fazíamos reuniões em minha casa regadas a música e a uma boa cerveja. Em uma delas convidei alguns amigos que formavam um grupo de samba e que moravam na Cruzada, antiga favela da Gávea que foi urbanizada em um conjunto de edifícios cujos moradores em sua maioria eram pessoas que batalhavam muito, apesar das dificuldades. Conheci pessoas incríveis por ali, chegando às vezes a participar daqueles churrascos de porta de prédio que são uma delícia. Bem, a chegada deles ao condomínio em que eu morava foi uma farra. Imaginem aquele monte de negrões, oito ao todo, se espremendo numa Brasília velha a argumentar que iriam para a minha casa. E não havia quem induzisse o porteiro a abrir a cancela, até que ele me chamou pelo interfone e lá fui eu ao encontro deles para permitir a entrada de meus amigos. Puro preconceito enraizado em nossa sociedade. Nesse dia aconteceu outra muito boa. Lá pelas tantas, um amigo de Ribeirão que me visitava naquela semana passou a pedir para o Fagner tocar um pouco, chegando a incomodar o magro. Para se livrar daquele assédio, ele pegou o violão e tocou uma música que estava gravando para seu novo disco. Ao terminar, ouço do Hilário: "Se depender dessa música, você vai morrer de fome!". Adivinhem qual era a dita cuja? "Borbulhas de Amor", um de seus maiores sucessos. Por aí vocês podem perceber a qualidade do crítico musical que estava nos acompanhando. Acho que quem morreria de fome se resolvesse avaliar a qualidade musical de nossos artistas seria o Hilário. Ah! Ah!

A MANCHETE DO JORNAL ITALIANO E O JOGO DE VIAREGGIO

Estava em plena discussão com a Fiorentina para saber do meu futuro após o furo que foi minha transferência para a Ponte Preta. Idas e vindas que em nada auxiliavam a definição do problema que se arrastava com ares de novela a cada dia. Resolvi dar um pulo na casa de alguns amigos que se encontravam passando férias em Forti dei Marmi, litoral da Toscana, vizinho a Carrara. Tentando esquecer tudo que estava se passando, fiquei por ali bons momentos aproveitando o verão europeu. Enquanto isso a Fiorentina estava terminando a pré-temporada e sua última partida seria em Viareggio, ali perto. Eu me animei a ir até lá para dar um abraço em alguns companheiros e aproveitar para assistir a partida. Nós nos atrasamos um pouco e acabamos chegando em cima da hora do jogo. Na fila para comprar ingressos para assistir à partida na arquibancada, como era meu costume em Firenze, notei que os ânimos estavam exaltados para o meu lado, e não era por causa do conflito com o clube e sim com uma manchete que havia saído em todos os jornais esportivos que dizia que eu estava chamando todos os fiorentinos de palhaços. Como aquilo não passava de um absurdo inventado pela imprensa local, com o aval e o dinheiro dos dirigentes de clube, e mesmo contra todas as alegações de meus amigos de que seria muito perigoso permanecer naquele local, resolvi enfrentar a ira da torcida para poder assim demonstrar quem eu era e como os via, ao contrário do que dizia a matéria jornalística. Entrei no estádio recebendo toda série de insultos de uma parte dos torcedores, enquanto que outra parte me protegia. Fiquei no meio da torcida, dividindo-a em relação a mim. De cabeça erguida, assisti a toda a partida provocando a mudança de atitude da maioria presente ao jogo. Nem sempre, como na Itália, temos o direito de resposta, mas é fundamental ter coragem de afrontar o cartel com a nossa dignidade.

AGRADECIMENTOS DE KÁTIA BAGNARELLI

Relembrar cada parte desta história e depois escrevê-la num livro foi o maior desafio enfrentado por mim durante a vida. A cada frase uma sequência de imagens, sons e cheiros voltava a minha mente e me trazia um grande desgaste emocional. Agradeço aos brasileiros que se uniram a nós em orações e vibrações quando mais precisamos. À Nação Corintiana que ainda me ampara e acolhe em amor e gratidão como se eu pudesse estender a passagem de Sócrates por nossas vidas. Aos jornalistas que se uniram a nós em dias e noites desgastantes com o objetivo de informar e apoiar a recuperação física de Amore. A meus pais que me estenderam as mãos em amparo material e emocional. À amiga Daniela Greeb, que permanece ao meu lado cuidando deste Legado. A Kelen Custódio e Bruno Coelho, que possibilitaram minha aproximação a Sócrates. Aos amigos Felipe e Ane Lise, Andréa Santos, Nanah Marmo e Andressa Furlan, que permanecem ao meu lado. À equipe médica, enfermeiros, fisioterapeutas e técnicos de enfermagem que nos atendeu no Hospital Albert Einstein, em especial ao Doutor Breno Affonso Boueri e sua equipe, Doutor Pedro Borges, Doutor Pandullo, Doutor Ben-Hur Ferraz Neto, Doutora Maria Paula e Doutora Paula . A Wladimir e sua esposa Rose, que se uniram a nós quando mais precisamos de apoio. A Walter Casagrande pelo apoio. Aos jornalistas italianos Michela Lanza e Lorenzo Marucci pelo apoio e carinho com o livro. Ao amigo holandês Ernest, que esteve conosco em momentos muito especiais em vida e em apoio ao livro até este momento. As primas Maria Conceição e Célia, que me auxiliaram emocionalmente e espiritualmente nesta continuidade. Aos amigos Rita e Oscar da Casinha de Vinhedo, que ao lado da equipe de médiuns, colaboraram para minha reconstrução emocional e reequilíbrio. A Regina Echeverria que aceitou me acompanhar nesta missão. A Alexandre Rocca que viabilizou o meu encontro com a Editora. À Editora Prumo por meio de Jiro Takahashi, Luciana Paixão e Corina Campos. E a todas as pessoas dentro e fora do Brasil que de alguma forma passaram por mim e são responsáveis, colaboradoras, para que eu tenha chegado ao final desta Obra. Que Deus nos proteja e ilumine e que aqui ou na eternidade possamos nos reencontrar.

Este livro foi composto em fontes New Caledonia e Rotis Semi Sans e impresso pela Intergraf Ind. Gráfica Eireli. para a Editora Prumo Ltda.